WOLFGANG KES

Aufbruch
zu neuen Ufern

Ein Manifest für
eine sozial-ökologische
Wirtschaftsdemokratie

Zur Diskussion gestellt von der
Heinrich-Böll-Stiftung

Publik-Forum
Zeitung kritischer Christen

DOKUMENTATION

INHALTSVERZEICHNIS

VORWORT

Eine schon fast vergessene Diskussion lebt wieder auf: die Diskussion über den „Dritten Weg" zwischen Kapitalismus und Sozialismus. Wird es der unblutigen Revolution in Osteuropa, näherhin in der Deutschen Demokratischen Republik, gelingen, diesen Weg mit Erfolg einzuschlagen? Diesen Weg zwischen Feuer und Wasser? Läßt sich Feuer und Wasser miteinander vereinbaren?

Die Probleme in Wirtschaft und Gesellschaft sind komplizierter als sie mit diesen genannten ideologischen Begriffen und Bildern zutreffend beschrieben werden könnten. Wer die zumeist ganz bewußt ungenaue Linie des Dritten Weges zwischen zwei Extremen ziehen will, muß wissen, was er und andere unter Kapitalismus und Sozialismus verstehen, was unter Plan- und Marktwirtschaft, Demokratie und Staat alles verstanden werden kann, und wie sich dann alles dies untereinander freundschaftlich oder feindselig zueinanderordnen oder gegeneinander ausspielen läßt.

Mit dem hier vorliegenden Buch legt Wolfgang Kessler mit Engagement und Sachverstand ein Manifest vor, das sich für den Aufbau einer öko-sozialen Wirtschaftsdemokratie ausspricht. Das Manifest richtet sich nicht nur an die Fachwelt, sondern auch an jene Kräfte in Wirtschaft und Gesellschaft, die bereits begonnen haben, ihren Beitrag für den Aufbau einer öko-sozialen Wirtschaftsdemokratie zu leisten, an jene Kräfte, die bereits mit Beharrlichkeit die ersten Schritte auf dem neuen Weg gemacht haben.

Das Manifest ist ein umfassend angelegter Entwurf für eine Perestroika, die auf den industriellen Westen zielt, aber auch darüber hinausgehend seine Bedeutung hat. Ausgehend von der Praxis vorwärtsweisender Beispiele, Modelle und Institutionen werden Entwicklungslinien zur Überwindung, besser Umwandlung der mehr oder minder sozialtemperierten kapitalistischen Marktwirtschaft aufgezeigt. Vorgelegt wird ein Entwurf zur Wirtschaftsreform „von unten", ad acta gelegt sind die an grünen Tischen erarbeiteten Planspiele. Längst hat die „soziale Marktwirtschaft" seligen Angedenkens als überzeugendes Modell des Dritten Weges zwischen Kapitalismus und Sozialismus ausgespielt. Das von den Erfindern dieses Modells proklamierte Element der sozialen Steuerung ist verloren gegangen. Je kapitalistischer eine Wirtschaft ist, je stärker sie von den Lenkern des Kapitals abhängig ist, desto weniger demokratisch ist sie. Und je weniger die Wirtschaft demokratisch organisiert ist, desto weniger ist die Gesellschaft demokratisch. Mit Recht bangen die Reformkräfte in der DDR darum, daß ihr Land von der mächtigen Wirtschaft der Bundesrepublik Deutschland „ausgekauft" wird und somit das Volk seine Chance verliert, sich frei und demokratisch zu organisieren, indem es einer neuen, wenn auch subtileren Fremdbestimmung unterworfen wird.

Nicht eine „öko-soziale Marktwirtschaft" als Fortschreibung der verblaßten Theorie der jetzt praktizierten „sozialen Marktwirtschaft" ist Grundlage, Zielbild und Methodik, wie sie von Wolfgang Kessler vorgelegt wird, sondern ein sich davon deutlich unterscheidendes wirtschaftsdemokratisches Modell, dem die Marktwirtschaft mit ihren Elementen eingegliedert und untergliedert ist.

Sechs Orientierungen kennzeichnen die öko-soziale Wirtschaftsdemokratie: „Soziale Gerechtigkeit", „Demokratie" und „Ökologie" als ihre Grundwerte sowie „Öko-Steuern", „Grundsicherung" und „Selbstverwaltung" als Strategien zur Durchsetzung dieser Grundwerte.

Mit diesen sechs Orientierungsmarken, mit denen jetzt ein verschnürtes Reform-Paket auf dem Tisch liegt, erhält die politische Diskussion Zündstoff. Die Alternativen sind eindeutig: Öko-Demokratie statt Öko-Diktatur, soziale Demokratie statt soziale Diktatur; keine Öko-Demokratie auf Kosten der sozialen Demokratie und umgekehrt. Aus den drei ethischen Postulaten werden die politischen, „technischen" Konsequenzen gezogen: Öko-Steuern statt Öko-Bürokratie, soziale Grundsicherung für alle statt Zweidrittel-Wohlstand und Eindrittel-Armut sowie Selbstverwaltung der Belegschaften statt kapitalistische oder plan-sozialistische Fremdbestimmung.

Theoretiker aller ideologischen Schulen werden an dieser von Wolfgang Kessler auf den Tisch gelegten Nuß zu knacken haben. Alt-Liberale und Neo-Liberale Marktwirtschaftler, ein Teil der demokratischen Sozialisten, kapitalistische Interessenvertreter und auch Gewerkschaftsfunktionäre, konservativere und katholische und protestantische Sozialethiker werden jeweils Haare in der Suppe finden. In einem Punkte werden sich vielleicht alle Dogmatiker und Systemagenten einig sein: So nicht, sondern jeweils ganz anders.

Der stärkste Einspruch kommt aber von den wirtschaftlichen und politischen ganz realen Mächten, die sich ihrer ideologischen Hilfstruppen sicher sein können. „Christliche Realisten", so ist zu erwarten, werden sich gegen die „gleichmacherische, leistungsfeindliche" Grundsicherung für alle und gegen

„neo-sozialistische" Selbstverwaltungsexperimente aussprechen. Alle diese Gegenargumente müssen auf ihren sachlichen Gehalt hin abgeklopft werden, nachdem sie aus ihrem jeweiligen Mantel der verschleierten Interessen herausgelöst worden sind.

Eine öko-soziale Wirtschaftsdemokratie, wie sie in dem hier vorliegenden Manifest skizziert wird, weist einer „Suchbewegung" einen Weg, dessen Grundrichtung eindeutig ist: Anders leben und arbeiten, so daß andere und die natürliche Mitwelt überleben können. Das heißt: anders konsumieren, anders produzieren und anders finanzieren. Sich als einzelner und gemeinschaftlich anders wirtschaftlich verhalten, damit sich andere, öko-soziale Verhältnisse entwickeln. Aber es gilt auch, andere Verhältnisse zu schaffen, andere Voraussetzungen und politische Rahmenbedingungen, um dem sich ausbreitenden öko-sozialen Verhalten den notwendigen Flankenschutz zu geben.

So wichtig es aber ist, über dieses Manifest, seine Thesen und Begründungen, zu sprechen und zu diskutieren, noch wichtiger ist es für jedefrau und jedermann, „an seiner Ecke" praktisch bei seinem Wirtschaften, Haushalten und Arbeiten zu beginnen. Denn es ist möglich, die Verhältnisse von Grund auf zu verändern, wenn man nicht nur einfach auf die große Veränderung als Geschenk des Himmels wartet. Das Geschenk einer öko-sozialen Wirtschaftsdemokratie müssen wir uns – ganz demokratisch – selber schenken, Schritt für Schritt. *Harald Pawlowski*

EINLEITUNG :
MIT DEN MENSCHEN AUS DER SACKGASSE
DER WIRTSCHAFTSPOLITIK

Eigentlich ist doch alles in Butter. Die bundesdeutsche Wirtschaft boomt, die Wachstumsraten steigen, die Zahl der Arbeitsplätze wächst, in einigen Bereichen herrscht Facharbeitermangel, es wird konsumiert, als habe es nie irgendeine Form von Konsumkritik gegeben. Entsprechend schwelgen die politisch und wirtschaftlich Verantwortlichen in Superlativen. Danach genießen wir die „längste Aufschwungphase der Nachkriegsgeschichte ", erleben wir einen Wendepunkt der Wirtschaftsgeschichte, die bisher davon ausging, daß auf sieben Jubeljahre die Krise folgt, während der gegenwärtige Aufschwung bereits in sein achtes Jahr geht. Vor dem Hintergrund dieser Superlative erscheint jede Kritik als böswillige Miesmacherei, die in jeder Suppe ihr Haar findet.

Wer allerdings, wie der Autor dieses Buches, ständig als Journalist durch die Lande reist und nicht „nur" den politisch Verantwortlichen, sondern auch den vielzitierten „kleinen Leuten" aufs Maul schaut, der erhält einen ganz anderen Eindruck der gegenwärtigen Situation in der Bundesrepublik. Den Superlativen der Verantwortlichen zum Trotz leben wir eher in einer vor-revolutionären Situation. Denn in weiten Kreisen der Bevölkerung glaubt kaum mehr jemand an die Sprüche der politisch Verantwortlichen von immerwährendem Wohlstand und Wachstum. Fast überall – bei Seminaren und an Stammtischen – ist der Tenor über die wirtschaftliche und soziale Entwicklung über die Parteimitgliedschaft der jeweiligen Gesprächspartner hinaus ähnlich negativ.

Wenn man über die oberflächliche Gesprächsebene hinaus tiefer bohrt, trifft man eine weit verbreitete Endzeitstimmung an. „Die Arbeit wird immer unmenschlicher, ich weiß nicht, wo das noch endet", heißt es häufig. Oder: „Bei uns im Betrieb haben die Herzinfarkte wieder Hochkonjunktur, die Arbeitshetze und der Druck werden immer größer". Dies sind nur einige Momentaufnahmen, die jedoch die Eindrücke aus dem Arbeitsleben in vielen Erwerbsbereichen typisch beschreiben. Hier machen lediglich einige privilegierte Bereiche des Arbeitslebens eine Ausnahme, dort haben sich die Arbeitsbedingungen und die Möglichkeiten der Selbstbestimmung über den Arbeitsbereich in den vergangenen Jahren verbessert. Zwar widerlegt die Kritik an den eigenen Arbeitsbedingungen nicht die Superlative der Regierung, doch die Kritik ver-

schiebt ihre Bedeutung. Denn die Ziele der politisch und wirtschaftlich Verantwortlichen – Wachstum, Wohlstand, technischer Fortschritt – haben für viele
Bürger drastisch an Bedeutung verloren. Sie wollen zwar ihren Wohlstand
nicht aufgeben, betonen aber in erster Linie seinen steigenden Preis.

Dies gilt noch stärker für Umweltfragen. Hier herrscht praktisch Hoff-
nungslosigkeit. Kaum jemand gibt der Welt wirklich noch eine langfristige
Chance. Man sucht Trost bei Erfolgen im Umweltschutz und in eigenen, oft
sehr kleinen Aktivitäten, wird dann aber immer sogleich von der nächsten Katastrophe überrollt. Praktisch alle Gesprächspartner erkennen den engen Zusammenhang zwischen Wachstumswirtschaft und Umweltzerstörung, doch sehen sie keinen Ausweg, glauben sie „im Ernst nicht, wie wir das alles je wieder
ins Lot bringen sollen".

Zu alledem kommt ein Gefühl der Ohnmacht, das nirgends so deutlich
zum Vorschein kommt wie in Diskussionen über die wirtschaftliche Entwicklung. „Wir werden doch nie gefragt", heißt es auf Arbeitnehmerseite, „das sind
einfach Sachzwänge, die können wir nicht beeinflussen" – „letztlich machen
die Unternehmer doch, was sie wollen".

Insofern stehen die Gefühle und Empfindungen vieler Menschen in einem
deutlichen Gegensatz zu den Sprüchen vieler politisch und wirtschaftlich Ver-
antwortlicher. Der Gegensatz zwischen den Werten und Wünschen der Verantwortlichen und jenen großer Teile der Bevölkerung erscheint so groß, daß man
wirklich von einer vor- revolutionären Situation sprechen kann. Das Mißtrau-
en zwischen Regierenden und Regierten ist derzeit nicht zu überbrücken.

Daß die Revolution im Sinne einer raumgreifenden Volksbewegung dennoch in absehbarer Zeit nicht ansteht, hat Gründe: Die Menschen haben einen
relativ hohen Wohlstand und einen hohen Konsumstandard zu verlieren, da liegen Anpassung und Resignation näher als politische Aktivitäten. Die Ohn-
machtsgefühle gegenüber der herrschenden wirtschaftlichen Sachzwanglogik
ermutigen ebenfalls nicht zu einem neuen Aufbruch. Dazu kommt, daß es keine einfachen Lösungen mehr gibt. „Patentrezepte hat niemand" ist zwar ein un-
nützer, oft Phantasielosigkeit entschuldigender Spruch, doch falsch ist er nicht.

In dieser Situation wäre nun guter Rat teuer, gäbe es da nicht eine Vielzahl
„wirtschaftlicher Aktivitäten " engagierter Minderheiten, die bereits zu neuen
wirtschaftlichen Ufern aufgebrochen sind. Ganz im Gegensatz zur Sachzwanglogik der wirtschaftlichen Entwicklung versuchen sie, die wirtschaftlichen Verhältnisse in ihre Hand zu nehmen und nach ihren Vorstellungen zu gestalten.

Dabei orientieren sie sich genau an den Sackgassen der herrschenden Entwicklung und versuchen diese zu umgehen: Sie gründen Betriebe, in denen die Beschäftigten über ihre Arbeitsbedingungen selbst bestimmen können. Sie suchen nach neuen Formen eines menschlichen Umgangs im Betrieb, nach neuen Formen einer gerechten Entlohnung und versuchen, im Einklang mit ökologischen und moralischen Prinzipien zu wirtschaften. Verbraucher kaufen nach ökologischen Maßstäben ein oder machen mit ihren Einkaufszetteln Entwicklungspolitik. Kapitalanleger legen ihr Geld nach bestimmten moralischen Kriterien an und unterwerfen sich nicht mehr dem anonymen Geschehen am Kapitalmarkt.

In dieser Hinsicht gibt es sehr viele Aktivitäten, die zeigen, daß engagierte Minderheiten bereits heute den Aufbruch zu neuen wirtschaftlichen Ufern proben. Doch so ermutigend und kraftvoll diese Aktivitäten auch immer sein mögen, sie stellen noch keine wirtschaftspolitische Strategie für einen politischen Aufbruch zu neuen gesamtwirtschaftlichen Ufern dar, weil das Engagement dieser Minderheiten die Sachzwanglogik der wirtschaftlichen Entwicklung alleine nicht herausfordern kann. Unbedeutend sind sie dennoch nicht. Denn sie können den Wirtschaftspolitikern den Weg zu neuen Ufern für die gesamte Wirtschaft weisen, indem sie aufzeigen, wieviel Kraft und Energie der Menschen eine neue Wirtschaftspolitik mobilisieren könnte, wenn sie an den Bedürfnissen der Zukunft und nicht an jenen der Vergangenheit ausgerichtet wäre.

Genau auf diese Chance will das vorliegende Buch hinweisen. Es analysiert in einem ersten Teil die größten Probleme der gegenwärtigen wirtschaftlichen Entwicklung und die Ursachen dafür, daß die herrschenden wirtschaftspolitischen Rezepte immer wieder in Sackgassen enden. Der zweite Teil entwirft dann nicht ein wirtschaftspolitisches Gegenkonzept am grünen Tisch, das in der Praxis bisher keinen Niederschlag gefunden hat, sondern orientiert sich an den Aktivitäten und Gedanken engagierter Minderheiten, die eine „andere Wirtschaftspolitik" bereits vorzuleben versuchen. Erst die Frage, warum bisher nur kleine Minderheiten auf diesen Zug in eine neue wirtschaftliche Zukunft aufspringen, schafft Raum für die Anforderungen an eine neue Wirtschaftspolitik. Sie muß die Wirtschaft nicht mit immer noch mehr staatlichen Regelungen überziehen, sondern politische Rahmenbedingungen schaffen, die es immer mehr Menschen ermöglichen, auf diesen Zug zu neuen wirtschaftlichen Ufern aufzuspringen. Dahinter steht nicht mehr und nicht weniger als eine neue Auffassung von Wirtschaftspolitik: Als Versuch, die Vielzahl „alternativer" Aktivitäten zu einem flächendeckenden Gesamtkonzept zu bündeln, um das Engagement der Menschen für eine neue gesamtwirtschaftliche Perspektive zu mobilisieren. Diese Art von Wirtschaftspolitik wäre gleichzeitig ein Ausweg aus der gegenwärtigen, fast vor-revolutionären Situation – im Sinne einer friedlichen Neugestaltung der Wirtschaft, die die Vorstellungen und Wünsche der Regierenden mit dem Engagement und den Bedürfnissen der Regierten in Einklang bringt.

P.S. Während der mehrjährigen Recherchen zu diesem Buch habe ich mit Hunderten von Personen über wirtschaftspolitische Themen gesprochen. Keines dieser Gespräche war sinnlos. Einige Gespräche mit engagierten Unternehmern, Arbeitnehmern und sonstigen Fachleuten werden im Folgenden dokumentiert, weil sie mir für dieses Buch richtungsweisend erscheinen. Die Auswahl wertet alle anderen Gespräche, die ich für dieses Buch führte, keineswegs ab. Ohne sie wäre es nicht zustandegekommen.

Zur Diskussion gestellt. Geleitwort

Seit den grundlegenden Veränderungen in den östlichen Nachbarländern häufen sich in der Heinrich-Böll-Stiftung Anfragen derer, die das real existierende Wirtschaftsmodell der westlichen Industrieländer nicht einfach kopieren wollen. Auf der Suche nach an den Menschen orientierten Alternativen zur gescheiterten praktizierten sozialistischen Planwirtschaft werden Versäumnisse in der wirtschaftspolitischen Diskussion in diesem unserem Lande deutlich.

Die längst fällige Suche nach dem „dritten Weg" muß intensiviert werden, da ein Wirtschaftsmodell gefunden werden muß, das nicht die ökologische Sackgasse zielt. Genau in diesem Punkt haben die sozialistische Planwirtschaft wie die kapitalistische Marktwirtschaft gemeinsam versagt.

Eine „Wirtschaft von unten", wie sie von Wolfgang Kessler konzipiert wird, ist nicht dogmatisch festgelegt, sondern setzt auf die gesellschaftlichen Kräfte von unten, die sich nicht nur der Selbstverwirklichung und Selbstbestimmung, sondern zugleich der Solidarität mit allen Unterprivilegierten aktiv verpflichtet wissen. Den dazu notwendigen demokratischen Aufbruch wünschen wir uns nicht nur begrenzt auf die DDR, sondern auch für die Bundesrepublik.

Die Heinrich-Böll-Stiftung begrüßt deshalb den vorliegenden wichtigen Diskussionsbeitrag, der auf die Überwindung der jetzigen wirtschaftsbedingten Machtverhältnisse in Ost und West, Nord und Süd zielt.

Siegfried Pater
Vorstandsmitglied der Heinrich-Böll-Stiftung

KAPITEL 1:
TROTZ OPTIMISMUS WÄCHST DIE PROBLEMLAST

1. 1. Die Ein-Drittel-Gesellschaft: Arbeitslosigkeit und Armut im Wohlstandsland Bundesrepublik

Wer wirtschaftliche und soziale Entwicklungen in erster Linie nach offiziellen Stellungnahmen beurteilt, der kann sich derzeit beruhigt zurücklehnen: Wirtschaftlich ist alles in Butter. Anders kann man die Stellungnahme des Bundeswirtschaftsministeriums vom Dezember 1988 nicht deuten:

„Der Aufwärtstrend in der Wirtschaft der Bundesrepublik Deutschland blieb bis zuletzt kräftig. Nach ersten vorläufigen Berechnungen des Statistischen Bundesamtes stieg das Bruttosozialprodukt vom zweiten zum dritten Vierteljahr 1989 preis- und saisonbereinigt um knapp 1 1/2 Prozent und übertraf damit sein entsprechendes Vorjahresniveau um 3,4 Prozent. Insgesamt kann davon ausgegangen werden, daß das Sozialprodukt im Jahresdurchschnitt 1989 real um rd. 3 1/2 Prozent höher liegt als im Jahr zuvor; dies ist die stärkste jährliche Steigerung seit Beginn dieses Jahrzehnts.

Wie der Sachverständigenrat zur Begutachtung der gesamtwirtschaftlichen Entwicklung in seinem kürzlich vorgelegten Jahresgutachten bestätigt hat, steht der Aufschwung, der nunmehr in sein siebtes Jahr geht, auf einem breiten Fundament. Wachstumsimpulse kommen sowohl von der Auslands- als auch von der Binnennachfrage".

Oberflächlich stimmt diese optimistische Beurteilung der wirtschaftlichen Lage durch die Bundesregierung sicherlich mit der Wirklichkeit überein. Die Arbeitslosenquote ging bis Mitte 1989 auf rund acht Prozent zurück. Von 1983 bis 1989 wuchs das Angebot an zusätzlichen Arbeitsplätzen um gut 800.000. Hinter dieser Entwicklung verbirgt sich ein beachtenswerter Strukturwandel. Denn der größte Teil der neuen Arbeitsplätze entstand im Dienstleistungssektor, im industriellen Sektor wurden nur wenige neue Arbeitsplätze geschaffen.

Im Zuge dieses Strukturwandels verstärkt sich jedoch eine Entwicklung, die bisher vielfach geleugnet, in den meisten Fällen jedoch einfach verdrängt wird: die Spaltung der Gesellschaft in rund zwei Drittel von Menschen, die vom gegenwärtigen Wirtschaftsaufschwung profitieren und in das andere Drittel, das auf der Verliererseite steht. Die Kluft zwischen diesen beiden Gruppen wird fast unmerklich größer.

Mehr Arbeitsplätze – kaum weniger Arbeitslose

Der gegenwärtige Wirtschaftsaufschwung zeigt zunächst, daß die über lange Jahre gültige und deshalb nicht hinterfragte Logik der wirtschaftlichen Entwicklung nicht mehr stimmt. „Die Gewinne von heute sind die Investitionen von morgen, und die Investitionen von morgen sind die Arbeitsplätze von übermorgen", brachte der ehemalige Bundeskanzler Helmut Schmidt diese wirtschaftliche Logik einst auf eine griffige Formel, die heute ausgedient hat. Obwohl die Zahl der Arbeitsplätze in den achtziger Jahren deutlich gestiegen ist, pendelte die Arbeitslosenquote hartnäckig um die 10-Prozent-Marke, die absolute Zahl der Arbeitslosen änderte sich kaum. Zwei Faktoren erklären diesen Widerspruch. Einmal wuchs die Zahl derer, die einen Erwerbsarbeitsplatz suchen, weil ein höherer Prozentsatz an Frauen und mehr Ausländer und Zuwanderer auf den Arbeitsmarkt drängten.

Zum anderen darf die Zahl von rund 800.000 zusätzlichen Arbeitsplätzen seit 1983 nicht über einen entscheidenden Zusammenhang hinwegtäuschen: Das gesamte Arbeitsvolumen in der Bundesrepublik Deutschland, gemessen in Arbeitsstunden, ging von 1983 bis 1987 um ein Prozent auf 43,3 Milliarden Arbeitsstunden zurück – oder anders ausgedrückt: Die Arbeitnehmer in der Bundesrepublik produzieren in immer weniger Arbeitsstunden immer mehr Waren und Dienstleistungen.

Wenn die Zahl der Arbeitsplätze dennoch zunahm, so liegt dies an Arbeitszeitverkürzungen völlig unterschiedlicher Art: Rund ein Drittel der zusätzlichen Arbeitsplätze sind Teilzeit-Jobs; in den meisten Branchen wurden die Wochenarbeitszeiten verringert; Zigtausende von Arbeitnehmern schieden durch die Vorruhestandsregelung früher aus dem Erwerbsleben aus.

Darüber hinaus konzentrieren sich die zusätzlichen Arbeitsplätze auf die arbeitsintensiveren und expansiven Dienstleistungsbereiche. In anderen Wirtschaftsbereichen konnten auch hohe Wachstumsraten einen weiteren Abbau an Arbeitsplätzen nicht aufhalten. Zum Beispiel im Saarland: Nach Angaben der Arbeitskammer des Saarlandes verzeichnete die Eisenschaffende Industrie 1988 in diesem Bundesland um 27,3 Prozent mehr Auftragseingänge als im Jahr zuvor, der Auftragszuwachs im Maschinenbau lag mit 25,3 Prozent nur knapp darunter. Trotz dieser enormen Zuwächse meldeten beide Branchen für 1988 einen Abbau an Arbeitsplätzen: die Eisenschaffende Industrie um 6,1 Prozent, der Maschinenbau um 0,7 Prozent. Dabei ist die Entwicklung im Saarland durchaus repräsentativ für die gesamte deutsche Wirtschaft. Hohe Wachstumsraten sorgen kaum mehr für einen nennenswerten Zuwachs an Arbeitsplätzen – die technologischen Möglichkeiten, in weniger Arbeitsstunden immer mehr Waren und Dienstleistungen zu produzieren, lassen dies nicht zu. Aus diesem Grund erhöht sich die Zahl der Arbeitsplätze überhaupt nur dann, wenn die abnehmende Zahl an Arbeitsstunden auf mehr Arbeitskräfte verteilt wird.

Für die Zukunft ist dies eine eher deprimierende Erkenntnis. Sollten die wirtschaftlichen Wachstumsraten in den nächsten Jahren wieder zurückgehen – damit rechnen die meisten Experten – dann wären Entlassungen in großem Maße nur zu vermeiden, wenn die Arbeitszeiten drastisch verkürzt werden. Gerade in Zeiten rückläufiger Zuwachsraten sind die politischen Voraussetzungen dafür denkbar schlecht. Dazu kommt, daß die Wirtschaft bereits heute gute Voraussetzungen für diese Entlassungswelle geschaffen hat, indem sie ihre Belegschaften klar in Stammpersonal und „Manövriermasse" spaltet. Nach einer bundesweiten Repräsentativbefragung ist heute bereits ein knappes Viertel aller Arbeitsverhältnisse statusgemindert, d. h. rechtlich nicht voll abgesichert. Acht Prozent der Arbeitsverhältnisse sind befristet, 16 Prozent Teilzeitverhältnisse und 2 Prozent beides. Dazu kommen etwa ein bis zwei Millionen völlig ungeschützte Teilzeitverhältnisse, die sogenannten 450,– DM-Jobs. Insofern beginnt die Spaltung der Gesellschaft bereits in den Betrieben. Bei rückläufiger Konjunktur können die Arbeitnehmer, die rechtlich nicht voll abgesichert sind, als erste wieder aus dem Erwerbsleben ausgegrenzt werden. In „weiser Voraussicht" auf die Zukunft hat die Wachstums- und Wohlstands-Gesellschaft bereits heute ihre Techniken verfeinert, um die Zahl der jeweils „unvermeidlichen" Opfer zu regulieren. In Zeiten geringer Wachstumsraten nimmt sie rasch zu, in Zeiten relativ hoher Zuwachsraten wie heute, Mitte der 80er Jahre, sind die Opfer weniger sichtbar – obwohl sie zu einem festen Bestandteil der Gesellschaft geworden sind.

Die Armut wächst

„Armut" ist in der Bundesrepublik, wie in den meisten Sozialstaaten oder jenen, die sich dafür halten, ein schillernder Begriff geworden. Er eignet sich deshalb bestens zur Verdrängung des Problems. Kaum spricht jemand von „Armut in der Bundesrepublik", kontern andere mit der aus ihrer Sicht „wirklichen Armut in der Dritten Welt" und das Problem scheint erledigt. Denn niemand kann bestreiten, daß die Armen hierzulande im zynischen Vergleich mit dem Massenelend in der Dritten Welt noch gut abschneiden. Das Problem ist dadurch jedoch nur für gewissenlose Zyniker gelöst, denn „Armut" ist kein neutraler Wert, sondern orientiert sich am durchschnittlichen materiellen Lebensniveau einer Gesellschaft. Aus diesem Grund ist eine Rentnerin mit einer monatlichen Rente von 700 DM in der Bundesrepublik sehr arm, obwohl sie mit diesem Einkommen unter lateinamerikanischen Landarbeitern zu den vornehmen Leuten zählen würde. Vergleiche dieser Art dienen deshalb nur dazu, das Problem der Armut in der Bundesrepublik zu verdrängen.

Zieht man den Vorhang solch nebulöser Vergleiche beiseite, dann tritt eine erdrückende Bilanz zutage. So stieg die Zahl der Bundesbürger, die auf den Bezug von Sozialhilfe angewiesen sind, 1986 erstmals in der Geschichte der Bundesrepublik über die 3-Millionen-Grenze – sie hat sich damit seit Ende der 70er Jahre rundweg verdoppelt. Dabei handelt es sich keineswegs um eine rein abstrakte Zahl. Die Wohlfahrtsverbände erleben das Elend täglich hautnah. In ihren Jahresversammlungen berichten sie immer wieder von einem ständig wachsenden „Run" auf ihre Kleiderkammern.

Doch damit nicht genug. Aus ihrer jahrzehntelangen Erfahrung mit der Betreuung der Armut wissen die Wohlfahrtsverbände, daß viele Menschen mit Einkommen unter der Sozialhilfeschwelle ihre Ansprüche gar nicht geltend machen. Scham, bürokratische Hindernisse und Informationslücken halten viele von ihnen vom Weg zum Sozialamt ab. Die Caritas schätzt die Dunkelziffer auf rund 50 Prozent. Auf der Grundlage dieser Dunkelziffer schätzen Experten die Zahl der Menschen, die in der Bundesrepublik in der Nähe der Armutsgrenze leben, auf rund 5 bis 6 Millionen – das sind knapp 10 Prozent der Wohnbevölkerung. Noch viel dramatischer wird das Ausmaß dieser absoluten Armut, wenn man die hohen Hürden für die Gewährung von Sozialhilfeleistungen berücksichtigt. Nach wie vor gilt Sozialhilfe als Fürsorgeleistung, die nur unter ganz bestimmten, sehr engen Bedingungen gewährt wird. Sozialhilfe wird erst dann bezahlt, wenn die Ehepartner, Kinder oder Eltern nicht mehr in die Pflicht genommen werden können.

Bei alledem konzentriert sich diese „neue Armut" auf bestimmte Bevölkerungsgruppen: auf Rentner, Alleinerziehende, Arbeitslose und Kinderreiche. Frauen sind im besonderen Maße von Armut betroffen. Etwa eine halbe Million Rentnerinnen, jede vierte Alleinerziehende und rund 700.000 Arbeitslose gelten als arm. Dabei hat sich insbesondere die materielle Lage der Arbeitslosen in den vergangenen Jahren stark verschlechtert, obwohl die absolute Zahl der Arbeitslosen zurückgegangen ist. Der Anteil der Arbeitslosen, die über zwei Jahre ohne Arbeit sind, stieg von 4,4 Prozent im Jahre 1980 auf 16,5 Prozent im Jahre 1988 – sie leben praktisch alle von Sozialhilfe. Nach Angaben der Bundesanstalt für Arbeit bezog ein Arbeitslosenhaushalt 1982 noch ein verfügbares Einkommen von 1.742 DM, 1986 war es auf 1.567 DM zusammengeschmolzen. Dies entspricht in etwa einer Großstadtmiete inclusive Nebenkosten.

Dazu kommt, daß sich die Diskussion über eine neue Armut in der Bundesrepublik nicht auf die Zahl der Sozialhilfeempfänger beschränken sollte. Längst verstärkt sich auch eine Art relativer Armut in Form einer immer ungleicheren Verteilung der Einkommen. Wirtschaftswissenschaftler haben ja für alle Erscheinungen einen statistischen Begriff und ein möglicher Maßstab für Verteilungsgerechtigkeit ist die sogenannte Lohnquote. Sie mißt den Anteil aller Einkommen aus unselbständiger Arbeit am gesamten Volkseinkommen. Ist die Lohnquote hoch, dann fließt ein beträchtlicher Teil des Volkseinkommens an die Arbeitnehmer, ist die Lohnquote niedriger, haben die Bezieher von Dividenden, Zinsen, Mieten und anderen Gewinnen den Löwenanteil ergattert. In der Bundesrepublik ist die Lohnquote insbesondere in den 70er Jahren beträchtlich gestiegen, im Jahre 1981 lag sie bei 74,4 Prozent. In den 80er Jahren sank sie dann stark ab und lag 1988 mit 67,7 Prozent auf dem niedrigsten Stand seit 1969. Entsprechend stark stieg der Anteil der Gewinnempfänger am Volkseinkommen.

Was so statistisch klingt, beschreibt eine bedeutsame Umverteilung des gesellschaftlichen Reichtums. Denn immer mehr Arbeitnehmer teilen sich einen abnehmenden Anteil am Volkseinkommen, während auf immer weniger Selbständige ein wachsender Teil des Kuches entfällt. Die Einkommensschere weitet sich in einem Maße, daß nicht wenige Geringverdiener in der Nähe der Armutsgrenze landen. Immerhin liegt das durchschnittliche Brutto-Monatseinkommen bundesdeutscher Arbeitnehmer bei rund 3.000 DM. Da eine Minderheit diesen Durchschnittswert durch erheblich höhere Monatseinkommen nach oben treibt, liegt das Brutto-Monatseinkommen der meisten Arbeitnehmer unter 3.000 DM – viele Haushalte mit Alleinverdienern liegen auf diese Weise nur geringfügig über den höchstmöglichen Sozialhilfe-Sätzen.

Dennoch wird die Tendenz zu einer Spaltung der Gesellschaft in zwei Drittel Gewinner und ein Drittel Verlierer verschleiert, geleugnet und, wo dies nicht mehr geht, wegdefiniert. Nun könnte man schlichtweg sagen, eine marktorientierte Gesellschaft sei mit diesem Problem überfordert, weil die finanziellen Mittel zur Unterstützung der Benachteiligten bei den Bessergestellten und bei der Wirtschaft abgezweigt werden müssen und dies das wirtschaftliche Wachstum beeinträchtige. Bei näherem Hinsehen kann dies jedoch nicht der wirkliche Grund für die Verdrängungswut sein. Schließlich bringt die gleiche Gesellschaft auch rund 60 Milliarden DM pro Jahr auf, um die Arbeitslosigkeit zu finanzieren. Außerdem würde die finanzielle Unterstützung der sozial Schwachen die Wirtschaft langfristig eher stärken, da sie nur dann Zuwachsraten aufweist, wenn auch die Kaufkraft und damit die Nachfrage der Konsumenten wächst. Die Armen gehören dabei gerade zu jenen Konsumenten, die einen hohen Nachholbedarf an Konsumgütern aufweisen. Insofern ist eine entschlossene Sozialpolitik viel „wirtschaftsfreundlicher" als allgemein glauben gemacht wird.

Aus diesem Grund muß es einen anderen Grund für den allgemeinen Verdrängungsbedarf gegenüber der wachsenden Armut geben. Der wahre Grund liegt in dem Versuch, den Heiligenschein unserer Wettbewerbsgesellschaft zu wahren. Sie gilt als das einzig Wahre, weil sie kraftvoll, leistungsorientiert und dynamisch ist. Entsprechend groß sind ihre Flexibilität und ihre Produktionsleistungen. Nach den gleichen Kriterien – kraftvoll, leistungsorientiert und dynamisch – verteilt sie jedoch auch die Belohnungen an die Gesellschaft. Wer jung, dynamisch, leistungsbereit und gut ausgebildet ist, wird leichter auf die Gewinnerstraße gelangen. Wer diese Eigenschaften – aus welchen Gründen auch immer – nicht aufweist, befindet sich schnell auf der Verliererstraße. Gewinner und Verlierer stehen dabei in einem ständigen Verdrängungswettbewerb. Dieser Mechanismus produziert deshalb ständig Opfer und Sieger. Jede Form von Solidarität ist systemwidrig, wenn sie über karitative Hilfeleistungen hinausgeht, da sie die Funktionsvoraussetzung der Wettbewerbsgesellschaft langfristig untergraben würde. Das Ergebnis dieser menschlich deprimierenden Feststellung ist eine Art „Stillhalteabkommen" zwischen den Gewinnern dieser Entwicklung und den politisch und wirtschaftlich Verantwortlichen. Nicht nur in der Bundesrepublik, sondern auch in vielen anderen Ländern hat dieses Stillhalteabkommen eine Politik abgesegnet und sogar gefördert, die diese Entsolidarisierung zumindest nicht verhindert, wenn nicht sogar verstärkt hat.

Als Teil dieser Wettbewerbsgesellschaft droht diese Entsolidarisierung auch in Zukunft voranzuschreiten. Viele Anzeichen sprechen dafür, daß sich die Mehrheit der Gesellschaft damit abfindet, daß eine Minderheit aus dem Erwerbs- und Kulturleben ausgegrenzt wird. Moralisch verteidigt die Mehrheit diese Abkehr von jeder Solidarität vor sich selbst, indem sie auf die Eigenverantwortung in einer Wettbewerbsgesellschaft verweist: Wer will, kann – wer nicht konnte, wollte nicht und ist für sein Schicksal selbst verantwortlich. Mit dieser einfachen Logik schlägt die Zwei-Drittel Mehrheit zwei Fliegen mit einer Klappe: Sie rechtfertigt die Armut und den eigenen Aufstieg.

Die wachsende Ausgrenzung aus der Gesellschaft hinterläßt bei den Betroffenen tiefe soziale und psychische Spuren. Sie sind so tief, daß die Betroffenen so stark mit ihren eigenen Problemen zu kämpfen haben und keine politische Gegenmacht bilden können. Ihre aufgestauten Aggressionen richten sich nur selten direkt gegen andere, allenfalls auf Fußballplätzen oder in manchen Kneipen, sondern eher nach innen – sie verschließen sich gegenüber der Gemeinschaft, suchen Sündenböcke für ihre Probleme (zum Beispiel Ausländer oder Umsiedler), werden krank, depressiv oder suchen bei Drogen Zuflucht. Allenfalls die wachsende Neigung bestimmter Wählergruppen zu rechtsradikalen Gruppen und Parteien hat der neuen Armut zu mehr Öffentlichkeit verholfen. Der Preis für diese Öffentlichkeit in Form rechtsradikaler Slogans ist jedoch sehr hoch.

1. 2. Die Zwei-Drittel-Gesellschaft:
Mit immer mehr Konsum gegen den Makrofrust

Vielen dürfte es schwerfallen, die Zwei-Drittel-Gesellschaft unter Problemlast einzuordnen. Immerhin scheint sie sich mehr denn je des Lebens zu freuen. Die Einzelhändler melden nach Jahren der Stagnation wieder steigende Absatzzahlen, der Luxuskonsum hat Hochkonjunktur. Schals für über 200 Mark, Kaschmir-Blazer für rund 2.000 Mark und leckere Delikatessen für die Mahlzeiten finden reißenden Absatz und führen anschaulich vor Augen, was die Gesellschaft für Konsum, Markt und Absatzforschung (GFK) in Nürnberg in wenige Worte faßt: „Rosa Zeiten für den Konsum".

Doch wie so oft zeigt auch hier ein tiefer Blick hinter die Kulissen täglicher Abläufe, daß hemmungsloser Konsum noch längst nicht hemmungsloses Glück bedeutet. Ganz im Gegensatz dazu registrieren Sozialwissenschaftler und Psychologen in den vergangenen Jahren eine wachsende Unzufriedenheit unter der Bevölkerung, gerade in der Zwei-Drittel-Gesellschaft, mit den wirtschaftlichen Verhältnissen im allgemeinen und den Verhältnissen am eigenen Arbeitsplatz im besonderen. „Es sind die Menschen selbst – viele Menschen –, die verunsichert sind über die Rolle, die die Wirtschaft in der späten Industriegesellschaft spielt und die sich über ihre eigene Rolle als Arbeitnehmer und Konsumenten Rechenschaft ablegen wollen. Ins Gerede geraten ist dabei einmal die auf produktive Höchstleistung getrimmte Arbeitsdisziplin, die am Arbeitsplatz voll fühlbare Unterordnung unter das Diktat der Wettbewerbswirtschaft, zum anderen aber auch der Sachzwang einer wachsenden Wirtschaft, der zur Voraussetzung einer funktionierenden Wirtschaft hochstilisiert wird", stellen die Berliner Wissenschaftler Burkhard Strümpel und Michael von Klipstein in ihrer Untersuchung über den Wertewandel unter den Bundesbürgern fest[1]. Auch andere Untersuchungen kommen zu ähnlichen Ergebnissen: Die Arbeitszufriedenheit der deutschen Arbeitnehmer hat nachgelassen, die unabhängige Entscheidungsfreiheit in den Betrieben wird – von Ausnahmen abgesehen – immer mehr eingeschränkt, die Loyalität der bundesdeutschen Arbeitnehmer gegenüber ihren Arbeitgebern ist geringer als jene ihrer Kollegen in anderen Ländern.

Diese wohl unbestreitbaren Untersuchungsergebnisse sind hierzulande besonders überraschend und deshalb von großer Bedeutung. Denn , so Strümpel und von Klipstein , „wohl keine Nation hat in der jüngeren Geschichte ihr Selbstbewußtsein so sehr aus wirtschaftlichem Erfolg bezogen wie die Deutschen. In der Nachkriegszeit kam die Steigerung des Sozialprodukts einer nationalen Aufgabe gleich. Millionen hungerten und froren sich durch den Winter, Bombenruinen waren durch Wohnbauten zu ersetzen. Landwirte, Bergleute, Maurer und Bauarbeiter – dies waren die Helden der ersten Stunde"[2].

In den ersten Jahrzehnten der Bundesrepublik, in den 50er und 60er Jahren, entsprachen die Wertvorstellungen der Bundesbürger deshalb genau den Anforderungen der Wirtschaft. Alle strebten nach Wohlstand, nach einer besseren Versorgung mit Waren und Dienstleistungen – das Ziel einer möglichst schnell wachsenden Wirtschaft war in weiten Teilen der Bevölkerung unumstritten. Darauf bezogen sich auch die persönlichen Vorstellungen der Bürger. Ihr Hauptziel war eine gut bezahlte Arbeit mit entsprechenden Aufstiegsmöglichkeiten. Eine hohe Leistungsbereitschaft, Fleiß sowie Arbeitstugenden wie Pünktlichkeit und eine gewisse Unterordnung unter die Sachzwänge im eigenen Betrieb und Anweisungen der Vorgesetzten waren die ebenso unbestrittenen Säulen des Arbeitslebens. Gleichzeitig dienten sie als willkommene Rechtfertigung für einen hohen Konsumstandard, der sich – wenn möglich – noch vom Konsumstandard der Nachbarn abheben sollte – nach dem Motto: Wer etwas leistet, kann und darf sich auch etwas leisten.

Dieses reine Tauschwert-Denken (Arbeit gegen Geld) der 50er und 60er Jahre herrscht heute allenfalls noch bei un- oder angelernten Arbeitskräften vor. Dagegen sind die Ansprüche vieler qualifizierter Arbeitnehmer an die Wirtschaft und an den eigenen Arbeitsplatz weit über Geld und Karriere hinaus gewachsen. Ein gutes Arbeitsklima und eine eigenverantwortliche Tätigkeit, die Raum für eigene Kreativität und Initiativen läßt, rangieren bei vielen Arbeitnehmern in den Anforderungen an den eigenen Arbeitsplatz noch vor der Bezahlung – oder sie sind zumindest gleichrangig. Dieser Wertewandel entspricht dem allgemein gewachsenen Bedürfnis nach einem selbstverantworteten Leben, nach mehr Selbstverwirklichung.

Diesen Ansprüchen werden allerdings nur wenige Arbeitsplätze gerecht, deshalb wächst die Arbeitsunzufriedenheit. Verstärkt wird diese Unzufriedenheit noch durch eine zunehmende Entfremdung vieler Arbeitnehmer von der wirtschaftlichen Entwicklung. Sie hat für viele einen Selbstlauf angenommen, dem sie ohnmächtig gegenüberstehen. „Wir haben sogar Wohnungshalden und Neubauruinen", schreiben Strümpel und von Klipstein. „Die Steigerung der Produktion wird für die Umweltzerstörung verantwortlich gemacht. Viele Erwerbstätige gestehen sich ein, daß sie mit belanglosen oder moralisch fragwürdigen Tätigkeiten beschäftigt sind, etwa, wenn die 17. Sorte Schokolade gemischt oder in das Supermarktfach eingeordnet werden muß, wenn ein Team in einer Werbeagentur der Konkurrenz des Auftraggebers ein halbes Prozent Marktanteil abjagen soll oder wenn die Rechtsanwalts-Gehilfin Forderungen eines Kreditvermittlers bei sozial Schwachen einzutreiben hat"[3]. Arbeitgeber sind vielfach überrascht, mit welchen Fragen sie von Bewerbern trotz hoher Arbeitslosigkeit vermehrt konfrontiert werden: Wie hält es das Unternehmen mit der Umwelt? Produziert es für die Rüstung? Arbeitet das Unternehmen mit Personalinformations-Systemen? All dies sind kritische Anfragen an die Wirtschaft, die einen Wertewandel breiter Teile der Bevölkerung deutlich machen.

Kritik ohne Konsequenzen oder der Makrofrust wächst

Doch so offensichtlich dieser Wertewandel in Form neuer Ansprüche an den eigenen Arbeitsplatz und an die ganze Wirtschaft auch immer sein mag, so widersprüchlich wirkt er sich in der Praxis aus. Denn viele Bürger äußern zwar ihre Skepsis gegen bestimmte wirtschaftliche Sachzwänge sehr offen, ohne jedoch selbst Konsequenzen daraus zu ziehen. Strümpel und von Klipstein ermittelten in zahlreichen Interviews das berühmte Einerseits und Andererseits:

Einerseits:
„Die Politiker sagen, wir brauchen Wachstum. Ich sehe das nicht so. Warum? Das wird doch Konsumzwang, das ist ja so eine Sache bei uns . . .„
„Wir haben doch alles – Was fehlt uns denn noch? Was denn noch?"
. . . „Einfach dieses Leistungsdenken, diese nur auf Zuwachsraten abgestimmte Industriegesellschaft. Sie kommen ganz einfach irgendwo in Sackgassen . . ."
„. . . daß man praktisch jetzt alles erreicht hat. Haus, Auto, usw; daß man schon gar nicht mehr weiß, was man machen soll, daß man sagt: Nu is jut, jetzt mach ich halt noch ne Runde gar nichts mehr".

Andererseits:
„Die internationale Wirtschaft ist wie ein Uhrwerk, da greift eins ins andere, wenn die Preise draußen steigen, wollen die Arbeiter mehr Lohn, und das ist eine Kette ohne Ende . . ."
. . . „Ja in der heutigen Zeit, ich meine . . . andere Nationen wollen sich ja auch entwickeln. Man will ja selbst nicht als letztes hintendran hängen. Also, ein bißchen Wachstum schon, wenigstens mithalten oder gleichhalten . . ."
„Wenn alle Leute auf dem Geld sitzen bleiben und nichts mehr kaufen, dann wird es doch noch schlimmer" . . .
„Wachstum würde doch wieder neue Arbeitsplätze schaffen, das wäre natürlich sehr positiv. Andererseits wäre also mehr Wachstum auch wieder mehr Unmenschlichkeit, nicht . . .?"[4]

Diese Interviews spiegeln die Verunsicherung vieler Bürger gerade aus der Zwei-Drittel-Gesellschaft, also jener auf der Gewinnerseite der wirtschaftlichen Medaille, wider. Viele Menschen sehen klar, daß die wirtschaftliche Entwicklung ihren ureigenen Idealen widerspricht, fühlen sich jedoch so weit in den wirtschaftlichen Sachzwängen gefangen, daß sie keine alternativen Handlungsmöglichkeiten erkennen. Letztendlich entscheiden sie sich – bei aller Frustration – für die Sicherheit der eigenen Position. „Grüne Gefühle entfesseln die Kritik", schreiben Strümpel und von Klipstein, „aber technokratische Argumente halten das Unruhepotential in Schach"[5]. Was bleibt ist eine Art Makro-Frust, weil die eigenen Ideale und Wertvorstellungen in den wirtschaftlichen Sachzwängen konsequenzlos versanden.

Verstärkt wird dieser Makro-Frust noch durch die immer schnellere wirtschaftliche Entwicklung. „Man gewinnt immer mehr den Eindruck, daß allerorten eine zunehmende Dynamisierung stattfindet, von der sich aber immer weniger sagen läßt, wozu sie veranstaltet wird und wohin sie führen soll. Richtungsloser Selbstlauf scheint stets eine Schicksalsmöglichkeit des gekennzeichneten Fortschrittsideals zu sein, das nur in einer Schönwetterwirtschaft überleben kann"[6], beschreiben die Wissenschaftler Udo Glittenberg und Helge Peukert diese Entwicklung und nennen auch die unweigerliche Konsequenz: eine wachsende Entwurzelung vieler Menschen, die zu Ersatzbefriedigungen scheinreligiöser Art führt.

Selbstverwirklichung durch Luxuskonsum

Genau diese Reaktionsweise zeigt sich in weiten Teilen der Zwei-Drittel-Gesellschaft. Die Menschen stellen immer höhere Ansprüche an die eigene Selbstverwirklichung, sehen jedoch in der Wirtschaft, im eigenen Betrieb, nur geringe Möglichkeiten für die Umsetzung der eigenen Ziele. Unter dieser Bedingung bleibt eigentlich nur ein Bereich zur Verwirklichung der neuen Werte übrig: die Freizeit. Dort sucht man nun jene Qualitäten, die man in der Wirtschaft, am Arbeitsplatz, nur schwer findet: Individualismus, Selbstentfaltung, Eigenverantwortung. Mehr noch: Die Freizeit wurde zur Konsumzeit, zur Entschädigung für die Frustrationen im Berufsleben.

Aus diesem Grund hat sich eine völlig neue Konsumkultur entwickelt. Es geht um die „Suche nach individuellen Konsumerlebnissen, Bedarf nach höherwertigen Erzeugnissen und ästhetischer Lebenserfüllung", diagnostiziert Peter Weinberg, Professor für Absatz- und Konsumforschung, diesen Trend. Es herrscht ein regelrechtes Freizeitethos. Man preist die eigene Rastlosigkeit, läßt keinen Kulturabend aus, nutzt jedes Wochenende zu einer Tour, jeden Feiertag davor zu einer Ferienreise – die Planungserfordernisse eines frustrierenden Berufslebens haben sich längst auch in der Freizeit eingenistet. Vielfach haftet privaten Treffs das Zahnarzt-Syndrom an: Ein Termin ist erst in vier Wochen möglich – brennt der Schmerz, läßt sich ein Treff unter Umständen irgendwo zwischenschieben. Glaubt man den Marktforschern, so ist diese rastlose, symbolische Konsumorientierung in der jüngsten Konsumentengeneration besonders ausgeprägt. Sie sprechen hier bereits von einer „Konfetti-Generation", die alles mal ausprobiert, ohne irgendwo stärker einzusteigen: „ex und hopp" heißt das Motto.

„The show must go on"

Nun könnte man dieses Verhalten einfach als „Resignation angesichts überwältigender Sachzwänge" abtun und zur Tagesordnung übergehen, hätte das rastlose Konsum-Karussell nicht katastrophale Auswirkungen auf die ökologische und soziale Entwicklung. Denn dieser Konsumismus zementiert jene festgefahrenen wirtschaftlichen Sachzwänge, die viele Mitglieder der Zwei-Drittel-Gesellschaft gerade kritisieren. Mit ihrer rein konsumorientierten „Bewältigung" des Makrofrusts verschärfen sie die Ursachen dieses Makrofrusts: Die Wirtschaft wird ihre Arbeitnehmer noch mehr hetzen, um in noch geringerer Zeit noch mehr Konsumgüter auszustoßen. Das Wachstumskarussell dreht sich noch schneller, die Wegwerfgesellschaft nimmt noch kuriosere Formen an.

Ähnlich schwerwiegend sind die Folgen dieses Konsumkults für die Umwelt. Trotz aller Beteuerungen vieler Verbraucher, sie würden den Umweltgedanken bei ihren Einkäufen berücksichtigen, sprechen die praktischen Erfahrungen dagegen. „Viele Verbraucher leisten hier und da ihren punktuellen Beitrag zum Umweltschutz, aber wirklich konsequent ökologisch kauft nur eine ganz kleine Minderheit ein", zog der Präsident der Arbeitsgemeinschaft der Verbraucherverbände, Helmut Lenders, auf dem Kirchentag in Berlin 1989 eine schockierende Bilanz zum Thema „kritischer Konsum". Die ökologisch katastrophalen Folgen des Konsumkultes sind deshalb vorhersehbar: Mehr Rohstoffe werden benötigt, mehr Energie wird verbraucht, mehr Abfall entsteht. Die vielbeschworene ökologische Trendwende wird noch schwieriger.

Das Ergebnis dieser Entwicklung ist so bedrückend wie absehbar. Wir sind auf dem Weg in eine „schöne, neue Welt" (Aldous Huxley), in der sich ein großer Teil der Bevölkerung zu reinen Konsumisten entwickelt, die auf diese Weise sysmbolisch für alle Entfremdungen der realen Welt entschädigt werden, die zu verändern sie längst aufgegeben, so sie dies je gewollt haben. Je gefährdeter die Welt scheint, desto höher werden dann die Ansprüche an das eigene Styling, an die Qualität der Freizeitgestaltung, die wenigstens scheinbar „Gestaltung" noch zuläßt. Diese gesellschaftliche Entwicklung hat nicht „nur" ökologisch, sondern auch politisch und sozial bedenkliche Folgen. Politisch verhält sich die Zwei-Drittel-Gesellschaft so lange angepaßt, wie das „Bestechungsgeld" in Form eines gehobenen Konsums stimmt. Gewählt wird, wer dieses Bestechungsgeld garantiert oder, besser noch, steigert – mögliche soziale und ökologische Nebenwirkungen spielen dabei eine untergeordnete Rolle.

Diese Bevölkerungsgruppe ist nur an einem Ziel interessiert: daß alles so weitergeht wie bisher, „the show must go on" – und dies obwohl sie sich der wirtschaftlichen und ökologischen Probleme zum großen Teil bewußt ist.

Sozial bedrohlich wird dieses Verhalten dann, wenn der hohe Konsumstandard aus irgendwelchen Gründen bedroht ist oder erscheint. Dann gilt in der Zwei-Drittel-Gesellschaft nur noch ein Ziel: die Besitzstandswahrung gegen jene, die selbst Ansprüche stellen oder politisch eine solidarische Umverteilung zugunsten Benachteiligter durchsetzen wollen. Dann geht es hart auf hart und eine große Mehrheit der Zwei-Drittel-Gesellschaft dürfte sich dann für das Bestehende und gegen die Veränderung entscheiden – selbst wenn die Opfer für die Umwelt und die soziale Gerechtigkeit groß sind. Aus diesem Grund ist auch die Zwei-Drittel-Gesellschaft eine Problemlast – für sich selbst und für die ganze Gesellschaft.

„Im High-Tech Paradies ist es alles andere als paradiesisch"

Interview mit Paul Schobel, Betriebsseelsorger
im modernen Industrierevier Böblingen/Sindelfingen

Frage: Sie arbeiten seit über zehn Jahren als Betriebsseelsorger in der Hochburg der bundesdeutschen Zukunftsindustrie. Wie hat sich die Realität für die Arbeitnehmer in diesem „High-Tech-Paradies in den vergangenen Jahren verändert?

Antwort: Alles andere als paradiesisch. Im Gegenteil: „Es wird immer schlimmer . . ." sagen die Betroffenen einhellig. Und sie meinen die Bedingungen, unter denen sie hier zu arbeiten haben. Die Verschärfung des wirtschaftlichen Wettbewerbs schlägt nämlich in verschärften Wettbewerb am Arbeitsplatz und um Arbeitsplätze durch. In den Großkonzernen hier liegen ständig mehrere tausend Bewerbungen auf Eis. Mit denen macht man Druck nach innen. „Jung, dynamisch, flexibel" – dieses unmenschliche Menschenbild hat hier Hochkonjunktur.

Frage: Welche technologischen oder betriebsinternen Veränderungen machen sich im Arbeitsalltag besonders bemerkbar?

Antwort: In erster Linie die zunehmende Computerisierung mit all ihren Begleiterscheinungen: Bildschirmarbeit, zum Beispiel auch im Konstruktionsbereich, genannt CAD. Damit verbunden sind eine extreme Leistungsverdichtung und als „Abfallprodukt" eine lückenlose Überwachung und Kontrolle. Dies alles trifft auch vermehrt den Angestelltenbereich. Dort läßt Daimler-Benz die Luft vollends raus. Der neueste „Hit" bei IBM: Eine kontinuierliche Schicht mit Sonntagsarbeit im Halbleiterbereich.

Frage: Welches sind die positiven, welches die negativen Seiten dieser Entwicklung – aus der Sicht eines Betriebsseelsorgers?

Antwort: Noch sind unsere Arbeitsplätze hier einigermaßen sicher, noch wird relativ gut verdient, noch haben wir vergleichsweise wenig Arbeitslosigkeit. Der Akzent liegt auf „noch". Denn auch auf niedrigem Niveau steigt die Arbeitslosenziffer beständig. In den Betrieben ist kein Platz mehr für „Leistungsgewandelte". Die Menschen haben Angst vor Alter und Krankheit, die Frühinvalidität nimmt zu. Und „draußen": Beziehungsstörungen, Suchtverhalten und eine enorme Aggressivität. Da muß es doch Zusammenhänge geben.

Frage: Wie beeinflussen diese innerbetrieblichen Veränderungen die Arbeiterbewegung? Wie hat sie darauf reagiert?

Antwort: Auffallend ist zuallererst die immer stärkere Überforderung der Betriebsräte. Auf die kommt zum Beispiel bei der Umsetzung der Tarifverträge immer noch mehr Verantwortung zu.

Was die technischen Veränderungen anbetrifft, sind der Gewerkschaft speziell in der Metallindustrie unseres Landes einige wichtige Durchbrüche gelungen. So etwa der Lohnrahmentarif II aus dem Jahre 1974 mit der Pausenregelung im Leistungslohn, Mindestzeiten in der Taktarbeit und später noch ein eigenes Rationalisierungsschutzabkommen, das Entlassung und totalen Lohnabbau aufgrund von Rationalisierungsmaßnahmen verhindert. Schade ist allerdings, daß die „Humanisierung der Arbeit" sozusagen ein „Schönwetterthema" geblieben ist. Gegenwärtig steht die Sicherung der Arbeitsplätze über Arbeitszeitverkürzung absolut im Vordergrund – so nach dem Motto: Hauptsache, Du hast überhaupt noch Arbeit, frag nicht welche . . . Ich bedaure dies, denn echte Humanisierung würde auch neue Arbeitsplätze schaffen. So viel Arbeitslast wie gegenwärtig darf sich nicht länger auf so wenig Schultern verteilen.

Innergewerkschaftlich glaube ich, eine stärkere Solidarisierung zu erkennen. So etwa auch im Kampf gegen Wochenendarbeit bei IBM. Probleme haben wir freilich auch bei uns mit den Angestellten und vielen jungen Leuten. Die wiegen sich oft noch in falscher Sicherheit und glauben an den Weihnachtsmann, der ihnen Lohnerhöhungen und kürzere Arbeitszeit beschert.

Frage: Welche Hoffnungen und Ängste verbinden Sie mit der Zukunft des Industriereviers Böblingen/Sindelfingen?

Antwort: Wo industrielle Monostrukturen vorherrschen, lebt man gefährlich. An letzterer kann hierzulande kein Zweifel sein. Statt Kohle und Stahl sind es bei uns Autos und Computer. Bei beiden Zukunftsprodukten hört man schon heute schrille Alarmsignale: weltweite Umsatz- und Absatzeinbrüche beim Automobil. Auch Daimler-Benz hat die Produktionsziffern nach unten korrigiert und einen Einstellungs-Stop (Ende 1988, d. V.) verfügt. Und was die Computerei anbelangt, haben wir unsere Seele ohnehin an die USA verkauft und sind auf Gedeih und Verderb den dort getroffenen Entscheidungen ausgeliefert. Auf jeden Fall attestiert ein von der IG-Metall in Auftrag gegebenes Gutachten den möglichen Verlust von 30.000 Arbeitsplätzen im mittleren Neckarraum allein in der Metallindustrie . . .

1. 3. Immer mehr Wirtschaftsmacht für immer weniger Menschen

Theorie und Praxis sind ja häufig im Leben sehr weit voneinander entfernt. Dies ist in wirtschaftspolitischen Diskussionen nicht anders, insbesondere, wenn es um die „heilige Kuh" der Marktwirtschaft geht. Sie wird zumeist mit Qualitäten geschmückt, die der Büchse der Pandora entstammen könnten: Sie fördere die Eigeninitiative, weil alle Bürger Produktiveigentum erwerben können. Die Konkurrenz zwinge die Unternehmen zu äußerster Effizienz und hoher Qualität – wer so wirtschaftet, wird mit hohen Gewinnen belohnt; wer nicht, muß die Segel streichen und Konkurs anmelden. Gleichzeitig sorgt die harte Konkurrenz jedoch dafür, daß die Preise ebensowenig aus dem Ruder laufen wie die Gewinne. Schließlich müssen Betriebe, die nicht mehr konkurrenzfähig sind, ihre Segel streichen und Konkurs anmelden. Auf diese Weise entsteht ein wirtschaftliches Geflecht aus Zigtausenden von Einzelentscheidungen, die alle dem Kalkül des größtmöglichen Nutzens für sich selbst folgen und eine hochproduktive Gesamtwirtschaft schaffen, die wiederum allen Beteiligten den größtmöglichen Nutzen bringt.

So weit die Theorie der freien Marktwirtschaft in absoluter Kurzform. Sicherlich ist sie nicht ganz falsch. Sicher ist jedoch auch, daß die Wirklichkeit, zum Beispiel in der Bundesrepublik, ganz anders aussieht. Tatsächlich handelt es sich hier um eine vermachtete Marktwirtschaft, in der wenige große Konzerne jedes Jahr mehr Macht ausüben und in der jedes Jahr weniger Einzelpersonen immer größere Teile des wirtschaftlichen Kuchens und dadurch immer mehr wirtschaftlichen Einfluß für sich reservieren.

Im Jahre 1989, 40 Jahre nach der Verabschiedung des Grundgesetzes, ist dies eine ebenso deprimierende wie realistische Feststellung. Deprimierend auch deshalb, weil die Mütter und Väter des Grundgesetzes 1949 und in den Jahren davor einen ganz anderen Traum geträumt hatten: Sie bekannten sich zwar zum System der Marktwirtschaft, das allein jene wirtschaftliche Dynamik entfachen konnte, die einen schnellen Aufbau der bundesdeutschen Wirtschaft garantierte. Gleichzeitig wollten die Schöpfer des Grundgesetzes dieser Dynamik Grenzen setzen und sie auf eine Weise in staatliche Rahmenbedingungen einbinden, daß eine zu dichte Konzentration von Reichtum und Eigentum in den Händen weniger verhindert wird. Das Grundgesetz faßt diese Zielvorstellung in Artikel 14 knapp, aber deutlich zusammen: „Das Eigentum und das Erbrecht werden gewährleistet" (Absatz 1) „. . . Eigentum verpflichtet. Sein Gebrauch soll zugleich dem Wohle der Allgemeinheit dienen" (Absatz 2).

Wie schwierig es jedoch ist, diese knappen und klaren Anforderungen des Grundgesetzes in der Realität einer Marktwirtschaft mit ihrem Gestrüpp vielfältiger wirtschaftlicher Interessen durchzusetzen, das zeigte bereits die Währungsreform, die als Geburtsstunde des bundesdeutschen Wirtschaftswunders gefeiert wird. Sie zementierte alleine deshalb die bestehende ungleiche Einkommensverteilung, weil sie „nur" die Geldvermögen reformierte. Jeder Bürger der drei westlichen Besatzungszonen erhielt – in zwei Raten – 60 Mark. Alle Ersparnisse wurden im Verhältnis 100:6,5 abgewertet.

Auf diese Weise schor die Währungs-Reform alle Geldwert-Besitzer über den gleichen Kamm – vom Millionär bis zum vielzitierten „alten Mütterchen". Gleichzeitig rührte sie Sachvermögen nicht an. Jede Beurteilung dieser Währungsreform verfängt sich denn auch in jenem Spannungsfeld zwischen sozialpolitischen und ökonomischen Erfordernissen, die schon die Auseinandersetzungen um das Grundgesetz geprägt hatten. Für den ehemaligen Ministerpräsidenten von Baden-Württemberg, Reinhold Maier, jedenfalls war es „unverständlich, daß bei der Währungsreform soziale Gesichtspunkte nicht berücksichtigt worden sind".

Sozialpolitisch bedenklich stimmte vor allem, daß viele Aktionäre von Großunternehmen beim Umtausch ihrer Aktien hohe Gewinne einstrichen, weil der Kurswert der alten Papiere zum Nennwert der neuen wurde. Die Marktwirtschaftler verteidigten dieses Privileg mit ökonomischen Erfordernissen: Erst wenn Unternehmen und Selbständige Investitionskapital anhäufen könnten, würden sie jene wirtschaftliche Dynamik entfachen, die zum Wiederaufbau der Bundesrepublik erforderlich sei. Damit lieferten sie der Wirtschaft schon frühzeitig die Rechtfertigung für eine Entwicklung, die sich in den 50er Jahren entfaltete und bis heute anhält: eine wachsende Eigentums-Konzentration in der Bundesrepublik.

Die Konzentration schreitet voran

Seit 1949 nimmt der Anteil der reichsten zehn Prozent unter den bundesdeutschen Haushalten am Gesamtvermögen der Republik ständig zu: 1969 besaßen diese zehn Prozent rund 48 Prozent des Gesamtvermögens. 1983 verfügten sie bereits über mehr als 52 Prozent. Inzwischen dürfte ihr Anteil wieder gestiegen sein. Umgekehrt teilen sich heute rund 60 Prozent aller Haushalte zehn Prozent des Gesamtvermögens.

Noch gravierender sind die Ungerechtigkeiten bei der Verteilung von Grund und Boden. Nimmt man die Eigenheimbesitzer aus, dann verteilte sich der Grundbesitz 1972 – viel aktuellere Zahlen gibt es nicht – auf ein Prozent der Bevölkerung. Noch heute besitzen 86 Adelsfamilien eine Fläche, die so groß ist wie die der Bundesländer Hamburg, Bremen, Saarland, West-Berlin und des gesamten Regierungsbezirks Köln.

Diese ungleiche Verteilung des Bodens trug entscheidend zur immer ungleicheren Vermögensverteilung bei. Die Ursache: Aufgrund der Bodenknappheit stieg der Bodenwert von 1950 bis 1985 durchschnittlich um das 17fache, während das Geld „nur" das Vierfache seiner Kaufkraft einbüßte. Der Aachener Architekt Helmut Creutz folgert daraus bis heute unwidersprochen, daß „diese Umverteilung sich natürlich nicht gleichmäßig abspielte. Der Zugewinn konzentrierte sich auf die großen Grundbesitzer, deren Vermögenswerte oft um Millionen gestiegen sind".

Diese Einschätzung entspricht der Entwicklung bei der Verteilung des Produktivvermögens, über die es in der Bundesrepublik bezeichnenderweise praktisch kaum Material gibt. Obwohl eine ungleiche Verteilung des Eigentums an Produktionsmitteln (Fabriken, Anlagen) schon durch die Währungsreform vorprogrammiert war, brachte erst ein Gutachten von Professor Wilhelm Krelle für das Bundesministerium für Arbeit und Soziales 1968 das extreme Mißverhältnis ans Tageslicht: Danach besaßen 1,7 Prozent der Bevölkerung rund 70 Prozent des Produktivvermögens.

Diese Zahl verursachte vielfach einen Aufschrei der Empörung, kannte man solche Verteilungsrelationen doch in erster Linie von „mittelamerikanischen Bananenrepubliken". Allerdings wich die Empörung über den Inhalt der Botschaft, der ungerechten Verteilung des Produktivvermögens, wie so oft, schnell der Empörung über die Boten und ihre Methoden. Doch alle Versuche, die ungleiche Verteilung wenigstens statistisch in ein gerechteres Licht zu rükken, scheiterten. Im Gegenteil, 1983 stellte das sozialistischer Denkansätze völlig unverdächtige Münchner Ifo-Institut fest, daß „die Rechengrundlagen Krelles eher eine Unterschätzung des Anteils der reichsten Haushalte am unternehmerischen Produktivvermögen zur Folge haben". Oder anders ausgedrückt:Schon damals lag der Anteil der 1,7 Prozent am Produktivkapital noch höher, von heute ganz zu schweigen. Wohlweislich gab seither niemand mehr ein solches Gutachten in Auftrag.

Eine Konzentrationswelle überrollt die nächste

Die Entwicklung zu einer immer dichteren Vermögenskonzentration kennzeichnet auch die Wirtschaft. Hier überrollt bis heute eine Konzentrationswelle die nächste. Die erste Konzentrationswelle rollte schon in den 50er Jahren, als die Großbanken und die Stahlindustrie, die vorher wegen ihrer tragenden Rolle in der nationalsozialistischen Wirtschaftspolitik entflochten worden waren, wieder aneinandergekoppelt wurden. Mit dem wirtschaftlichen Aufschwung der 50er und 60er Jahre kam das Karussel der Unternehmenszusammenschlüsse so richtig in Gang. Fusionierten 1965 noch 50 bundesdeutsche Großunternehmen, so waren es 1970 bereits 305 und 1980 802. Seit diesem Zeitraum war fast jedes Jahr ein neues Rekordjahr für Unternehmenszusammenschlüsse.

Nach Angaben der Monopolkommission stieg der Anteil der zehn größten Unternehmen im Bergbau und im verarbeitenden Gewerbe von 31,1 Prozent im Jahre 1954 auf 44,2 Prozent 1985. Für alle Verbraucher sichtbar wird diese Entwicklung im Einzelhandel – zumindest vordergründig. Jedes Jahr sterben Tausende von Einzelhandelsgeschäften – ihre Zahl sank von 172 576 im Jahre 1971 auf heute rund 70 000. Stattdessen breiten sich große Verbrauchermärkte und Discount-Geschäfte aus. Sie treten zwar unter den unterschiedlichsten Namen auf, doch zumeist gehören sie einer der sechs großen Lebensmittel-Ketten in der Bundesrepublik. Wer in diesen Geschäften einkauft, spürt sogar die weltwirtschaftliche Konzentration im Bereich der Produktion von Lebensmitteln – vorausgesetzt, ein Kunde macht sich wirklich die Mühe, alle Schleier der verschiedenen Firmennamen und ihrer wirklichen Eigentümer zu lüften. Dann wird er oder sie feststellen, daß sich hinter den vielleicht 30 gekauften Artikeln rund fünf große Konzerne verbergen – mit Nestlé, Procter und Gamble sowie Unilever kann man einen Gutteil seines Haushaltes bestücken.

Man braucht kaum besonders zu betonen, welch große politische Macht solche Riesenkonzerne besitzen. Da sie zumeist international operieren, brauchen sie sich um viele politische Regelungen nur ganz entfernt zu kümmern. Sie können ihren Firmensitz nach der Maßgabe niedriger Steuern wählen, um dann Kredite von internationalen Banken in anderen Ländern aufzunehmen, die wiederum die günstigsten Kreditbedingungen bieten. Das gleiche gilt für die Wahl der Produktionsstätten, wobei dafür allerdings mehr Kriterien maßgebend sind als die vielzitierten Lohnkosten.

Erschwerend kommt hinzu, daß die riesige Konzentration des Produktivvermögens in immer weniger Händen noch gar nicht alles über die Konzentration der wirtschaftlichen Macht in immer weniger Händen aussagt. Entscheidend dafür ist nämlich weniger das Eigentum an Produktivvermögen als die Verfügungsmacht darüber. Und hier spielen die Banken eine tragende Rolle in unserer Wirtschaft. Sie verfügen über mehrere wichtige Zugänge zur wirtschaftlichen Macht: Einmal besitzen sie selbst Anteile an Firmenkapital. Zum anderen sind sie in vielen Investment-Gesellschaften stimmberechtigt, die über Anteile an Betrieben verfügen. Und zum dritten üben sie das sogenannte Depotstimmrecht aus. Danach können die Banken auf Aktionärsversammlungen das Stimmrecht ihrer Aktienkunden wahrnehmen, wenn diese nicht selbst zur Jahreshauptversammlung fahren und den Banken dafür ihre Genehmigung erteilen.

Über diese Mechanismen wurden die Banken, und hier in erster Linie die drei Großbanken, die Deutsche Bank AG, die Dresdner Bank AG und Commerzbank AG, zu entscheidenden Machtfaktoren der deutschen Wirtschaft. Nach einer Studie des Wirtschafts- und Sozialwissenschaftlichen Instituts des Deutschen Gewerkschaftsbundes (DGB) in Düsseldorf verfügen die Großbanken in jenen 32 der 100 größten deutschen Aktiengesellschaften, deren Aktienbesitz nach außen hin eigentlich noch breit gestreut ist, über sage und schreibe vier Fünftel der auf den Hauptversammlungen vertretenen Stimmen. Bei 22 dieser Unternehmen konnten die „Nicht-Banken" unter den Aktionären keinen einzigen Beschluß gegen die Bankenmacht durchsetzen oder eine Entscheidung der Bankenvertreter verhindern. Noch gravierender ist, daß unter den Banken Landesbanken, Sparkassen und Genossenschaftsbanken praktisch keine Rolle spielen – die Macht in den Aktiengesellschaften gehört den privaten Großbanken. Die großen Drei unter ihnen, vertraten in den untersuchten 32 Aktiengesellschaften 45 Prozent aller Stimmen. Die Besetzung von Aufsichtsratsmandaten können sie mühelos unter sich selbst ausmachen.

Bei der Konzentration wirtschaftlicher Macht in wenigen Händen verwundert es nicht, daß sich Großkonzerne beim weiteren Ausbau ihres Firmenimperiums auch der Dienste von Regierungen bedienen. Ein Beispiel dafür ist die Daimler-Benz AG. Unter tatkräftiger Mithilfe der baden-württembergischen Landesregierung erwarb Daimler-Benz seit 1985 nacheinander die Mehrheit bei der Motoren- und Turbinen-Union GmbH (MTU) und der Dornier GmbH sowie anschließend noch bei der AEG-Telefunken AG. Gleich danach unterstützte die Bundesregierung über Subventionen für das Airbus-Programm eine Großfusion von Daimler-Benz mit dem Flugzeug- und Rüstungskonzern Messerschmidt-Bölkow-Blohm (MBB), wodurch ein Konzern mit einem Gesamt-Umsatz von rund 73 Mrd. DM und 365 000 Beschäftigten entstehen dürfte. Es handelt sich dabei für bundesdeutsche Verhältnisse um ein so riesiges Konzern-Gebilde, daß es die Wirtschaftspolitiker bei ihrer Politik nie ignorieren können – schließlich hängt das Schicksal von weit mehr als einer Million Menschen vom Gedeihen dieses Konzerns ab.

Privater Reichtum – öffentliche Armut

Schon dieser riesige politische Einfluß von Großkonzernen ist in einer Demokratie eine schwerwiegende Problemlast. Während politische Entscheidungsträger immerhin noch gewählt werden, rechtfertigt sich wirtschaftliche Macht allein aus der Verfügung über große Mengen von Produktivkapital, dessen Einsatz dann jedoch weitreichende gesellschaftliche Folgen nach sich zieht. Daraus ergibt sich ein weiteres Grundproblem der gegenwärtigen wirtschaftlichen und sozialen Entwicklung in der Bundesrepublik: Die Schere zwischen privatem Reichtum und öffentlicher Armut weitet sich immer mehr. Während die Regierungen auf Bundes-, Landes und kommunalen Ebenen ihre Haushalte oft nur durch höhere Schulden ausgleichen können, schwimmen viele Großunternehmen, insbesondere jene im High-Tech-Bereich, in Kapital. Nach Angaben des Wissenschaftlers Stefan Welzk[7] haben sich die Geldreserven (Kassenstand, Guthaben bei Kreditinstituten, Schecks, Wechsel, Wertpapiere und Umlaufvermögen) der Großunternehmen in den vergangenen zwei Jahrzehnten vervielfacht. Die Siemens AG und die Daimler-Benz AG sind nur die prominentesten Beispiele: Der Siemens-Konzern verfügte 1970 über Geldreserven in Höhe von 888 Mio. DM und steigerte diese Reservehaltung bis 1985 auf 20,54 Mrd. DM. Daimler-Benz erhöhte seine Geldreserven von 326 Mio. DM 1970 auf 7,8 Mrd. DM 1985. Für Welzk steht dabei fest, daß „irgendein Bezug zwischen diesen Geldreserven und den Sicherheitsbedürfnissen dieser Firmen als Produktionsunternehmen ausgeschlossen werden kann". Es handelt sich dabei um „Geldreserven aus Not", die durch hohe Gewinne erwirtschaftet wurden und nun nicht angelegt werden, weil es für Anlageinvestitionen in der genannten Höhe kaum rentable Absatzmöglichkeiten gibt.

Nun wären solche Geldreserven bei Privatunternehmen kaum umstritten, besäße die gesamte Gesellschaft genügend Geld, um ihre sozialen und ökologischen Probleme zu lösen. Doch dem ist nicht so. Ständig beklagen die Gemeinden die steigenden Sozialhilfelasten, die sich Ende 1988 auf rund 28 Mrd. DM summierten – für Siemens und Daimler-Benz zusammen wäre ihre, wenn auch einmalige, Finanzierung kein Problem. Noch deutlicher wird das wachsende Mißverhältnis zwischen privatem Reichtum und öffentlicher Armut angesichts des zunehmenden Pflegenotstandes in deutschen Kliniken und Pflegeheimen. 1,5 Mrd. DM sollten Einstellungen und eine durchgreifende Einkommenserhöhung im Pflegebereich des öffentlichen Dienstes 1989 kosten, und deshalb mußte dafür hart gerungen werden. Gleichzeitig können viele Großunternehmen über solche Summen nur müde lächeln.

Dabei macht es sich allerdings viel zu einfach, wer lediglich mit dem Finger auf die vielzitierten „bösen" Großkonzerne zeigt. Es handelt es sich bei der wachsenden Diskrepanz zwischen privatem Reichtum und öffentlicher Armut um ein Strukturproblem unserer Volkswirtschaft. Die technologische Entwicklung begünstigt kapitalintensive Sektoren der Volkswirtschaft, weil sie hier riesige Produktivitätsgewinne ermöglicht. Sie benachteiligt dagegen arbeitsintensive Produktionszweige und insbesondere den personenbezogenen Dienstleistungsbereich. Diese Wirtschaftsbereiche werden nie in den Genuß so großzügiger Produktivitätsgewinne kommen wie die kapitalintensiven Bereiche. Gleichzeitig schlagen in arbeitsintensiven Betrieben, in personalintensiven Dienstleistungen, die Arbeitskosten viel stärker zu Buche als in hochtechnisierten Industriebetrieben. Die Folge: Während im hochproduktiven Industriebereich immer mehr Arbeitsplätze durch Maschinen ersetzt werden, verfügen die arbeitsintensiven Produktions- oder Dienstleistungsbetriebe über zu wenig Kapital, um ihre Mitarbeiterzahl bedarfsgerecht zu erhöhen. Aus diesem Grund wachsen die Strukturprobleme unserer Volkswirtschaft mit einer weiteren Konzentration von Produktiveigentum und der Verfügungsmacht über diese Produktionsmittel in immer weniger Händen. Diese Machtkonzentration geht mit einer Kapitalkonzentration einher, die andere wirtschaftliche und gesellschaftliche Bereiche finanziell austrocknet. Wer die dringend notwendige finanzielle Umverteilung von Kapital in kapitalarme Bereiche fordert, muß sich deshalb auch mit der wachsenden Konzentration von Macht auseinandersetzen. Die Problemlast hat einen doppelten Boden – ihre Linderung ist deshalb umso schwieriger.

1. 4. Die Rache der Natur wird immer bedrohlicher

Die „Naturattraktion" Nummer Eins in der Bundesrepublik fand 1989 in Frankfurt statt. Sie hieß Bundesgartenschau und zelebrierte die Natur in allen Einzelheiten. In einer Zeit der wachsenden Umweltzerstörung sollte sie die Naturverbundenheit der Menschen beweisen. Das weiträumig angelegte Gelände und die bunten Blumenmeere verfehlten ihre Wirkung auf viele Menschen nicht.

Doch genau diese Wirkung, das begeisterte „Wow" vieler Besucher, verdeutlichte das eigentliche Problem. Viele Menschen haben jeden Bezug zur wirklichen Natur verloren und ergötzen sich stattdessen an dem, was sie dafür halten: schön angelegte Blumenbeete, zurechtgestutzte Bäume, bequeme Wege – alles von Menschenhand hergerichtet.

Insofern bewies die Bundesgartenschau genau das Gegenteil dessen, was sie beweisen sollte: Sie ist ein Beispiel für den Machbarkeitswahn der Menschen, die sich die Natur untertan machen. Im Falle der Bundesgartenschau gilt dies ganz wörtlich: Die dafür notwendige Landfläche von 90 Hektar gewann man durch die Zerstörung des Landschaftsschutzgebietes Niddatal, einer grünen Oase zwischen verschiedenen Stadtteilen im Nordwesten des Großstadt-Molochs Frankfurt. Wo früher verbuschte Flächen, Hecken, Bäume unterschiedlichen Alters, Wiesen und Auen eine ungeordnet-liebenswerte Naturlandschaft bildeten, prägen heute Parkplätze, große Ausstellungshallen, Imbißzelte, ein künstlicher Musterfriedhof und ein futuristischer Aussichtsturm die Szenerie.

Nun könnte man den Aufwand für diese Bundesgartenschau einfach als Profil-Neurose einer bundesdeutschen Metropole abtun, wäre dieser Ablauf nicht typisch für den Umgang der Menschen, oder besser gesagt: der Industriegesellschaft, mit der Natur in den vergangenen Jahrzehnten. Ganz im Sinne des Machbarkeitswahns, der die Bundesgartenschau prägt, richtete die Gesellschaft die Natur für ihre Bedürfnisse her, betrieben die Menschen einen Raubbau, der das ökologische Gleichgewicht immer nachhaltiger störte.

Die alljährliche statistische Bilanz des Umweltbundesamtes faßte auch 1989 wieder in Zahlen, was viele noch immer nicht wahrhaben wollen:

■ Seit 1970 ist in der Bundesrepublik nahezu ein Drittel der einheimischen Pflanzenarten verschwunden. Von 486 einheimischen Tierarten sind 216 ausgestorben oder gefährdet. Allein von den Vogelarten, die nicht zu den Singvögeln zählen (Störche, Kraniche u. a.), sind 76 Prozent gefährdet.

■ 52,4 Prozent aller Bäume sind geschädigt. Trotz zahlreicher Maßnahmen hält das Waldsterben noch immer an, das Bundesumweltamt stellt lediglich eine leichte Gewichtsverlagerung fest: „1987 und 1988 hat sich der Zustand der Tanne und jetzt auch der Fichte etwas gebessert. Bei den Laubbäumen, vor allem bei Buche und Eiche, haben die Schäden dagegen weiter zugenommen. Sie sind jetzt stärker geschädigt als Fichte und Kiefer". Insgesamt gilt bereits als Erfolg, daß das Waldsterben derzeit stagniert, sich also nicht noch beschleunigt.

■ Mehr als fünf Milliarden Mark müssen die Wasserwerke jährlich ausgeben, um aus den vorhandenen Wasserreserven überhaupt Trinkwasser zu produzieren. Damit sind die Kosten für die Trinkwasser-Bereitung seit 1950 auf das 25fache gestiegen. Die Nitrat-Belastung des Grundwassers ist in vielen Teilen der Bundesrepublik so hoch, daß der EG-Grenzwert von 50 mg Nitrat pro Liter Trinkwasser als zu niedrig bezeichnet wird.

■ Nach Angaben des Umweltbundesamtes sind die allermeisten deutschen Flüsse erheblich schadstoff-belastet. Zu den Schadstoffen zählen nicht „nur" Düngemittel, sondern vor allem Schwermetalle und chemische Verbindungen, die kaum aus dem Wasser geklärt werden können. Ähnliches gilt für die Nordsee, die seit Jahren unter den hohen Schadstoffeinleitungen, unter Dünnsäure und Abfällen aller Art zu sterben droht. Immer regelmäßiger auftauchende Algenteppiche und sterbende Robben sind die Vorboten für den möglichen Tod dieses Meeres.

Man könnte die Beispiele für eine durch und durch bedrohte Umwelt unschwer fortsetzen. Tatsache ist jedoch, daß die Umwelt an allen Ecken und Enden unter Streß steht und sich dieser Streß mehr und mehr auch auf die Menschen überträgt. Die Krankheiten, die direkt mit Umweltzerstörungen zusammenhängen, nehmen laufend zu. Man denke nur an die rasch wachsende Zahl von Allergien, an Krebserkrankungen oder an mögliche Folgen von Unfällen in Atomkraftwerken, deren „Restrisiko" hoch und deren Entsorgung nach wie vor nicht gesichert ist. Im Gegenteil. Ständig mehren sich die Meldungen über risikoreiche Transporte radioaktiven Materials.

Die Folge dieser Entwicklung ist eine rasch wachsende Verunsicherung der Menschen, die kaum mehr wissen, was sie noch mit ruhigem Gewissen essen, wo sie noch mit ruhigem Gewissen baden können, welche Zukunft sie ihren Kindern wirklich hinterlassen. Mit dieser Entwicklung bezahlt unsere Industriegesellschaft einen sehr hohen Preis für ihren jahrzehntelangen Machbarkeitswahn.

Treibhauseffekt und Ozonloch – die globale Rache der Natur

Während die Umweltdiskussion sich hierzulande jedoch immer noch auf das Waldsterben, die Nitratbelastung des Grundwassers und auf die Verunreinigung von Seen, Flüssen und Meeren konzentriert, hat die Umweltzerstörung inzwischen weltweite Dimensionen erreicht. Lange Zeit war die Diskussion über klimatische Veränderungen oder über das Ozonloch über dem Südpol eine reine Experten-Angelegenheit.

Inzwischen hat sich dies gründlich geändert. Lange Dürreperioden in großen Teilen der USA, Waldbrände im Mittelmeerraum, überdimensionale Flutwellen über Bangladesh und verheerende Wirbelstürme über der Karibik machten die Begriffe „Treibhauseffekt" und „Ozonloch" zu Symptomen für die globale Rache der Natur an den Bewohnern der Erde.

Zwar kann derzeit kein Wissenschaftler mit letzter Sicherheit sagen, ob die „Wetter-Katastrophen" der vergangenen Jahre bereits Vorboten des Treibhauseffektes sind. Noch schwieriger sind genaue Voraussagen über die weitere Entwicklung des Ozonlochs. Klar ist jedoch, wie sehr die beiden Schutzmechanismen, von denen alles Leben auf dem Planeten abhängt, bedroht sind:

■ ein funktionierender Treibhauseffekt durch einen zehn bis 15 Kilometer entfernten Gürtel um die Erde (der Troposphäre). Dort sorgen Moleküle des Gases Kohlendioxid – einer Verbindung von Kohlenstoff und Sauerstoff und anderer Spurengase dafür, daß die Erde die eingehenden Sonnenstrahlen nicht einfach wieder zurücksendet. Würden diese Strahlen einfach wieder zurückprallen, dann läge die mittlere Temperatur auf der Erde bei minus 23 Grad, Leben wäre dann unmöglich. Ein Teil der Sonnenstrahlen wird deshalb vom Kohlendioxid-Gürtel aufgenommen und zur Erde zurückgeschickt. Dieser Treibhauseffekt schafft eine Durchschnittstemperatur von 15 Grad auf der Erde – und ermöglicht Leben.

■ ein funktionierender Ozon-Gürtel, der die Erde in einer Entfernung von 20 bis 25 Kilometern vor den harten UV-Strahlen der Sonne schützt. Diese Ozonschicht wirkt wie ein Schild, ohne den die ultravioletten Strahlen direkt auf die Erde prallen und die Strahlenbelastung so erhöhen würden, daß Menschen, Tiere und Pflanzen nicht existieren könnten.

Insofern hängt alles gegenwärtige und zukünftige Leben auf der Erde von dem Gleichgewicht dieser Schutzmechanismen ab. Und genau dieses Gleichgewicht ist derzeit ernsthaft gefährdet. So pendelte der Kohlendioxid-Gehalt der Troposphäre über Hunderttausende von Jahren zwischen 180 und 280 ppm (Teile pro Million Einheiten, auf deutsch). Seit Beginn des Industrie-Zeitalters im 18. Jahrhundert stieg die Kohlendioxid-Konzentration in der Troposphäre von 275 ppm auf rund 350 ppm im Jahre 1988.

Jedes Jahr nimmt die Konzentration um durchschnittlich 0,5 Prozent zu. Die Folge: Der Treibhauseffekt wird immer intensiver und führt zu einer ständig steigenden Erwärmung. Die Anzeichen dafür sind bereits meßbar: Die Temperatur der tropischen Meere stieg in den vergangenen Jahren um 0,3 Grad, die mittlere Temperatur auf der Erde in den letzten hundert Jahren um 0,5 bis 0,7 Grad. Aktuellsten Prognosen zufolge wird die durchschnittliche Welttemperatur infolge des erwarteten Anstiegs an Kohlendioxid bis in 50 Jahren um 1,5 bis

4,5 Grad steigen – das Wasser der Meere wird dann um 0,2 bis 1,4 Meter höher stehen als heute.

Während sich die Hülle um die Erde in einer Entfernung von zehn bis 15 Kilometern immer mehr zu einem regelrechten Schwitzkasten verdichtet, wird die Schutzschicht in einer Entfernung von 20 bis 25 Kilometern immer dünner. Seit 1979 registrierten Wissenschaftler über dem Südpol ein Ozonloch, das inzwischen doppelt so groß geworden ist. Die Wissenschaftler führen zwar 50 Prozent des Ozonabbaus auf natürliche Prozesse zurück. Die Ursache für den Abbau der verbleibenden 50 Prozent sehen die Wissenschaftler jedoch in industriellen Werkstoffen und ihren chemischen Reaktionen mit der Ozonschicht.

Obwohl sich die Wissenschaftler über die genauen Wirkungszusammenhänge noch streiten, sind sie sich doch in einem Punkt einig: Die Ozonschicht um die Erde wird immer dünner.

Dramatische Folgen: Hitze – Dürre – Überflutungen

Ebenso wie das Ausmaß von Treibhauseffekt und Ozonloch ist auch das Ausmaß der drohenden Folgen nicht abzusehen. Mittel- bis langfristig sind allerdings dramatische Konsequenzen zu erwarten, die ebenfalls von kaum einem Experten geleugnet werden. Die Erwärmung der Erde durch einen intensiveren Treibhaus-Effekt

■ wird die Atmosphäre labiler machen und extreme Wettersituationen verstärken: Hitzewellen, Dürreperioden, sintflutartige Regenfälle und Wirbelstürme werden zunehmen.

■ dürfte dazu führen, daß sich die Trockenzonen der Welt um einige hundert Kilometer weit nach Norden verlagern und viele der fruchtbaren Winterregenzonen in unfruchtbare Dürregebiete verwandeln. „Die Brotkörbe der Erde werden sich leeren", lautet die schockierende Schlußfolgerung des britischen Klimaforschers Martin Parry.

■ dürfte das Meerwasser aufheizen, Gletscher werden abschmelzen und die Meeresspiegel anheben. Steigt der Meeresspiegel bis Mitte des nächsten Jahrhunderts um einen Meter, dann würden viele dichtbesiedelte Regionen in der Nähe von Flußmündungen überflutet, zum Beispiel in Ägypten, Bangladesh oder China. Die Auswirkungen wären katastrophal, weil ein Drittel der Menschheit nicht mehr als 60 Kilometer von Küsten entfernt lebt.

■ dürfte Millionen von Menschen aus den überfluteten Regionen als Umweltflüchtlinge um die Welt treiben – vor allem in die scheinbar weniger betroffenen Wohlstands-Regionen in den Industrie-Ländern. Selbst wenn die klimatischen Veränderungen zuerst in weit entfernten Regionen spürbar sein sollten, werden ihre Opfer auch an die Tür der Bundesrepublik klopfen.

Der Abbau der Ozonschicht in 20 bis 25 Kilometer Entfernung
■ könnte weltweit zu mehr Hautkrebs-Erkrankungen führen. Nach gegenwärtigen Erfahrungen treibt eine Abnahme des Ozons um ein Prozent die Anzahl der Hautkrebs-Erkrankungen um vier bis sechs Prozent in die Höhe.
■ könnte die Immunabwehr von Menschen, Tier und Kulturpflanzen schwächen, weil sie den harten UV-Strahlen dann viel direkter ausgesetzt wären. Im Extremfall würde dies die Produktion von Nahrungsmitteln in ganzen Landstrichen gefährden oder sogar verhindern.
■ bedroht die Algen in den Meeren und verstärkt dadurch den Treibhauseffekt. Denn: Die Algen sterben an den UV-Strahlen und fallen damit als Sauerstoff-Lieferanten aus, die Kohlendioxid speichern können. Die Folge: Weniger Kohlendioxid wird gespeichert, ein größerer Teil gelangt in die Troposphäre und verstärkt die Treibhauswirkung.

Treibhauseffekt und Ozonloch werden zum Teufelskreis.

Jörg Zink : Die Umkehrung der Schöpfungsgeschichte

Am Anfang schuf Gott Himmel und Erde. Aber nach vielen Jahrmillionen war der Mensch endlich klug genug. Er sprach: Wer redet hier von Gott? Ich nehme meine Zukunft selbst in die Hand! Er nahm sie, und es begannen die letzten sieben Tage der Erde.

Am Morgen des ersten Tages beschloß der Mensch, frei zu sein und gut, schön und glücklich. Nicht mehr Ebenbild Gottes, sondern ein Mensch. Und weil er etwas glauben mußte, glaubte er an die Freiheit und an das Glück, an Zahlen und an Mengen, an die Börse und den Fortschritt, an die Planung und seine Sicherheit. Denn zu seiner Sicherheit hatte er den Grund zu seinen Füßen gefüllt mit Raketen und Atomsprengköpfen.

Am zweiten Tage starben die Fische in den Industriegewässern, die Vögel am Pulver aus der chemischen Fabrik, das den Raupen bestimmt war, die Feldhasen an den Bleiwolken von der Straße, die Schoßhunde an der schönen roten Farbe der Wurst, die Heringe am Öl auf dem Meer und an dem Müll auf dem Grunde des Ozeans. Denn der Müll war aktiv.

Am dritten Tage verdorrten das Gras auf den Feldern und das Laub an den Bäumen, das Moos an den Felsen und die Blumen in den Gärten. Denn der Mensch machte das Wetter selbst und verteilte den Regen nach genauem Plan. Es war nur ein kleiner Fehler in dem Rechner, der den Regen verteilte. Als sie den Fehler fanden, lagen die Lastkähne auf dem trockenen Grund des schönen Rheins.

Am vierten Tage gingen drei von vier Milliarden Menschen zugrunde. Die einen an den Krankheiten, die der Mensch gezüchtet hatte, denn einer hatte vergessen, die Behälter zu schließen, die für den nächsten Krieg bereitstanden. Und ihre Medikamente halfen nichts. Die hatten zu lange schon wirken müssen in Hautcremes und Schweinelendchen. Die anderen starben am Hunger, weil etliche von ihnen den Schlüssel zu den Getreidesilos versteckt hatten. Und sie fluchten Gott, der ihnen doch das Glück schuldig war. Es war doch der liebe Gott.

Am fünften Tage drückten die letzten Menschen den roten Knopf, denn sie fühlten sich bedroht. Feuer hüllte den Erdball ein, die Berge brannten, die Meere verdampften, und die Betonskelette in den Städten standen schwarz und rauchten. Und die Engel im Himmel sahen, wie der blaue Planet rot wurde, dann schmutzig braun und schließlich aschgrau. Und sie unterbrachen ihren Gesang für zehn Minuten.

Am sechsten Tage ging das Licht aus. Staub und Asche verhüllten die Sonne, den Mond und die Sterne. Und die letzte Küchenschabe, die in einem Raketenbunker überlebt hatte, ging zugrunde an der übermäßigen Wärme, die ihr gar nicht gut bekam.

Am siebten Tage war Ruhe. Endlich. Die Erde war wüst und leer, und es war finster über den Rissen und Spalten, die in der trockenen Erdrinde aufgesprungen waren. Und der Geist des Menschen irrlichterte als Totengespenst über dem Chaos. Tief unten, in der Hölle, aber erzählte man sich die spannende Geschichte von dem Menschen, der seine Zukunft in die Hand nahm, und das Gelächter dröhnte hinauf bis zu den Chören der Engel.

Die harte Form der Industrialisierung stößt an Grenzen

Fast alle Umweltprobleme, die sich in den vergangenen Jahrzehnten zu langfristigen Bedrohungen ausgewachsen haben, sind Produkte einer harten, weil expansiven Form der Industrialisierung. Diese Form der Industrialisierung kennt nur ein Ziel: quantitative Steigerung der Produktionsmengen. Dafür benötigt sie immer mehr Energie, Rohstoffe und künstliche Werkstoffe, die sie selbst erzeugt.

Alle Industrieländer und jene Entwicklungsländer, die ihnen nacheifern, praktizieren – in unterschiedlichem Maße – eine Produktions- und Lebensweise, die mit einem riesigen, zumeist auch derzeit noch steigenden Verbrauch an Ressourcen einhergeht. Ein Bundesbürger verbraucht täglich 450mal so viel Energie wie ein Nepali, um sich zu versorgen und um zu produzieren. Diese harte, expansive Form der Industrialisierung, die alle Wirtschaftsbereiche bis hin zur Landwirtschaft prägt, beginnt nun, an die Grenzen des Planeten zu stoßen – der drohende Treibhauseffekt und das Ozonloch markieren diese Grenzen. Die Ursachen für diese beiden atmosphärischen Bedrohungen sind denn auch nicht weniger und nicht mehr als die Grundlagen dieser harten industriellen Produktions- und Lebensweise – oder aber der Versuch, die Voraussetzungen für diese Lebensweise zu schaffen:

Das Gas „Kohlendioxid" ist zu 50 Prozent für den Treibhauseffekt verantwortlich. Es entsteht bei der Verbrennung der fossilen Energieträger Kohle, Öl, Gas und Holz. 90 Prozent des weltweiten Energieverbrauchs entsteht durch die Verbrennung fossiler Energieträger in Kraftwerken, Autos oder durch die Brandrodung großer Waldflächen. Wann immer Menschen auf diese Weise Strom verbrauchen, Autos benutzen, heizen oder produzieren, tragen sie zur Erwärmung der Erde bei. Konsequent sind denn auch die industrialisierten Gesellschaften des Ostens und des Westen die wichtigsten Ursachen-Faktoren für den Treibhauseffekt. Die Entwicklungsländer mit ihrem geringeren Industrialisierungs-Niveau sind daran nur zu rund 20 Prozent beteiligt.

In den Tropen werden alle drei Monate Regenwald-Flächen von der Größe Dänemarks abgeholzt. Brandrodungen der Einwohner zum Erwerb von Lebensraum und zur Energieproduktion sind die wichtigste Ursache dafür, daß durch Brände jährlich Milliarden Tonnen von Kohlendioxid in die Luft geblasen werden. Dazu kommen jedoch die wirtschaftlichen Interessen der Industrie-Länder: Tropenholz wird auch hierzulande für Fensterrahmen, Möbelstücke oder auch für Beichtstühle verwendet.

Die Rodung der Regenwälder beeinträchtigt das Weltklima gleich doppelt: Brände erwärmen die Erde, weil Kohlendioxid entsteht. Mit den Regenwäldern fehlt dann außerdem die bekannte grüne Lunge, die das Klima eigentlich stabilisiert.

Lange Zeit galten die sogenannten Fluorchlorkohlen-Wasserstoffe (FCKWs) als chemische Wundermittel, die gleichzeitig schadlos, im Umgang unproblematisch, dabei aber haltbar und stabil sind. Aus diesem Grund produziert die chemische Industrie weltweit jährlich über eine Million Tonnen, um sie als Kühlmittel in Kühlanlagen und Kühlschränken, als anspruchsvolle Lösungs- und Reinigungsmittel, zum Aufschäumen von Kunststoffen oder als Treibgase zu verwenden.

Mittlerweile steht fest , daß die FCKWs über mehrere chemische Reaktionen das Ozon in 20 bis 25 Kilometer Entfernung zerstören und auch den Treibhauseffekt verstärken. In einer Entfernung von 15 Kilometern von der Erde reflektieren sie die Sonnenstrahlen besonders intensiv auf die Erde zurück.

Dieser Treibhauseffekt geht auch noch von anderen Spurengasen aus, die Grundprodukte unserer industriellen Lebens- und Produktionsweise sind: Lachgas entsteht durch die Intensiv-Landwirtschaft, wenn Bakterien den Stickstoffdünger in den Ackerböden abbauen. Das Gas Methan wird auf Mülldeponien, in Reisfeldern und Sumpfgebieten sowie in den Mägen der etwa 1,2 Milliarden Rinder auf der Erde frei, wenn diese wiederkäuen.

Diese Ursachenbeschreibung zeigt denn auch die ganze Schärfe des Problems, das uns der Treibhauseffekt und das Ozonloch bescheren: Die Ursachen reichen tief in die Art, wie wir leben und arbeiten.

Führt die ökologische Bedrohung in die Öko-Diktatur?

Die Tiefe der Problematik stempelt die bisherige Umwelt-Politik der Bundesrepublik und auch anderswo zu Makulatur. Und dies obwohl man hierzulande durchaus Teilerfolge erzielte. Die meisten Kohlekraftwerke arbeiten mit Entschwefelungs- und Entstickungsanlagen, die Schwefeldioxidkonzentrationen in der Luft sind stark rückläufig, manche Gewässer wurden durch Kläranlagen wieder zum Leben erweckt, moderne Autos pusten dank geregelter Katalysatoren nur noch ein Bruchteil der Abgase früherer Modelle in die Luft.

All diese Erfolge verdankt die Umweltpolitik jedoch neuen Techniken, die einfach in die bestehende Produktions- und Lebensweise integriert wurden.

Auf diese Weise konnten und können Umweltprobleme gelöst werden, ohne daß der wirtschaftliche Gang der Dinge grundlegend verändert werden muß. Will man jedoch den Treibhauseffekt hinauszögern und langfristig sogar wieder vermindern, dann kann dazu die Technik sicher auch große Beiträge leisten – generell erfordert die Bewältigung dieses Problems jedoch die Neuorientierung unserer Wirtschafts- und Lebensweise. Nur wenn der Verbrauch an Ressourcen, Rohstoffen und Energie in Zukunft entscheidend verringert wird und die industrielle Produktion mit immer weniger chemischen Verbindungen aus der Retortenküche auskommt, ist dieses Problem zu lösen.

Da eine derartige Trendwende der gegenwärtigen Entwicklung im Augenblick nicht absehbar ist, wird die Problemlast durch die Bedrohung der Erdatmosphäre in allen Industrieländern, und auch in der Dritten Welt, von Jahr zu Jahr schwerer. Immerhin verzeichneten die 80er Jahre hintereinander die wärmsten Sommer seit Hunderten von Jahren.

Sollte sich das sichtbare Gefahrenpotential des Ozonlochs oder klimatischer Veränderungen verschärfen, ohne daß auch nur der Ansatz einer Lösung vorhanden wäre, dann dürfte zu den ökologischen und sozialen Gefahren noch eine politische kommen: Spätestens dann werden sich die Stimmen mehren, die entweder diktatorische Vollmachten verlangen, um die ökologischen und sozialen Folgen der Probleme (zum Beispiel in Gestalt von Flüchtlingen aus Küstenländern der Dritten Welt) einzugrenzen oder aber um Maßnahmen zur Linderung der ökologischen Not beschleunigt zu verwirklichen. Bedenkt man, welch autoritär-politisches Potential bereits durch einige Hunderttausend Zuwanderer bei wachsender Wohnungsnot und sozialer Ausgrenzung von Unterprivilegierten mobilisiert wurde, dann sind Warnungen vor Rufen nach einer „Öko-Diktatur" sicher nicht vermessen – sollte es in absehbarer Zeit nicht gelingen, die sichtbare Umweltzerstörung vor der Haustür und die unsichtbare Umweltzerstörung durch die Veränderungen der Erdatmosphäre in den Griff zu bekommen.

1.5. Die Verelendung der Dritten Welt

In Sachen Entwicklungsländer herrscht seit Jahrzehnten, seit sie die koloniale Herrschaft abschütteln konnten, das Prinzip Hoffnung. Es beruht auf einem ganz einfachen Gedankengang: Je mehr sich die Entwicklungsländer in die Weltwirtschaft integrieren, desto stärker werden sie sich im Sog der Industrieländer „entwickeln". Zieht man in den 80er Jahren eine Art Zwischenbilanz dieser Hoffnung, dann blieb sie völlig unerfüllt. Im Gegenteil. Die sozialen, wirtschaftlichen und ökologischen Verhältnisse in der Dritten Welt verschlechtern sich ständig, obwohl man dies gar nicht mehr für möglich hält. Gerade die 80er Jahre werden als unrühmliches Jahrzehnt der wachsenden Verelendung der Dritten Welt in die Jahrbücher der Rekorde eingehen.

Dabei hatte sich die Generalversammlung der Vereinten Nationen Ende der 70er Jahre wieder einmal zu einer hoffnungsvollen Prognose für die wirtschaftliche Entwicklung der Dritten Welt in den bevorstehenden 80er Jahren aufgeschwungen: Ein jährliches durchschnittliches Wirtschaftswachstum von sieben Prozent in der Dritten Welt erwarteten die UNO-Delegierten für den Zeitraum zwischen 1981 und 1990. Doch diese kühnen Hoffnungen verblaßten schon in den ersten Jahren dieses Jahrzehnts. Von 1981 bis 1986 erreichten die Entwicklungsländer in keinem einzigen Jahr ein wirtschaftliches Wachstum von annähernd sieben Prozent. Das Jahr 1984 kam der Prognose mit einer Wachstumsrate von 5,1 Prozent am nächsten, in den Jahren zuvor registrierte die Weltbank in Washington jedoch nur Zuwachsraten von rund zwei Prozent. Kurz und gut: Der prognostische Höhenflug der UNO in den 70er Jahren hatte mit der Realität der 80er Jahre kaum etwas gemeinsam.

Stattdessen zeigten andere UNO-Berichte nacheinander auf, daß sich die soziale Lage der Menschen in der Dritten Welt bis Mitte der 80er Jahre weiter verschärft hatte:
■ 850 Millionen Menschen leben inzwischen in absoluter Armut, 450 Millionen leiden ständig Hunger. 40.000 bis 50.000 Kinder sterben täglich an den Folgen des Hungers.
■ Hunderte von Millionen Menschen leiden an übertragbaren Massenkrankheiten wie Malaria, die ihre Lebenserwartung weiter unter den ohnehin niedrigen Durchschnittswert der Dritten Welt verringern.
■ Trotz medizinischer Fortschritte sterben Mütter in der Dritten Welt noch rund 15mal so häufig während der Schwangerschaft oder der Entbindung wie in den Industrieländern.
■ Nur 20 Prozent der Menschen in Entwicklungsländern haben Zugang zu einer wirksamen Gesundheitsversorgung. In den ärmsten Ländern kommt ein Arzt auf rund 20.000 Einwohner, in den westlichen Industrieländern dagegen auf rund 600.
■ Nur knapp ein Drittel der in den ärmsten Ländern lebenden Menschen hat Zugang zu sauberem Trinkwasser. Nach neuesten Schätzungen der UNO ha-

ben 1,2 Milliarden Menschen keinen Zugang zum Trinkwasser und 1,9 Milliarden Menschen keine sanitären Anlagen.

■ Die Zahl der Städte mit mehr als einer halben Million Einwohnern hat sich aufgrund der Landflucht in nur zwei Jahrzehnten – von 1960 bis 1980 – von 144 auf 266 erhöht, die Zahl dürfte inzwischen weiter gestiegen sein. Heute leben 300 bis 400 Millionen Stadtbewohner der Dritten Welt in Elendsvierteln rund um die großen Städte.

Es ist klar, daß solche statistischen Daten das menschliche Elend, das sich hinter ihnen verbirgt, nicht annähernd zum Ausdruck bringen können. Dennoch belegen sie mit aller Deutlichkeit, daß das rasante Wachstum der Weltwirtschaft seit Anfang der 50er Jahre – in den 50er und 60er Jahren verzeichnete die Weltwirtschaft jährliche Wachstumsraten von rund sieben Prozent – den Entwicklungsländern am allerwenigsten genützt hat. Dazu kommen die verblaßten Hoffnungen der UNO: In keiner Dekade konnten die Länder der Dritten Welt auch nur annähernd die wirtschaftlichen Wachstumsraten erreichen, die prognostiziert worden waren.

Das wirtschaftliche Gefälle zwischen Industrie- und Entwicklungsländern wird immer größer

Seit der Kolonialzeit leiden die Entwicklungsländer unter einer sehr einseitigen Produktionsstruktur. Die Mutterländer der Kolonien benutzten ihre Übersee-Gebiete als Quelle billiger Rohprodukte. Jede Kolonie wurde dabei auf wenige Exportprodukte ausgerichtet, die den wirtschaftlichen und kulturellen Bedürfnissen der Mutterländer entsprachen. Diese einseitige Produktions-Struktur prägt viele Volkswirtschaften in der Dritten Welt bis heute. Das afrikanische Land Uganda zum Beispiel erwirtschaftet noch immer 97 Prozent seiner Exporterlöse aus der Ausfuhr von Kaffee. Nach Angaben der UNO-Konferenz für Handel und Entwicklung (UNCTAD) erzielten 1986 noch immer 23 Entwicklungsländer 90 bis 100 Prozent ihrer Exporteinnahmen aus der Ausfuhr einiger weniger Rohstoffe (Erdöl nicht mitgerechnet). In 84 Ländern der Dritten Welt sorgte der Export von Rohstoffen 1986 für mehr als 50 Prozent der Exporterlöse.

Diese Abhängigkeit der meisten Entwicklungsländer von Rohstoff-Exporten hält die Dritte Welt seit Jahrzehnten in einem Grund-Dilemma gefangen: Sie können nur in jenem Maße Waren für ihre eigene wirtschaftliche Entwicklung importieren wie die Einnahmen aus den Rohstoffexporten dies erlauben. Entscheidend für die Menge der Importe sind also die Rohstoff-Preise bzw. das Preis-Verhältnis zwischen Rohstoffpreisen und den Preisen für die Importwaren. Da es seit Jahrzehnten – von Ausnahmen abgesehen – ein Überangebot an Rohstoffen gibt und die Industrieländer sich gegen politisch vereinbarte Preissteigerungen für Rohstoffe wehrten, hat sich dieses Preisverhältnis für die Entwicklungsländer in den vergangenen Jahrzehnten ständig verschlechtert. So mußten die Länder der Dritten Welt für die Einfuhr eines Fasses Erdöl 1975 7 kg Kaffee, 8 kg Baumwolle, 28 kg Jute und 9 kg Kupfer exportieren. 1982 konnten sie das gleiche Faß nur noch durch den Export von 14 kg Kaffee, 24 kg Baumwolle, 200 kg Jute und 24 kg Kupfer finanzieren[8]. Bei dieser Preisentwicklung mußte sich der Abstand zwischen den Volkswirtschaften der Dritten Welt und den Industrieländern ständig vergrößern.

In dieser Situation suchten einige Entwicklungsländer, insbesondere in den 70er Jahren, ihre Chance in einer Industrialisierung nach dem Muster der westlichen Industrieländer und mithilfe von multinationalen Unternehmen dieser Länder. Viele lateinamerikanische Länder und einige kleinere Staaten in Südostasien träumten von diesem Weg. Sie boten den Großunternehmen großzügige Vergünstigungen an: niedrige Arbeitskosten, geringe Steuern, wenige staatliche Auflagen und ein geringes Widerstandspotential auf seiten der Arbeitnehmer durch Einschränkungen für Gewerkschaften – in vielen Ländern waren und sind sie verboten.

Auch diese Strategie hat nur wenige Entwicklungsländer wirklich wirtschaftlich vorangebracht. Und jene, die es schafften, wie Südkorea oder Taiwan, bezahlten dies mit der bedingungslosen Ausbeutung ihrer Arbeitnehmer. In den meisten anderen Ländern, die sich dieser Strategie verschrieben – sie heißen heute „Schwellenländer" – stieg allenfalls der Wohlstand einer kleinen Schicht, viele groß angelegte Industrieprojekte sind gescheitert. Was blieb, waren hohe Auslandsschulden, die das Elend in diesen Ländern täglich vergrößern.

Insofern hat sich das wirtschaftliche Gefälle zwischen den Industrie- und den Entwicklungsländern von 1950 bis Mitte der 80er Jahre enorm vergrößert.

Die statistischen Bilanzen von UNCTAD und Weltbank sprechen Bände:
■ Drei Viertel der Menschheit teilen sich rund ein Viertel des Welteinkommens. Und selbst dieses Viertel ist alles andere als gerecht verteilt. Bestimmte Länder schneiden sich einen relativ großen Teil vom Kuchen ab – ganz zu schweigen von den Machteliten in der Dritten Welt, die ohnehin den größten Teil dieses Viertels für sich beanspruchen.

■ Der Anteil der Dritten Welt an der Industrieproduktion der gesamten Welt beläuft sich nach 35 Jahren nur auf elf Prozent, ganz Schwarzafrika kommt auf 0,6 Prozent.

■ Der Anteil der Entwicklungsländer an den Weltexporten von verarbeiteten Waren verringerte sich von 2,3 Prozent 1965 auf 2,1 Prozent 1985.

■ Der Kaufkraftwert der Rohstoffpreise erreichte 1986 einen historischen Tiefstand. Er lag so niedrig wie noch nie seit dem Zweiten Weltkrieg. Der Grund: Die Rohstoffpreise haben sich nur mäßig erhöht, während die Preise für die Industriegüter, die die Entwicklungsländer dafür kaufen können, kräftig gestiegen sind.

Insofern verlief die wirtschaftliche Entwicklung für die allermeisten Entwicklungsländer in den vergangenen Jahrzehnten mehr als deprimierend. Verantwortlich dafür sind die Strukturprobleme, die diese Länder überhaupt erst zu „Entwicklungsländern" werden ließen. Daraus folgt, daß der alte Traum vieler westlicher Politiker und Wirtschaftswissenschaftler, wonach die Entwicklungsländer sich im Sog hoher Wachstumsraten der Industrieländer automatisch „entwickeln", keinerlei realistische Grundlage hat. Die Wirklichkeit stempelte diesen Traum zu einer Art Alibi für Regierungen der Industrieländer, eine rein binnenwirtschaftlich motivierte Wachstumspolitik bereits als Hilfe für die Entwicklungsländer auszugeben.

Hohe Auslandsschulden treiben das Kapital vom armen Süden der Welt in den reichen Norden

Der Traum von der wirtschaftlichen Entwicklung der Entwicklungsländer nach dem Muster der westlichen Industrieländer hat sich nicht nur als unrealistisch erwiesen, er hat für viele Länder der Dritten Welt existentiell bedrohliche Nachwehen in Gestalt hoher Auslandsschulden. Sie nähern sich inzwischen der unvorstellbaren Summe von 1.500 Billionen US-Dollars. Dieser Schuldenberg symbolisiert die historisch bedingten wirtschaftlichen Strukturdefizite der Entwicklungsländer ebenso wie ihren verblaßten Traum vom wirtschaftlichen Aufstieg mit Hilfe der Industrieländer. Er führt die wachsende Kluft zwischen Industrie- und Entwicklungsländern geradezu anschaulich vor Augen.

Dabei war der Traum vieler Länder der Dritten Welt durchaus scharfsinnig: Den gordischen Knoten zu geringer Einnahmen aus dem Export von Rohstoffen und Billigkonsumwaren, die nicht ausreichen, um die für eine wirtschaftliche Entwicklung notwendigen Investitionsgüter zu bezahlen, suchten sie mit einem Hieb zu zerschlagen: Mit Krediten von internationalen Banken wollte man Investitionsgüter kaufen, Industrien aufbauen und die Infrastruktur entwickeln, um diese Kredite dann mit den Erträgen aus erheblich höheren Exportmengen abzutragen. Allerdings machten die Entwicklungsländer die Rechnung ohne den Wirt: Die Industrieländer verstärkten ihre Einfuhrschranken gegenüber vielen Billigprodukten aus der Dritten Welt, um ihre einheimischen Betriebe und Arbeitsplätze vor der Billig-Konkurrenz zu schützen. Gleichzeitig flossen hohe Kreditsummen in Investitionsruinen oder schlichtweg in falsche Hände.

Nach wenigen Jahren standen die betroffenen Entwicklungsländern vor den Ruinen ihres Traums: Die erhofften zusätzlichen Exporterlöse waren weitgehend ausgeblieben – geblieben war dafür ein ständig wachsender Schuldenberg, der nun zusammen mit ständig steigenden Zinsen abzutragen war und ist. Die Hochzinspolitik der USA in den achtziger Jahren schnürte den Schuldnerländern die Luft noch weiter ab – schließlich benötigt das Land mit den höchsten Auslandsschulden in der Dritten Welt, Brasilien, rund ein Viertel seiner Erlöse aus dem Kaffeexport, um ein Prozent Zinserhöhung zu finanzieren.

Die Folgen der Schuldenkrise für die Schuldnerländer sind mehr als bitter – allerdings nicht für jene Eliten, die die hohen Kredite zu größeren Teilen aufgenommen hatten. Sie konnten ihr Kapital oft genug auf sicheren Konten in den Industrieländern deponieren. Bitter ist die Schuldenkrise in erster Linie für die sozial Schwachen in den betroffenen Ländern. Denn Länder mit hohen Außenhandelsdefiziten, deren Resultat ja Auslandsschulden sind, können den Außenhandel nur durch zwei wirtschaftspolitische Strategien wieder ins Gleichgewicht bringen: Sie müssen so viel wie möglich exportieren und so wenig wie möglich importieren. Eine Wirtschaftspolitik mit dieser Zielsetzung belastet in erster Linie den ärmsten Teil der Bevölkerung.

Die Erhöhung der Exporte um jeden Preis bedeutet, daß Ressourcen, die bisher dem Eigenverbrauch vorbehalten waren, in den Export gehen. Besonders bedeutsam ist dies im Bereich der Nahrungsmittel-Produktion, in dem nun immer mehr Exportprodukte und weniger Produkte für den Eigenbedarf angebaut und hergestellt werden. Dadurch werden Nahrungsmittel in dem betroffenen Land knapp und teuer – und damit für breite Bevölkerungsschichten unerschwinglich. Zu alledem kommt hinzu, daß Regierungen von Schuldnerländern ihre gesamte Politik dem Ziel der Exportsteigerung unterordnen: Dann wird Holz ohne Rücksicht auf den Naturhaushalt geschlagen und ausgeführt, der Staat fordert immer niedrigere Löhne, damit die eigenen Betriebe auf dem Weltmarkt konkurrenzfähig sind.

Die drastische Verringerung der Einfuhren hat ebenfalls katastrophale Konsequenzen: Entwicklungsprojekte können nicht mehr weiterlaufen, weil Ersatzteile fehlen; die Transport-Möglichkeiten werden aus Energiemangel eingeschränkt; Nahrungsmittel werden knapp, weil sie nicht mehr eingeführt werden; Medikamente gehen zur Neige.

Insofern führt die Schuldenkrise in manchen Großschuldner-Ländern, insbesondere in Lateinamerika, zu einem regelrechten Ausverkauf wirtschaftlicher und sozialer Ressourcen an die Gläubigerländer bzw. an deren Banken und Großunternehmen. Dies ist denn auch der Hintergrund für wachsende soziale Unruhen in vielen lateinamerikanischen Ländern, allen voran Argentinien, Brasilien, Peru oder Mexiko. Aus teilweise wohlhabenden Ländern wie zum Beispiel Argentinien wurden Armenhäuser – Teile der Bevölkerung reagieren mit Plünderungen, um die eigene Existenz zu sichern. Viele Militärrevolten in den Entwicklungsländern sind Reaktionen auf Unruhen, die mit den Folgen der Schuldenkrise zusammenhängen. In Lateinamerika sind solche Militärrevolten in absehbarer Zeit keineswegs ausgeschlossen, wenn die sozial verzweifelte Lage dieser Länder noch lange anhält.

Ganz im Gegensatz zu den Auswirkungen der Schuldenkrise auf die betroffenen Schuldnerländer in der Dritten Welt profitierten die Gläubigerländer, die Industrieländer im nördlichen Teil der Welt, von der Schuldenkrise. Seit 1985 haben sogar die großen Kapitalströme die Richtung gewechselt: Über den Schuldendienst fließt seither jährlich mehr Kapital aus der Dritten Welt in die Industrieländer, vor allem an deren Großbanken, als von den Industrieländern in die Entwicklungsländer – diese Rechnung enthält die gesamte Entwicklungshilfe aller Industrieländer, neue Kredite und Direktinvestitionen multinationaler Unternehmen in der Dritten Welt. Damit hat die Schuldenkrise vieler Länder der Dritten Welt eine geradezu schizophrene, weltweite Umverteilung der finanziellen Mittel in Gang gesetzt: Es fließt mehr Kapital aus dem armen Süden in den reichen Norden als in die umgekehrte Richtung.

Der Ausverkauf der Dritten ist ein Ausverkauf der ganzen Welt

Obwohl der größte Teil der Problemlast der Schuldenkrise auf dem Rücken der Menschen in der Dritten Welt ruht, ist auch in den Industrieländern jede Art von Selbstgerechtigkeit fehl am Platze. Die Industrieländer werden die Folgen der Schuldenkrise auch dann zu spüren bekommen, wenn die Entwicklungsländer den größten Teil ihrer Auslandsschulden abzahlen, also das Weltfinanzsystem nicht durch ihren (nur zu verständlichen) Rückzahlungsboykott gefährden:

■ Ökonomisch belastet die Schuldenkrise schon heute, aber vor allem langfristig, die Exportaussichten für die Exportunternehmen in den Industrieländern. Denn der Schuldendienst saugt einen großen Teil der erwirtschafteten Devisen der Entwicklungsländer auf, so daß sie nicht mehr für Importe dieser Länder zur Verfügung stehen.

■ Politisch dürften die Folgen der Schuldenkrise zu einer Radikalisierung in den betroffenen Ländern führen, die sicher nicht jene gemäßigten, an den demokratischen Modellen westlicher Prägung orientierten politischen Kräfte begünstigen wird, sondern autoritär-faschistoide Kräfte, die dann zum Feldzug gegen ihre Feinde im In- und Ausland antreten.

■ Ökologisch hat die Schuldenkrise besonders weitreichende, katastrophale Konsequenzen. Denn der Ausverkauf der Schuldnerländer betrifft auch den Rohstoff Holz, der aus den Regenwäldern gewonnen wird. Dazu kommt, daß die wachsende Verelendung den Menschen in diesen Ländern oft nur noch eine Energiequelle übrigläßt: Brennholz aus den Regenwäldern. Damit dürfte sich die Abholzung der Regenwälder noch beschleunigen – die Auswirkungen dieser Entwicklung auf das Klima der ganzen Welt sind hinreichend bekannt.

Insofern ist die im Zuge der Schuldenkrise immer rascher zunehmende Verelendung der Dritten Welt in erster Linie eine Problemlast für die Menschen in diesem Teil der Welt. Allerdings macht diese Problemlast auch vor den reichen Industrieländern nicht mehr halt. Spätestens hier wird deutlich, daß es eben keine Dritte, keine Erste und keine Zweite Welt, sondern eben nur Eine Welt gibt.

Tröstlich ist vielleicht, daß das Bewußtsein für diese Zusammenhänge auch in den Industrieländern wächst. Zweifelhaft ist jedoch, ob sich originelle Lösungen im Sinne dieser Einen Welt rechtzeitig gegen wirtschaftliche Interessen durchsetzen lassen. Wie zynisch so manche Wirtschaftsvertreter mit diesen Weltproblemen noch immer umspringen, zeigt folgende Notiz aus der Süddeutschen Zeitung vom 20. April 1989, S. 48:

„ Der größte Klopapier-Hersteller der Welt, die amerikanische Scott-Paper Company, will in den kommenden 35 Jahren 650 000 Hektar Regenwald im hochverschuldeten südostasiatischen Indonesien abholzen – es handelt sich dabei um eine Region halb so groß wie Belgien".

Franz Kamphaus, Bischof von Limburg:
„Option für die Armen"

„Entwicklungspolitik gegen die Armut" heißt bei uns, von der lateinamerikanischen Kirche formuliert, „Option für die Armen". Das ist ein Unterschied. Es geht in der Entwicklungspolitik nicht in erster Linie um Objekte, über die verhandelt wird; es geht um Subjekte, um Arme und Armgemachte. Sie haben ein Gesicht. Sie sind wer. Konkrete Menschen leiden unter ungerechten Situationen, und konkrete Menschen verdienen daran. Das wird hinter Statistiken, Analysen und Entwicklungsplänen allzu leicht vergessen.

Bei einer Diskussion in Freiburg fragte ein Student Mutter Teresa, ob sie sich der Gefahr bewußt sei, daß ihre Arbeit ungerechte Strukturen verschleiern könnte. Als man ihr diese Frage übersetzt hatte, zögerte sie einen Augenblick. Dann fragte sie zurück: Kennen Sie die Armen von Freiburg? – Kennen wir die Armen? Haben wir Freunde unter ihnen?

Wen meinen wir, wenn wir sagen: „Die Entwicklungsländer müssen beteiligt werden am Welthandel. Ihre Exportkraft muß gesteigert werden". Meinen wir vorrangig den Wirtschaftspartner und die dort herrschenden Machteliten, oder meinen wir vorrangig z.B. die 85 Prozent Äthiopier, die heute noch Analphabeten sind? Wen meinen wir, wenn wir von Verschuldung sprechen? Meinen wir vorrangig die Interessen der Gläubiger oder z.B. die Bolivianer, deren Zinn-Markt zusammengebrochen ist und denen schließlich nur noch der Kokain-Handel übrigbleibt? Wen meinen wir? Ist der Profit der Anreiz zur Hilfe?

Entwicklungspolitik gegen die Armut setzt voraus, daß wir die Armen tatsächlich meinen und eine Option für sie getroffen haben, daß wir sie kennen und zum Maßstab unseres Handelns machen. Entwicklungspolitik gegen die Armut erfordert nicht nur Experten für bestimmte Projekte, sondern vorrangig Experten im Interesse der Armen. Aus der Begegnung mit ihnen, die uns auch selbst verändert, erwachsen die Perspektiven für eine gemeinsame Zukunft. Solche Hilfe ist nicht tödlich, sie dient dem Leben.

Die Armen zu sehen macht nicht blind für die Strukturen. Es ist nicht damit getan, die Wunden derer zu verbinden, die unter die Räuber gefallen sind. Die Option für die Armen verpflichtet uns, auch die Strukturen der Räuberei aufzudecken und zu verändern, wenn möglich, zu verhindern".

1.6 Schlußfolgerung

Die Wirtschaft läuft –
mit steigenden sozialen und ökologischen Kosten

Viele Systemkritiker verweisen, ja warten seit Jahrzehnten auf den Zusammenbruch des kapitalistischen Wirtschaftssystems. Bisher vergebens. Im Gegenteil. Nach dem Motto „Totgesagte leben länger" hat sich der Kapitalismus von zahllosen Krisen erholt. Auch heute blüht er wieder. Die Anfangsschwierigkeiten des Strukturwandels vom schwerindustriellen Zeitalter in die High-Tech-/Dienstleistungswirtschaft scheinen überwunden – ebenso wie die Folgen des Börsenkrachs im Oktober 1987. Insofern ist es völlig unangebracht, heute von einer wirtschaftlichen Krise zu sprechen. Die nackten Statistiken belegen in jeder Hinsicht das Gegenteil. Die Wirtschaft wächst unaufhörlich, die Zahl der Beschäftigten ebenfalls. Obschon auf hohem Niveau, melden die Auftragseingänge der wichtigsten Industriebereiche noch immer Zuwachs – ebenso wie die Einzelhandelsumsätze. Der Kapitalismus floriert – von Zusammenbruch keine Spur.

Ein möglicher Zusammenbruch des kapitalistischen Wirtschaftssystems ist denn auch derzeit die geringste Gefahr. Das weit größere Problem ist sein Erfolg. Denn die hohen Zuwachsraten in allen Bereichen verschleiern die immensen Kosten, die die immer schneller rollende Wirtschaft der Gesellschaft aufbürdet. Erschwerend kommt hinzu, daß die Kosten in der Gesellschaft sehr ungleich anfallen. Den größten Teil müssen jene Menschen tragen, die in diesem Wirtschaftsablauf keinen Platz finden und deshalb auf Zuwendungen angewiesen sind. Die Wirtschaft floriert an diesem Teil der Bevölkerung – der Ein-Drittel-Gesellschaft – vorbei. Allerdings kommt auch der andere Teil der Bevölkerung – die Zwei-Drittel-Gesellschaft – nicht kostenlos in den Genuß ihres wirtschaftlichen Erfolges. Er verlangt ihnen einen hohen Grad von Anpassung an die wirtschaftlichen Sachzwänge und ein enormes Arbeitspensum in geringer Zeit ab.

Die Kosten des wirtschaftlichen Erfolges beschränken sich jedoch nicht auf die beteiligten oder betroffenen Menschen, ja nicht einmal auf die Bundesrepublik. Seit Jahrzehnten bürdet die Wirtschaft einen Teil ihrer Kosten der Natur auf – ihre Gaben sind kostenlos und können ohne Rückwirkung in den Bilanzen konsumiert werden. Nicht zuletzt deshalb waren die hohen wirtschaftlichen Wachstumsraten der vergangenen Jahre und Jahrzehnte mit einem enormen Raubbau an der Natur verbunden. Die Spuren dieses Raubbaues spüren wir heute an allen Ecken und Enden – die Natur beginnt sich für diesen Raubbau zu rächen.

Weltweit sind die Kosten für die wirtschaftlichen Erfolge der Industrieländer, in denen nur ein geringer Prozentsatz der Weltbevölkerung lebt, noch ungerechter verteilt. Der größte Teil entfällt auf die Entwicklungsländer, deren Bevölkerungen in keiner Weise am Wohlstandszuwachs eines kleinen Teils der Welt teilhaben. Im Gegenteil. Obwohl sie die Rohstoffgrundlagen für den Reichtum der Industrieländer liefern, wird die wirtschaftliche und soziale Kluft zwischen Industrie- und Entwicklungsländern seit Jahrzehnten immer größer. Die „Zwei-Drittel-Welt" verelendet am wachsenden Wohlstand der „Ein-Drittel-Welt".

Angesichts dieser Entwicklungen ist der Preis für die wirtschaftlichen Erfolge der westlichen Industrieländer im allgemeinen, und der Bundesrepublik im besonderen, extrem hoch. Dabei wäre das Problem geringer, wenn die politisch Verantwortlichen in den Industrieländern wie der Bundesrepublik den hohen Preis für ihr Wirtschaftswachstum wenigstens zur Kenntnis nehmen würden. Doch genau dafür gibt es kaum Anzeichen. Im Gegenteil. Sie intensivieren jene Wirtschaftspolitik, der sie die bisherigen wirtschaftlichen Erfolge zuschreiben – mit allen Konsequenzen für ihre ohnehin schon hohen sozialen und ökologischen Folgekosten.

KAPITEL 2:
DAS ELEND DER TRADITIONELLEN REZEPTE

2.1. Mit der Wachstumspolitik der 50er Jahre gegen die Probleme der 80er Jahre

Viele Bundesbürger setzten 1982 große Hoffnungen auf einen Regierungs-wechsel. Sie wollten tatsächlich die vielbeschworene Wende, die die neue christ-lich liberale Koalition forderte. Dieser Wunsch nach Veränderung war nur zu verständlich. Die Bundesregierung unter dem damaligen Bundeskanzler Hel-mut Schmidt erschien handlungsunfähig. Auf die wachsenden Bedrängnisse der Menschen reagierte die Regierung wie die Buchhaltungs-Abteilung eines Unternehmens, dem das Wasser bis zum Hals steht: Sie prüfte und prüfte, ohne Entscheidungen zu fällen. Kleinkrämerei und Koalitionsgezänk machten neue Initiativen unmöglich.

Insofern schien die Wende gerade in der Wirtschaftspolitik überfällig. Doch, was dann folgte, war allenfalls eine Wende rückwärts – hin zu den Rezep-ten der (scheinbar) goldenen 50er Jahre. Schon das Vokabular erinnerte an die Zeit des Wiederaufbaus. Man wollte den Staat stärker aus der Wirtschaft hin-ausdrängen und dafür die Wachstumskräfte der Privatwirtschaft mobilisieren – ganz im Stile der 50er Jahre. Entsprechend fiel denn auch die Problem-Dia-gnose der christlich-liberalen Wirtschaftspolitiker und ihrer Berater in den Wirtschafts-Forschungsinstituten aus: Die hohe Abgabenbelastung durch den hohen Anteil des Staates am Bruttosozialprodukt habe die Leistungsmoti-vation von Bürgern und Unternehmen beeinträchtigt. Die Folge: weniger Lei-stung, weniger Risikobereitschaft, weniger Innovation, weniger Wirtschafts-wachstum. Generell seien die Produktionskosten in der Bundesrepublik zu hoch im Verhältnis zur ausländischen Konkurrenz. Entsprechend gering fielen die Unternehmergewinne aus. Zu viele staatliche Vorschriften engten die Spiel-räume der Betriebe ein. Die Folge: noch weniger Investitionen, noch weniger Risikobereitschaft.

Aus dieser Ursachen-Analyse leitete die Bundesregierung eine konse-quent angebots-, d. h. an den Bedürfnissen der Unternehmen orientierte Thera-pie ab, die die Leistungsmotivation der Arbeitnehmer und die Investitionsbe-reitschaft der Unternehmen gleichermaßen verbessern sollte. Sie bestand im wesentlichen aus drei Grundelementen:

■ Sie senkte die Steuern nach klaren Prioritäten: Bezieher mittlerer und höherer Einkommen, Unternehmen und – in beschränktem Maße – Familien wurden am stärksten entlastet. Den Vorwurf der sozialen Unausgewogenheit ihrer Steuerreform nahm die Regierung bewußt in Kauf, da sie sich ja gerade von der Entlastung mittlerer und höherer Einkommen eine höhere Arbeits-Motivation bei aufstiegsorientierten Arbeitnehmern und mehr Investitionen der nun geringer belasteten Unternehmen versprach.

■ Sie strukturierte die staatlichen Leistungen um – mit dem Ziel, den Anteil des Staates – die sogenannte Staatsquote – am wirtschaftlichen Geschehen zurückzuschrauben: durch die Senkung von Steuern und Sozialausgaben sowie durch die Privatisierung von Staatsunternehmen.

■ Sie schaffte staatliche Vorschriften im Arbeitsschutz, im Kündigungsschutz, im Bau- und Umweltschutzbereich ab und ermöglichte befristete Arbeitsverträge, um die Flexibilität der Unternehmen im Personalbereich zu erhöhen.

Die Wirkungen dieser Maßnahmen entsprachen durchaus den Erwartungen der Regierung: Die Staatsquote sank beständig – von rund 51 Prozent 1981 auf rund 45 Prozent 1988. Auch die Wachstumsraten stiegen in den 80er Jahren wieder an und zogen letztlich auch die Unternehmensinvestitionen mit nach oben. Allerdings mußte die Bundesregierung erfahren, daß sich die Welt seit den 50er Jahren verändert hatte. Genügten damals Konjunkturspritzen à la Marshallplan, um den kriegsbedingten Nachholbedarf an Waren und Dienstleistungen in eine schnell wachsende Marktnachfrage zu verwandeln, so krankte die Wirtschaftspolitik der 50er Jahre in den 80er Jahren an einem Grundwiderspruch: Eine Politik der pauschalen Wachstumssteigerung, eine reine Konjunkturpolitik, kann, wie der Name schon sagt, konjunkturelle Probleme lösen – an strukturellen Problemen läuft sie vorbei.

Eine Konjunkturpolitik kann Strukturprobleme nicht lösen

Die Bundesregierung versuchte das Unmögliche. Sie goß das Blumenbeet der Wirtschaft und begünstigte dabei die stärksten Blumen, in der Hoffnung, ihr schnelles Wachstum würde auch die „schwächeren Blumen" vor dem Verwelken bewahren. Diese Politik ist gescheitert, weil sie auf die entscheidenden wirtschaftlichen Strukturprobleme nicht ausgerichtet war:

Die Kernmaßnahmen der Angebotspolitik – Steuersenkungen, Abbau staatlicher Vorschriften, Abbau der Staatsausgaben – gehen an jenen vorbei, die aus dem Erwerbsleben ausgegrenzt wurden oder am Rande der Erwerbsgesellschaft leben (wie zum Beispiel die ständig wachsende Zahl sozial ungesicherter Teilzeitkräfte). Steuersenkungen nützen ihnen wenig, obwohl gerade sie Nachholbedarf bei der Versorgung mit Konsumgütern haben. Steuersenkungen begünstigen im Gegensatz dazu jene, die ohnehin schon gut versorgt sind und einen größeren Teil des zusätzlichen Geldes sparen.

Die Unternehmen reagieren entsprechend auf diese Situation. Für sie lohnen sich Investitionen in die Erweiterung ihrer Produktionsanlagen nur, wenn auch die Nachfrage nach ihren Produkten wächst. Dies war in den vergangenen Jahren allenfalls in einzelnen Marktbereichen der Fall. Aus diesen Gründen legen die Unternehmen höhere Gewinne und die Erträge aus einer geringeren Steuerbelastung auf die hohe Kante – dies vor allem bei hohen Zinsen – oder aber sie investieren in die Rationalisierung, ersetzen menschliche Arbeitskraft durch Kapital in Form von Maschinen. In den 80er Jahren war der Anteil der Rationalisierungsinvestitionen in der bundesdeutschen Industrie immer höher als der Anteil der Erweiterungsinvestitionen.

Die Strukturprobleme der Altindustrien wie Stahl, Kohle oder Schiffbau werden durch eine pauschale Wachstumspolitik nicht gelöst, obwohl gerade diese Probleme in manchen Regionen der Bundesrepublik zu hoher Arbeitslosigkeit geführt haben. Eine Politik, die High-Tech-Konzernen und Altindustrien die gleichen Vergünstigungen verschafft, löst die Strukturprobleme der Krisenbranchen nicht. Im Gegenteil. Sie begünstigt die unterschiedliche Entwicklung dieser Branchen und der Regionen, in denen sie sich konzentrieren.

Der technische Fortschritt im Bereich der Produktionsverfahren, die sogenannte Prozeßinnovation, geht weiter. Dies gilt insbesondere für die Mikroelektronik, speziell für die computergesteuerte Fertigung (CAM), und den gesamten Bereich der Kommunikationstechnologien, für deren Revolution die Deutsche Bundespost derzeit die Infrastruktur bereitstellt.

Zwar kann man diesen technischen Fortschritt nicht direkt in Arbeitsplatzverluste umrechnen, weil er eine Reihe neuer Produkte auf den Markt bringt, die zusätzliche Nachfrage auslösen. Eines steht jedoch fest: Die Zahl der Arbeitsstunden, die zur Produktion der verkäuflichen Waren und Dienstleistungen notwendig ist, wird in den nächsten Jahren noch weiter abnehmen. Wie in den vergangenen 15 Jahren wird die Arbeitsproduktivität der Arbeitnehmer dank modernerer Produktionsverfahren auch in den meisten kommenden Jahren schneller steigen als der absetzbare Produktionszuwachs. Die Folge: Entweder die verbleibenden Arbeitsstunden werden gerechter auf die Arbeitsuchenden verteilt oder die Zahl der Arbeitslosen wird zunehmen.

Die Zahl derer, die in den nächsten Jahren einen Erwerbsarbeitsplatz suchen, wird weiter wachsen, obwohl mittlerweile die geburtenschwachen Jahrgänge auf den Arbeitsmarkt strömen. Der Grund liegt in der traditionell niedrigen Erwerbsquote in der Bundesrepublik. Im Gegensatz zu den meisten anderen Industrieländern geht hierzulande nur knapp jeder zweite Erwerbsfähige im Alter zwischen 18 und 65 Jahren einer Erwerbsarbeit nach – in Schweden sind dies beispielsweise 73 Prozent. Wäre die Erwerbsquote in der Bundesrepublik so hoch wie in Schweden, dann hätten wir – nach Angaben der Wochenzeitung „Die Zeit" – eine Arbeitslosenquote von 28 Prozent.

Für die geringe Erwerbsquote in der Bundesrepublik sorgen zwei Gründe: Einmal sind hierzulande immer noch viel weniger Frauen erwerbstätig als in anderen Industrieländern, zum anderen scheiden mehr Arbeitnehmer bereits vor dem Rentenalter aus dem aktiven Erwerbsleben aus. Beide Faktoren, die die Arbeitslosigkeit in der Bundesrepublik bisher – wider Willen – noch in Grenzen hielten, sind jedoch erheblichen Veränderungen unterworfen: Praktisch alle jüngeren Frauen suchen Erwerbsarbeitsplätze, da sie nur auf diese Weise finanziell unabhängig sind und ihre Berufsausbildung in die Praxis umsetzen können – die „Hausfrauenjahre" sind in heutigen Biographien eher die Ausnahme als die Regel.

Ähnliche Veränderungen deuten sich für die Zukunft auch bei älteren Arbeitnehmern an. Viele fühlen sich noch in hohem Alter fit, um zu arbeiten – weniger wegen des Geldes, sondern mehr zur eigenen Selbstverwirklichung. Mit dem Rückgang der körperlich harten Fabrikarbeit wird die Zahl der älteren Menschen zunehmen, die noch in hohem Alter einer Erwerbsarbeit nachgehen wollen und können.

All diese strukturellen Faktoren, die die gegenwärtige wirtschaftliche Entwicklung der Bundesrepublik, ja fast aller Industrieländer, prägen, haben sich zu einem Problem-Geflecht verbunden, das die gegenwärtige wirtschaftliche Strukturkrise verursacht. Eine pauschale Wachstumspolitik, die einfach alle Wirtschaftsbereiche ungezielt von Kosten entlastet, wird dieser komplizierten wirtschaftlichen Realität nicht gerecht. Im Gegenteil: Sie verschärft vorhandene Ungleichgewichte und begünstigt Bereiche, die eigentlich keine Unterstützung benötigt hätten, während andere Bereiche – gerade durch die Gleichbehandlung aller Wirtschaftsbereiche – benachteiligt werden.

Am Ende führt diese Politik zu jenen widersprüchlichen Ergebnissen, die wir in vielen Industriestaaten, von den USA über Großbritannien, Frankreich bis hin zur Bundesrepublik verfolgen können: Die wirtschaftlichen Wachstumsraten steigen, ohne daß die Strukturprobleme gelöst werden; es kommt zu der bereits beschriebenen Spaltung der Gesellschaft. Die angebotsorientierte Wirtschaftspolitik beschleunigt diese Spaltung, weil sie jenen viel gibt, die schon genug haben.

Die Folgekosten des Wachstums steigen

„Ja, Ja . . . es wird wieder in die Hände gespuckt, wir steigern das Bruttosozialprodukt". Dieser satirische Schlagertext ist seit Jahrzehnten das unumstrittene Motto der bundesdeutschen Wirtschaftspolitik. Die meisten Wirtschaftspolitiker ließen sich durch die Knappheits-Prognosen des Club of Rome im Jahre 1972 – die Wissenschaftler dieses renommierten Clubs sagten die Erschöpfung zahlreicher Rohstoffvorkommen für die kommenden Jahrzehnte voraus und verwiesen auf die „Grenzen des Wachstums" – nur für kurze Zeit beirren. Seit Mitte der 80er Jahre lösen hohe wirtschaftliche Wachstumsraten wieder Jubelgesänge aus als hätte es die Prognosen des Club of Rome nie gegeben.

Die Jubelgesänge sind allerdings reichlich fehl am Platze. Dazu ist schon allein der Maßstab, auf den sich diese Jubelgesänge beziehen, zu umstritten: das Bruttosozialprodukt (BSP). Obwohl viele Wirtschaftsexperten den Eindruck erwecken, als sei die Lebensqualität für die Menschen umso höher, je höher das Bruttosozialprodukt ist, stimmt dies genau nicht. Denn das BSP mißt bezahlte Quantitäten – unabhängig davon, wie nützlich die bezahlte Leistung für die Menschen ist. Mit der Zahl der Verkehrsunfälle wächst deshalb das Bruttosozialprodukt, obwohl mehr Verkehrsunfälle sicher nicht die Lebensqualität der Bundesbürger entscheidend verbessern. Umgekehrt mißt das BSP viele Grundelemente einer hohen Lebensqualität der Menschen nicht, weil dahinter keine bezahlte Leistung steckt: eine gesunde Umwelt, Gesundheit, unbezahlte Nachbarschaftshilfe, Kindererziehung, Solidarität, menschliche Beziehungen oder eine ausgeglichene Psyche. Und damit nicht genug. Eine gesunde Umwelt oder die menschliche Gesundheit können durchaus in die Berechnungen des Bruttosozialprodukts einfließen, wenn sie das Ergebnis einer „langen Reparaturphase" sind, in die bezahlte Leistungen einflossen. Oder anders ausgedrückt: Werden Umweltschäden durch finanziell aufwendige Investitionen hoben, kranke Menschen durch ebenso aufwendige Therapien geheilt, dann hat dies positive Auswirkungen auf das Bruttosozialprodukt – und zwar weitaus positivere, als wenn die Umweltschäden und die Krankheiten bereits durch gute Vorbeugungsmaßnahmen vermieden worden wären.

Angesichts der hohen Umweltaufwendungen, die die Umweltzerstörungen notwendig machen, spiegeln die Jubelgesänge über steigende Wachstumsraten ein Maß an Selbsttäuschung vor, wie sie wohl nur sehr ratlosen Menschen eigen ist – möglicherweise gehören dazu viele Politiker. Denn der Jubel gilt Zuwachsraten, die die Folgekosten der Umweltschäden früherer Wachstumsjahre beinhalten. Sie täuschen einen Wohlstandszuwachs vor, obwohl es sich tatsächlich nur um Reparaturkosten des Systems handelt. Der Wirtschaftswissenschaftler Christian Leipert vom Wissenschaftszentrum in Berlin kommt in einer Untersuchung zu dem Ergebnis, daß bereits 1985 mindestens 160 Millionen Mark aufgebracht werden mußten, um ökologische oder soziale Schäden zu beseitigen. Das entsprach einem Zehntel des Bruttosozialprodukts von 1985. Für die gegenwärtige Entwicklung kommt Leipert zu der Schlußfolgerung, daß die negativen Folgekosten des Wachstums fast viermal so schnell steigen wie das Bruttosozialprodukt: „Das Wachstum profitiert zunehmend von den Schäden, Nachteilen und strukturellen Verschlechterungen, die es selbst produziert"[9].

Besonders schwerwiegend sind die Folgekosten des Wirtschaftswachstums in den Bereichen Verkehr, Beseitigung von Umweltschäden und Abfall sowie Gesundheit. Das Umweltbundesamt setzt alleine die sozialen Folgekosten des Autoverkehrs auf 50 Milliarden DM jährlich an. Die Kosten zur Beseitigung von Industrialisierungsschäden, für die Sanierung von Altlasten, für die Gebäudereinigung und für die Beseitigung des Abfalls gehen ebenfalls in die Milliarden.

Dazu kommen für Christian Leipert noch rund 40 Milliarden Mark jährlich für zivilisatorische Gesundheitsschäden, darunter Krebs- und Kreislauferkrankungen. Die Kosten für die Trinkwasser-Bereitung sind inzwischen auf rund 30 Pfennig pro Kubikmeter gestiegen – für die nahe Zukunft rechnet Leipert mit einem Aufwand von rund 1,– Mark pro Kubikmeter Trinkwasser, da die Nitratverseuchung von Gewässern und Grundwasser immer weiter zunimmt.

<u>Hohe Zuwachsraten: ein makaberer Erfolg</u>

Vor diesem Hintergrund wirkt der Fetisch Wachstum, dem viele Wirtschaftspolitiker und -wissenschaftler noch immer unkritisch huldigen, regelrecht makaber. Über ihre eigenen Folgeschäden schaffen steigende Zuwachsraten die Voraussetzungen für künftige Zuwachsraten durch Reparaturinvestitionen. Aus diesem Grund versteht sich von selbst, daß eine Wachstumspolitik zwar immer erfolgreich sein wird, da sie immer neue Zuwachsraten nach sich zieht. Dieser Erfolg hat jedoch überhaupt nichts gemeinsam mit einer erwünschten Steigerung der Lebensqualität. Es handelt sich um einen statistischen Erfolg, der nicht nur die vorhandenen Strukturprobleme nicht mehr löst, sondern bereits die Voraussetzung für zukünftige Strukturprobleme schafft.

Eine Wirtschaftspolitik, die in erster Linie auf hohe Wachstumsraten setzt, scheitert deshalb gerade dann, wenn sie erfolgreich ist. Darin spiegelt sich das größte Problem der gegenwärtigen Wirtschaftspolitik in fast allen Industrieländern wider. Sie zielen auf die rein quantitative Produktionssteigerung – ein Ziel, das in Zeiten des Mangels oder eines kriegsbedingten Nachholbedarfs sicherlich unumstritten ist. In gesättigten Wohlstandsgesellschaften ist dies jedoch genau das falsche wirtschaftspolitische Ziel. Insofern steht die traditionelle Wirtschaftspolitik derzeit am Scheideweg: Sie kann ihre alten, abgetretenen Pfade weiter beschreiten, um dann in der Sackgasse zu enden. Oder sie kann unkonventionelle Wege zur Lösung der neuartigen Strukturprobleme einschlagen – und damit Neuland betreten. Eines jedoch ist sicher: Mit den Wachstumsrezepten der Vergangenheit sind die Zukunftsprobleme nicht zu lökdsen. Man kann sie allenfalls eine Zeitlang leichter verdrängen.

2. 2. Flexibilisierung – die Zauberformel der High-Tech-Gesellschaft

Wer derzeit nach einem Zauberwort für unsere wirtschaftliche und gesellschaftliche Entwicklung sucht, wird schnell fündig: Es heißt „Flexibilisierung". Alle und alles sollen flexibler werden: die Menschen, die Arbeitszeiten, die Freizeiten, die Einkaufszeiten. Besonders deutlich zeigt sich diese Entwicklung in der Wirtschaft. Was vor gut einem Jahrzehnt mit gleitenden Arbeitszeiten begann, weist heute eine ganz andere Perspektive auf: die einzelnen Arbeitnehmer sollen immer weniger Wochenstunden arbeiten, die Maschinen aber immer länger laufen – möglichst sogar am Wochenende.

Bei diesem Versuch, die Arbeitszeiten der einzelnen Arbeitnehmer im Betrieb von den Betriebszeiten zu entkoppeln, handelt es sich allerdings um weit mehr als „nur" um ein innerbetriebliches Manöver. Er markiert eine Offensive der Wirtschaft. Die Zauberformel „Flexibilisierung" ist für sie die entscheidende Strategie für die 90er Jahre.

Dieser neue Aufbruch der Wirtschaft stellt eine Wende dar. Obwohl kein Unternehmer dies je zugeben würde, operierten die Wirtschaft und ihre Repräsentanten seit fast einem Jahrzehnt aus der Defensive. Eingezwängt in Absatzprobleme und Forderungen der Gewerkschaften nach tariflicher Lohnabsicherung und durchgreifenden Arbeitszeitverkürzungen malten viele von ihnen bereits den bevorstehenden Untergang der Marktwirtschaft an die Wand. Mittlerweile sind sie wieder in der Offensive. Sie haben ihre Unternehmen technologisch umgerüstet und wollen nun die Ernte einfahren. Den Gewerkschaften setzen sie die Forderung nach flexibleren Betriebs- und Arbeitszeiten entgegen. Ihr Drang nach „Flexibilisierung" kennt dabei kaum mehr Tabus. Manche Unternehmer wollen inzwischen auch die Löhne je nach Region, Branche und Geschäftslage flexibilisieren. Viele High-Tech-Betriebe stechen gerade erste Löcher in den Damm des in der Regel arbeitsfreien Wochenendes. Flexibel nutzen sie die Gunst der Stunde.

Allzeit bereit – zur Senkung der Kosten

Mit ihrer Strategie immer flexiblerer Betriebs- und Arbeitszeiten wollen die Unternehmen gleich zwei Fliegen mit einer Klappe schlagen:
■ Die modernen Fertigungstechnologien sind extrem teuer und kapitalintensiv. Außerdem bestrafen sie häufig auch relativ kurze Unterbrechungen mit langen Anlaufzeiten. Werden die Arbeitszeiten für die einzelnen Beschäftigten immer weiter verkürzt, dann verteilen sich die hohen Betriebskosten der Anlagen auf immer weniger Wochenstunden. Die Folge: die Stückkosten der produzierten Waren steigen stark. Genau hier wollen die Unternehmen durch eine Entkopplung von Betriebs- und Arbeitszeiten gegenhalten. Ein Beispiel aus der besonders kapitalintensiven chemischen Industrie verdeutlicht den Vorteil: Laufen die Maschinen statt 40 Stunden pro Woche 73,4 Stunden durch den Einsatz einer zusätzlichen Schicht, dann erhöht sich der Produktionsausstoß pro Arbeitsstunde von rund 350 DM auf 567 DM. Die

Produktivität des eingesetzten Kapitals kann auf diese Weise um 50 Prozent gesteigert werden.

■ Außerdem schafft die Flexibilisierung der Betriebszeiten bessere Möglichkeiten, kurzfristige Auftragsschübe schnell zu erledigen. Mehr Flexibilität bei der Auftragsabwicklung ist bei der gegenwärtigen Tendenz in der Industrie, auf eine Lagerhaltung weitgehend zu verzichten, notwendiger denn je. Aus diesen Gründen versuchen viele Industrieunternehmen derzeit, alle Möglichkeiten flexibler Betriebszeiten auszuschöpfen. Sie setzen zusätzliche Schichten ein und lassen die Maschinen von frühmorgens bis spätabends, unter Umständen die ganze Nacht über laufen. Immer mehr Betriebe machen den Samstag zum Regelarbeitstag oder erwirken Sondergenehmigungen für Sonntagsarbeit.

■ Die Flexibilisierung steht denn auch bei fast allen Verhandlungen zwischen Arbeitgebern und Arbeitnehmern auf der Tagesordnung. Oft genügen den Arbeitgebern Betriebsvereinbarungen mit dem Betriebsrat – viele Belegschaften lassen sich durch hohe Zuschläge von der Notwendigkeit flexibler Arbeits- und Betriebszeiten „überzeugen". Bei Tarifverhandlungen setzen die Arbeitgeberverbände die Forderung nach flexiblen Betriebszeiten als „Faustpfand" gegen die gewerkschaftlichen Ansprüche nach Arbeitszeitverkürzungen durch. Die Argumentation ist einfach: Nur wenn die teuren Maschinen besser ausgelastet sind, lassen sich Arbeitszeitverkürzungen mit vollem Lohnausgleich finanzieren.

Wo dies alles nicht hilft, wie im Falle der Sonntagsarbeit, setzt die Wirtschaft auf die Dammbruch-Strategie. Sie versucht, die Sonntagsarbeit in einem Betrieb durchzusetzen, wo dies ökonomisch begründbar erscheint, so daß andere Betriebe auf diesen Präzedenzfall verweisen können. Auf diese Weise setzte der IBM- Konzern Sonntagsschichten in der Chip-Produktion in Böblingen durch. Die Begründung fiel dem Konzern leicht: Schließlich seien Chips sehr empfindliche Produkte, und jede Arbeitsunterbrechung erhöhe den teuren Ausschuß. Die Folge: Die Chip-Produktion in der Bundesrepublik verliere ihre Konkurrenzfähigkeit gegen japanische Chip-Produzenten. Dieser (Standard)-Begründung gab das Regierungspräsidium von Baden-Württemberg nach und erteilte eine zunächst auf ein halbes Jahr befristete Sondergenehmigung für eine Dauerproduktion von Chips unter Einschluß des Sonntages. Selbstverständlich verlor kaum mehr jemand ein Wort, als das Regierungspräsidium diese Frist nach Ablauf der „Probezeit" verlängerte.

Diese Entwicklung zeigt, daß die Chancen für die Strategie einer umfassenden Flexibilisierung von Arbeits- und Betriebszeiten derzeit ausgesprochen gut stehen. Dies liegt nicht allein an der Konfliktfähigkeit der bundesdeutschen Unternehmen, sondern in erster Linie daran, daß die Zauberformel „Flexibilisierung" viel mehr widerspiegelt als eine wirtschaftliche Offensive der Unternehmen. Sie repräsentiert den Zeitgeist – und ihm ist normalerweise kein Kraut gewachsen.

Das Bündnis aus Zeitgeist und Wirtschaftsinteressen

Der Begriff „Flexibilisierung" hat nicht nur bei Unternehmern einen guten Klang, sondern auch bei vielen Bürgern. Immer mehr Menschen beklagen sich über unsere normierte Gesellschaft, über die Unzahl bürokratischer Vorschriften, über den noch wachsenden Regelungsbedarf jeder Kleinigkeit. Wer gegen diese erstarrten Strukturen angeht, wer die tägliche Gängelei brandmarkt, braucht offene Ohren nicht lange zu suchen. In dieser Zeitstimmung verbinden viele mit dem Begriff „Flexibilisierung" ein Stück Freiheit, ein Stück Abbau von gängelnden Vorschriften. Dies gilt auch für flexible Arbeitszeiten, flexible Ladenöffnungszeiten und längere Dienstzeiten bei Banken und Behörden – all dies kommt dem freiheitsliebenden Individualismus entgegen, der auf möglichst umfassende Wahlfreiheit und Spontaneität setzt.

Diesem liberalen Individualismus hat sich auch die Bundesregierung verschrieben, die die „Flexibilisierung der Gesellschaft" nach Kräften vorantreibt. Konsequent hat sie ein neues Arbeitszeitgesetz verabschiedet, das – unter bestimmten Bedingungen – die 60-Stunden-Woche erlaubt, wobei Überstunden innerhalb von sechs Monaten ausgeglichen werden müssen. Dies schafft die gesetzliche Grundlage für eine weitgehende Entkopplung von Arbeits- und Betriebszeiten. Der „Flexibilisierung der Gesellschaft" dienen auch andere Maßnahmen der Regierung: der Abbau von Vorschriften, die Privatisierung von Staatsunternehmen und nicht zuletzt die Einführung eines Dienstleistungsabends – mit Öffnungszeiten von Handel, Banken und Behörden über 18.30 Uhr hinaus.

Im Einklang mit manchen Wirtschafts- und Sozialwissenschaftlern sieht die Bundesregierung in der „Flexibilisierung der Gesellschaft" weit mehr als „nur" eine Wirtschaftsstrategie. Sie will damit erstarrte Strukturen aufbrechen und gleich mehrere Probleme mit einer Strategie angehen:

■ Ökonomisch soll die Flexibilisierung mehr Arbeitsplätze und neue Wachstumspotentiale schaffen, weil Kostenvorteile voll ausgeschöpft und Produkte wie Dienstleistungen preiswerter angeboten werden können.

■ Ökologisch seien flexible Arbeits-, Betriebs- und Öffnungszeiten sinnvoll, weil sie den Verkehr entzerrten und die Natur nicht täglich und wöchentlich zu den gleichen Zeiten überstrapaziert würde.

■ Sozial gelten flexible Regelungen als hilfreich, weil nun jede Person ihr Leben nach ihren persönlichen Bedürfnissen planen könne. Auf diese Weise hätten die einzelnen mehr Freiräume und Familien die Möglichkeit, sich Erwerbs- und Hausarbeit optimal zu teilen.

In diesem Sinne repräsentiert die Zauberformel „Flexibilisierung" ein allumfassendes gesellschaftspolitisches Konzept, getragen von einem Bündnis aus freiem Unternehmertum und dem Zeitgeist des Individualismus. Entsprechend deutlich ist auch das Feindbild dieses Bündnisses: die Kultur der solidarischen Eingebundenheit in die Gesellschaft. Diese Kultur will man durch eine individualistische Kultur auf der Basis persönlicher Ungebundenheit ersetzen – mit allen Konsequenzen für die sozialen Grundstrukturen dieser Gesellschaft.

Die Wirklichkeit: Mehr Gefahren als Vorteile

Gegen dieses Bündnis aus wirtschaftlichen Interessen und Zeitgeist kommen Kritiker derzeit schwer an – auch und gerade, wenn ihre Kritik an dem allumfassenden Konzept der Flexibilisierung begründet ist. Dennoch kommt man nicht umhin, die Fahnen wachsender Freiheit, die viele hinter diesem Konzept sehen, auf Halbmast zu setzen. Denn auf den zweiten Blick entpuppt sich die Zauberformel „Flexibilisierung" eher als trojanisches Pferd denn als Rettungsanker. Die Zweifel beginnen schon bei den erhofften zusätzlichen Arbeitsplätzen. Stillschweigend geht man davon aus, daß die Unternehmen bei höherer Auslastung ihrer Maschinen auch eine höhere Stückzahl ihrer Produkte absetzen können – gerade so, als hätte es nie eine Diskussion über die abnehmende Kaufkraft der Bevölkerung oder über gesättigte Märkte gegeben. Insofern unterstellen die Hoffnungen auf zusätzliche Arbeitsplätze in einem voll ausgelasteten Mehr-Schicht-Betrieb ein dynamisches und anhaltendes Wirtschaftswachstum, das derzeit gar nicht absehbar ist.

Geradezu verhängnisvoll werden die Konsequenzen von Mehr-Schicht-Betrieben, wenn der Absatz – aus welchen Gründen auch immer – sinkt. Dann müssen die betroffenen Unternehmen ihre Auslastung ganz flexibel zurückfahren und unter Umständen mehr Beschäftigte entlassen als bei geringerer Auslastung. Angesichts dieser Gefahr ist es nur zu verständlich, warum viele Unternehmen das Angebot der Regierung, Beschäftigte nur befristet einzustellen, voll ausschöpfen. Bei einem wirtschaftlichen Einbruch können sie diese Verträge dann einfach nicht verlängern - spektakuläre Entlassungen werden vermieden, weil die Belegschaft in Stamm-Mitglieder und eine „flexible Manövriermasse" gespalten wurde.

Geradezu lächerlich erscheint der Konkurrenzvorteil durch die Einführung der Sonntagsarbeit – aus einem ganz einfachen Grund: Jedes Unternehmen genießt nur so lange einen Konkurrenzvorteil durch Sonntagsarbeit, bis die Konkurrenten nachgezogen haben. Den langjährigen Unternehmensberater Willi Haller erinnert die Diskussion über die Sonntagsarbeit an die Geschichte von den beiden Landstreichern, die um 5 DM wetteten, wenn der andere eine Kröte frißt: „Der eine hielt 5 DM für viel Geld, überwand Ekel und Brechreiz und würgte die Kröte hinunter. Der andere zahlte, wenn auch schweren Herzens. Als aber nach kurzer Zeit nochmals eine Kröte auftauchte, sah der Zahler eine Gelegenheit, nun seinerseits auch zu Geld zu kommen. Der erste Krötenfresser bot ihm ebenfalls fünf Mark und so vollzog auch der zweite das eklige Geschäft. Nachdem er jedoch die fünf Mark eingesteckt hatte, blieb er plötzlich stehen und sagte zu seinem Kumpel: „Was sind wir doch für Idioten. Jetzt hat jeder von uns eine Kröte gefressen, ohne daß er nun mehr Geld in der Tasche hätte als zuvor".

Nach dieser Geschichte gleichen Großunternehmen im Bemühen um die Sonntagsarbeit Landstreichern beim Krötenfraß: Den wirtschaftlichen Vorteil der unterbrechungslosen Produktion, 24 Stunden täglich an sieben Tagen in der Woche, hat nur der jeweils erste einer Branche. Er kann die fünf Mark unserer kleinen Geschichte in die Tasche stecken. Sobald der andere nachzieht, muß er die fünf Mark Gewinn zurückzahlen. Der Wettbewerbsvorteil ist verloren, der andere hat aufgeholt, jedes Unternehmen, die betroffenen Unternehmer und die ganze Gesellschaft haben für nichts und wieder nichts die Kröte der Sonntagsarbeit geschluckt.

Ebenso umstritten sind die angeblichen gesellschaftlichen und ökologischen Vorteile der Flexibilisierungswelle. Wer vermag eigentlich zu beurteilen, ob die mißhandelte Natur unter den Staus zu Stoßzeiten und unter der Ausflugswelle am Wochenende stärker leidet als unter einer breiten Dauerbelastung? Wie steht es eigentlich um die staatlichen Rahmenbedingungen für flexible Arbeitszeiten: Entsprechen die Öffnungszeiten von Hallenbädern und vor allem von Kindergärten dann auch den flexiblen Arbeitszeiten, obwohl sie schon heute nicht einmal den starren Arbeitszeiten gerecht werden? Statt einer Konzentration von Aktivitäten zu bestimmten Zeiten wird es dann wohl nicht die dauerhafte Ruhe durch entzerrte Arbeitszeiten geben. Im Gegenteil. Für den Sozialwissenschaftler Jürgen P. Rinderspacher zeichnet sich eine ganz andere gesellschaftliche Vision ab, wenn die gesellschaftlichen Aktivitäten – wie geplant – entzerrt werden: „Die Vision einer kontinuierlich produzierenden, konsumierenden und Informationen verarbeitenden Gesellschaft, in der der Mensch einer ständigen Ansprache und Aufforderung zur Aktivität ausgesetzt sein wird"[10].

Löst sich die Gesellschaft flexibel auf?

Die „Flexibilisierung der Gesellschaft" dürfte denn auch schwerwiegende Folgen für die gesamte soziale Kultur haben. Sicherlich wird sie die individuellen Freiräume jener Privilegierter, die auf der Gewinnerseite dieser Gesellschaft stehen, erhöhen. Der Traum von einem Mehr an individueller Selbstverwirklichung für wenige hat jedoch einen hohen Preis: Den Verlust an sozialer Einbindung für viele. Denn bei einer weiteren Entkopplung von Arbeits- und Betriebszeiten werden die individuellen Freiräume größer und die sozialen Kontaktmöglichkeiten gleichzeitig geringer. Zu unterschiedlich sind die Arbeitszeiten – und diese Unterschiede machen auch vor Familienmitgliedern nicht halt. Daraus ergibt sich die Gefahr, daß die Menschen trotz immer mehr flexibel einsetzbarer freier Zeit immer flexibler aneinander vorbeileben.

Die Flexibilisierungs-Euphorie unterschätzt insbesondere die kulturelle Bedeutung kollektiver Ruhephasen, vor allem des Wochenendes, für die einzelnen Menschen wie für die ganze Gesellschaft. „Inzwischen ist das freie Wochenende zu einem der tragenden Eckpfeiler unserer sozialen Zeitordnung und damit unserer gesamten Lebenskultur geworden", schreibt Rinderspacher. „Am Wochende finden die wichtigsten menschlichen, von der Zeitnot der Werktage entlasteten Beziehungen statt, ohne die von Familien- und Gemeinschaftsleben kaum die Rede sein könnte"[11]. Entsprechend groß ist der Eingriff rein wirtschaftlich begründeter Wochenendarbeit in die sozialen Beziehungen. Was droht, ist eine wachsende Vereinzelung der Menschen und die wachsende Schwierigkeit, das Leben im Rahmen einer festen Gemeinschaft, zum Beispiel der Familie, zu organisieren. Dazu kommt, so Rinderspacher, daß „durch die Herabsetzung der zeitlichen Möglichkeiten zum sozialen Kontakt mit nahestehenden Menschen die Kräfte der Arbeitnehmer in so hohem Umfang gebunden werden, daß ein Engagement im Bereich der politischen Mitwirkung oder caritativen Hilfe bis hin zur Unmöglichkeit erschwert wird"[11]. Damit steht als

Folge der Zauberformel „Flexibilisierung" nicht mehr und nicht weniger auf dem Spiel als die totale Entsolidarisierung der Gesellschaft, die die Auflösungserscheinungen von heute noch auf die Spitze treibt. „Alle für sich und keiner für den anderen" ist die mehr oder weniger erzwungene Losung dieser Gesellschaft und, wer wollte dies bestreiten, erste Anzeichen sind bereits heute vorhanden.

Besonders pikant ist dabei, daß die gleiche Logik der kapitalistischen Konkurrenzwirtschaft, die einst den Zeit-Wohlstand der Gesellschaft erhöhte und finanzielle Ressourcen zur sozialen Absicherung aller Bürger mobilisierte, jetzt diesen Zeit-Wohlstand gefährdet. Mit der gleichen Konsequenz, wie diese wirtschaftliche Logik Produktivitätssteigerungen für Arbeitszeitverkürzungen und höhere Löhne verfügbar machte, betreiben ihre Hauptträger jetzt die Steigerung der Produktivität auf Kosten der gesamten Gesellschaft – und unter dem Schutz staatlicher Rahmenbedingungen, die eigentlich dem Schutz der Gesellschaft, insbesondere ihrer kleinsten Einheit, der Familie, dienen sollten und nun ihre Auflösung beschleunigen.

2. 3. Die ewig junge Kritik am zu teuren Industriestandort Bundesrepublik

Wann immer die bundesdeutsche Wirtschaft Reformvorschläge hört, die sie Geld oder Einfluß kosten könnte, präsentiert sie ein Standardargument: Der Vorschlag gefährde die Konkurrenzfähigkeit der bundesdeutschen Wirtschaft auf dem Weltmarkt. Mit diesem Argument haben viele Reformvorschläge schwer zu kämpfen, meist sind sie dann für einige Zeit begraben.

Wie durchschlagskräftig diese Argumentation ist, das erlebten die Gewerkschaften in der Auseinandersetzung über die 35-Stunden Woche mit vollem Lohnausgleich 1984. Kaum eine Maßnahme der Arbeitgeber-Seite traf sie härter als ein kleiner Autoaufkleber mit der Aufschrift: „Die 35-Stunden Woche mit vollem Lohnausgleich schafft Arbeitsplätze – in Südostasien". Auch Umweltschützer können ein Lied von dem Totschlag-Argument der gefährdeten Konkurrenzfähigkeit singen. Sie werden damit immer konfrontiert, wenn sie die Wirtschaft zu höheren Investitionen in den Umweltschutz zwingen wollen.

Die Durchschlagskraft des Arguments von der gefährdeten Konkurrenzfähigkeit der bundesdeutschen Industrie erklärt sich aus der Struktur der bundesdeutschen Wirtschaft. Die Bundesrepublik verfügt praktisch über keine Rohstoffvorkommen und ist deshalb zu Einfuhren gezwungen. Außerdem fließt viel Kapital von Bundesbürgern ins Ausland – als Anlagekapital in zins- oder steuergünstigeren Gefilden oder über Ferienreisen. Dieser Kapitalexport muß durch die Ausfuhr von Waren und Dienstleistungen verdient werden.

Dazu kommen die Sachzwänge, die die bundesdeutsche Exportindustrie inzwischen selbst geschaffen hat. Sie erwirtschaftet Jahr für Jahr zwischen 35 und 40 Prozent des bundesdeutschen Bruttosozialprodukts. Jeder vierte Arbeitsplatz hängt direkt oder indirekt vom Export ab. Jede noch so vermeintliche Gefahr für die Exportindustrie löst deshalb in der Öffentlichkeit Angst vor einem wirtschaftlichen Einbruch oder gar vor dem Verlust des eigenen Arbeitsplatzes aus. Entsprechend oft setzt die Wirtschaft diese Gefahr als Argument ein, um ungeliebte Forderungen abzuwenden.

Von der gefährdeten Konkurrenzfähigkeit zum allgemeinen Lamento über den zu teuren Industriestandort Bundesrepublik.

Mittlerweile geht die Wirtschaft sogar noch einen Schritt weiter als periodisch auf die Gefahren für die Konkurrenzfähigkeit der bundesdeutschen Industrie hinzuweisen. Sie hat aus diesem Argument eine regelrechte Strategie entwickelt. Diese widerspricht zwar dem dynamischen, positiven Image, das sich viele Unternehmer geben, ist aber ansonsten sehr wirkungsvoll: Man könnte sie „allgemeines Lamento über den zu teuren Industriestandort Bundesrepublik" nennen.

Die Spitzenmanager der bundesdeutschen Renommierkonzerne übertreffen sich derzeit geradezu in dieser Strategie. „Die Lohnkosten hierzulande sind zu hoch, und die Arbeitszeiten sind zu starr", meinte unlängst Daimler-Benz Chef Edzard Reuter. Sein Kollege Karl Heinz Kaske von Siemens blies ins gleiche Horn: „In den USA sind die Produktionskosten um die Hälfte geringer als hier". Der Präsident des Bundesverbandes der Deutschen Industrie (BDI), Tyll Necker, brachte die Unternehmerklagen auf einen gemeinsamen Nenner: „Die deutschen Unternehmen starten im internationalen Wettbewerb mit schweren Klötzen am Bein".

Wie gewohnt verfehlte dieses Unternehmer-Lamento seine Wirkung in der Öffentlichkeit nicht. Flugs entwickelte sich eine Diskussion über den angeblich „zu teuren Industriestandort Bundesrepublik", ein Vorwurf, der durchaus dem Gefühl vieler Menschen entspricht. Viele glauben, daß wir irgendwann für unseren hohen sozialen Standard bezahlen müssen und daß bei uns jede Flexibilität abhanden gekommen sei. Auch die vielen Produkte aus anderen Ländern, insbesondere aus Fernost, haben das Gefühl verstärkt, die bundesdeutsche Wirtschaft sei nur zu retten, wenn der soziale Standard und mit ihm das gesamte Kostenniveau gesenkt werde. Genau auf dieses hohe Kostenniveau zielen auch die Klagen vieler Unternehmer. Mit unterschiedlichen Prioritäten verweisen sie auf fünf Kostenbereiche, in denen der Standort Bundesrepublik international große Wettbewerbsnachteile mit sich bringe:

■ Die durchschnittlichen Stundenlöhne in der Bundesrepublik lägen weltweit an der Spitze. Nur die Arbeitnehmer in Schweden und in der Schweiz verdienten mehr. Noch gravierender seien die Unterschiede bei den Lohnnebenkosten (Sozialabgaben, bezahlte Urlaubs- und Ferientage, Sonderzahlungen). Hier liege die Bundesrepublik an der Weltspitze.

■ Die Energiekosten seien in der Bundesrepublik um rund 30 Prozent höher als in den wichtigsten Konkurrenzländern.

■ Eine bundesdeutsche Kapitalgesellschaft bezahle auf ihre einbehaltenen Gewinne so hohe Steuern wie kaum irgendwo in einem anderen Industrieland, nämlich etwa 70 Prozent.

■ Die bundesdeutsche Währung habe in den vergangenen Jahren gegenüber dem US-Dollar um rund 80 Prozent an Wert verloren. Die Folge: Deutsche Exporte in den Dollarraum hätten sich verteuert, Direktinvestitionen in den USA seien dagegen billiger geworden.

■ Kaum ein anderes Industrieland weise so starre Regelungen für Unternehmen auf wie die Bundesrepublik. Dies betreffe den Arbeitsschutz ebenso wie die Arbeitszeiten oder die Umweltschutz-Vorschriften. Die Produktion werde durch diese Flut bürokratischer Regelungen unflexibler und damit teurer.

Diese Vorwürfe an den Industriestandort Bundesrepublik klingen auf den ersten Blick alle sehr logisch, sie entsprechen jedenfalls dem gesunden Menschenverstand. Eine genaue Prüfung zeigt jedoch, daß Glaube und gesunder Menschenverstand keine guten Wegweiser für wirtschaftliche Zusammenhänge sind.

Vorurteile und Halbwahrheiten bestimmen das Bild

Eine genaue Prüfung der Kritik am angeblich zu teuren Industriestandort Bundesrepublik erfordert den Blick hinter die Kulissen der genannten Zusammenhänge. Ansonsten ist die Gefahr groß, daß man Äpfel mit Birnen vergleicht. Genau mit diesem kritischen Blick hinter die Kulissen sollen die Vorwürfe nun untersucht werden:

■ Die Frage, ob die Arbeitskosten in der Bundesrepublik zu hoch sind, läßt sich nicht so einfach beantworten. Sicherlich liegen die Stundenlöhne – ob brutto oder netto – weltweit mit an der Spitze. Das sagt jedoch nichts über die Bedeutung der Arbeitskosten als Kostenfaktor für die Produktion aus. Denn: Zum einen sind die Lohnkosten bei weitem nicht die einzigen Kosten von Unternehmen. Zum anderen ist für den Unternehmer nicht der absolute Lohn seiner Arbeitnehmer entscheidend, sondern die Frage, wieviel sie in der entsprechenden Zeit dafür produzieren, also ihre Arbeitsproduktivität.

Ein Beispiel verdeutlicht diesen wichtigen Punkt: 1987 kostete die Arbeitsstunde in der Bundesrepublik durchschnittlich 32,50 DM; in Spanien rund 17 DM. Auf den ersten Blick hat ein spanischer Unternehmer also große Wettbewerbsvorteile, weil er nur halb so teuer produziert. Doch der Schein trügt. Denn die Arbeitsproduktivität spanischer Arbeitnehmer ist – aufgrund älterer Maschinen – nur etwa halb so hoch wie jene bundesdeutscher Arbeitnehmer – sie produzieren in der gleichen Zeit wie ihre deutschen Kollegen nur halb so viel. Die Konsequenz für einen spanischen Arbeitgeber ist hart: Will er in der selben Zeit wie seine bundesdeutschen Konkurrenten gleich viel produzieren, dann benötigt er doppelt so viele Arbeitnehmer. Die Folge: Der Wettbewerbsvorteil aus den niedrigeren Arbeitskosten ist dahin.

Überprüft man nun die bundesdeutschen Arbeitskosten nach diesen differenzierten Kriterien im Vergleich zu den wichtigsten Konkurrenzländern – dann kommt man zu folgendem Ergebnis:

■ In vielen hochtechnisierten Branchen schlagen die Arbeitskosten der Beschäftigten nur mit etwa zehn Prozent auf die Gesamtkosten durch. Ihre Höhe ist also längst nicht so bedeutend, wie allgemein behauptet wird.

■ Von 1980 bis 1987 entwickelte sich das Verhältnis zwischen Arbeitskosten und Arbeitsproduktivität, die sogenannten Lohnstückkosten, in der Bundesrepublik vergleichsweise günstig. Nur in einem wichtigen Konkurrenzland stiegen die Lohnstückkosten langsamer als in der Bundesrepublik: in Japan, in allen anderen Konkurrenzländern stiegen sie schneller. Im Vergleich mit den allermeisten Konkurrenten hat die Bundesrepublik sogar noch Boden gutgemacht. Die hohen Arbeitskosten rechtfertigen also den Vorwurf eines zu teuren Industriestandorts Bundesrepublik nicht.

Dennoch ist ein Teil des Vorwurfs in differenzierter Form bedeutsam: Bei den Lohnnebenkosten liegt die Bundesrepublik mit großem Abstand an der Spitze der Welt. Dies beeinträchtigt die Konkurrenzfähigkeit arbeitsintensiver Branchen sowie vieler kleiner und mittlerer Betriebe. Dieser richtige Aspekt rechtfertigt jedoch nicht die pauschale Behauptung von zu hohen Arbeitskosten in der Bundesrepublik.

Ähnlich differenziert sind die Verhältnisse bei den Energiekosten. Oberflächlich liegen insbesondere die Stromkosten in der Bundesrepublik um bis zu 30 Prozent höher als in den wichtigsten Konkurrenzländern. Diese hohen Energiekosten spiegeln in erster Linie die engagierte Kernkraft- und Umweltdiskussion in der Bundesrepublik wider. Abgesehen davon sind sie ein Versuch, Energie einzusparen.

Gleichwohl sind die Energiekosten für die meisten Industriebranchen kein bedeutender Kostenfaktor in der Kalkulation. Ihr Anteil an den Gesamtkosten liegt weit unter fünf Prozent. Dies gilt allerdings nicht für besonders energieintensive Industriezweige wie Aluminiumhütten, Stahlwerke, Papierverarbeitung oder Gießereien – um nur einige zu nennen. Hier schlagen die Energiekosten stärker zu Buche – diese Branchen haben deshalb in der Bundesrepublik Standort-Nachteile. Aus der Sicht dieser Branchen sind die Energiekosten sicherlich zu hoch.

Gesamtwirtschaftlich haben die hohen Energiekosten jedoch auch positive Auswirkungen, die in der Standort-Diskussion grundsätzlich unterschlagen werden. Sie zwingen die bundesdeutsche Wirtschaft zu hohen Investitionen in Energiespartechnologien, die ihrerseits in naher Zukunft Exportrenner werden könnten – dann nämlich, wenn die energie- und umweltpolitische Diskussion auch andere Länder zu Konsequenzen zwingt. In dieser Hinsicht beschleunigen die hohen Energiekosten einen wirtschaftlichen Strukturwandel, der die Konkurrenzfähigkeit der bundesdeutschen Wirtschaft langfristig sogar stärken dürfte.

Auch im Bereich der Steuern zeigt sich das gleiche Bild: Erst ein Blick hinter die Kulissen öffnet die Augen für die Wahrheit. Vergleicht man einfach die Steuersätze auf einbehaltene Gewinne, so ist die Bundesrepublik ein wirkliches Hochsteuerland mit einem Höchstsatz von rund 70 Prozent. Amerikanischen Unternehmen verlangt der Staat gerade 34 Prozent ab.

Dennoch ist dies nur die eine Seite der Medaille. Vergleicht man nämlich die Berechnungsgrundlage der Steuern, dann sind amerikanische Unternehmen gegenüber den deutschen im Nachteil. Sie verfügen über weit weniger Sonderabschreibungsmöglichkeiten als ihre deutsche Konkurrenz. Ihr Steuervorteil relativiert sich deshalb: Sie weisen höhere Gewinne aus, auf die sie geringere Steuern bezahlen. Die bundesdeutschen Unternehmen bilanzieren geringere Gewinne, auf die sie höhere Steuern bezahlen. Der keineswegs industriefeindliche Steuerrechtler Konrad Littmann errechnet auf dieser Basis für deutsche Unternehmen einen Höchststeuersatz von 37 Prozent, der weltweit nicht mehr überdurchschnittlich hoch ist.

Dazu kommt, daß die Aussagekraft von Steuervergleichen überhaupt sehr gering ist. Die entscheidende Frage ist, wohin die Steuern fließen. Diese Frage stellen bundesdeutsche Unternehmen selten, obwohl oder gerade weil sie in dieser Hinsicht zum Beispiel von britischen Unternehmern beneidet werden. „Die Deutschen ernten heute das, was sie in Jahrzehnten in Erziehung, Ausbildung, Technologie und Infrastruktur investiert haben. Das macht ihre beherrschende Stellung aus", erklärte der Generaldirektor des britischen Industrieverbandes im Spiegel (Nr. 34/88) und verwies dabei auf äußerst wichtige Vorteile des Industriestandortes Bundesrepublik: die hervorragende Qualifikation der Fachkräfte und die guten Verkehrsverbindungen. Diese Vorteile machen klar, daß niedrige Steuern alleine noch keinen Standortvorteil darstellen.

Der Vorwurf, daß die bundesdeutschen Unternehmen stärker als Unternehmen in anderen Ländern von bürokratischen Vorschriften eingeengt würden, ist schwer zu überprüfen. Doch selbst wenn man diesen „Vorwurf" akzeptiert, dürften sich Vor- und Nachteile die Waage halten: Soziale und ökologische Schutzvorschriften erhöhen zwar kurzfristig die Kosten der Unternehmen, auf lange Sicht enthalten sie jedoch Vorteile: Die Zufriedenheit der Arbeitnehmer ist höher und damit auch ihre Leistungsbereitschaft. Eine geringere Fluktuation und weniger Arbeitskonflikte in deutschen Betrieben unterstreichen diesen Vorteil. Vorbeugende Umweltinvestitionen schützen immerhin vor finanziellen Belastungen, die größere Schäden im nachhinein verursachen würden.

Die Auswirkungen des einige Zeit lang rasch sinkenden Dollarkurses auf die deutsche Wirtschaft haben sich inzwischen mit der leichten Aufwärtstendenz des Dollarkurses relativiert. Außerdem darf man sie ohnehin nicht überbewerten, da nur rund 20 Prozent der deutschen Exporte in den Dollarraum gehen.

Abgesehen von diesen Faktoren beißt sich die Standortkritik mit dem Verweis auf die ständig steigende deutsche Währung in den eigenen Schwanz.

Denn: Die Währung eines Landes steigt in erster Linie dann, wenn die Wirtschaft des entsprechenden Landes sehr konkurrenzfähig ist. Die starke DM beweist also gerade, was die Standortkritiker nicht glauben wollen: Daß die bundesdeutsche Wirtschaft konkurrenzfähig ist.

Insofern ergibt sich aus der genauen Untersuchung der Vorwürfe an den Industriestandort Bundesrepublik eine eindeutige Schlußfolgerung: Er ist konkurrenzfähig – lediglich die hohen Lohnnebenkosten und die Energiekosten stellen für manche Branchen und Unternehmen gewisse Risikofaktoren dar. Auf keinen Fall rechtfertigen sie jedoch das laute Getöse über den zu teuren Industriestandort Bundesrepublik.

Ein Leben auf Kosten anderer Länder

Dieses Ergebnis der Untersuchung ist eigentlich nicht weiter verwunderlich. Es zeigt sich schon darin, daß die bundesdeutsche Wirtschaft in den vergangenen Jahren für über 100 Milliarden DM mehr Waren in andere Länder exportierte, als sie aus diesen Ländern einführte. Ein anderer Vorwurf an den Industriestandort Bundesrepublik ist deshalb berechtigt: Er ist so konkurrenzfähig, daß die Bundesbürger inzwischen auf Kosten anderer Länder leben, nämlich auf Kosten jener, die von uns viel mehr Waren beziehen, als sie an uns liefern. Damit schaffen diese Länder und ihre Menschen Arbeitsplätze in der Bundesrepublik, während sich die Arbeitslosigkeit vor Ort im gleichen Maße erhöht. Mit ihrem Außenhandelsüberschuß exportiert die Bundesrepublik auch Arbeitslosigkeit in andere Länder. Ohne daß es jemand je erwähnte, sind wir längst zu den Japanern Europas geworden.

Vor diesem Hintergrund ist die Diskussion über den angeblich „zu teuren" Industriestandort Bundesrepublik mehr als heuchlerisch und damit so übrig wie ein Kropf – zumindest aus objektiver Sicht. Ganz anders sieht die Sache aus der Sicht der Industrie aus: Sie verfolgt mit dieser Diskussion ganz klare Ziele.

Von der Standortdiskussion zur wirtschaftlichen Flurbereinigung

Mit der Standort-Diskussion will die bundesdeutsche Wirtschaft die Wirtschaftspolitik „zurückerobern". Jahrelang fühlte sie sich verunsichert, dominierte zumindest in Teilen der öffentlichen Diskussion die Kritik an der Wirtschaft. Jetzt wollen die Unternehmer die Prioritäten neu setzen und ideologisch wie faktisch eine wirtschaftliche Flurbereinigung einleiten. Die Standort-Diskussion schafft die Voraussetzung, um diese Flurbereinigung auf drei Ebenen durchzusetzen:

■ Die Wirtschaft will die Gewerkschaften in die moralische Pflicht für den Industriestandort Bundesrepublik nehmen, um ihre tariflichen Forderungen zu mäßigen. Die gefühlsmäßig leicht nachvollziehbare „Gefahr für die Konkurrenzfähigkeit" durch höhere Arbeitskosten eignet sich für dieses Ziel außerordentlich gut.

■ Mit dem Verweis auf die internationalen Konkurrenzverhältnisse kann die Wirtschaft ihr Plädoyer für flexiblere Arbeits- und Betriebszeiten erhärten. Schließlich kann, was in anderen Ländern gut ist, in der Bundesrepublik nicht schlecht sein. Außerdem muß die exportabhängige Bundesrepublik im internationalen Wettbewerb mitziehen, oder . . .?

■ Die Industrie will die Bundesregierung zu einer weiteren Steuerreform drängen, die in erster Linie den Unternehmen zugute kommt. Ein geringerer Spitzensteuersatz und eine Abschaffung der Gewerbesteuer stehen längst zur Debatte.

Die Standort-Diskussion erhebt diese rein interessenegoistischen Ziele zu einer nationalen Notwendigkeit. Wer sich ihr entzieht, gefährdet die Bundesrepublik. Vor diesem ideologischen Hintergrund hat die Wirtschaft gute Chancen, die Flurbereinigung in ihrem Sinne durchzusetzen, zumal die Standort-Diskussion mit dem heraufziehenden, bis 1993 geplanten Europäischen Binnenmarkt ständig an Aktualität gewinnen dürfte.

2. 4. Der Europäische Binnenmarkt –
die Wachstumsoffensive der Neunziger Jahre

Der „Europäische Binnenmarkt" ist derzeit in aller Munde. Allerdings wird viel über ihn gesprochen, aber kaum je ernsthaft über ihn diskutiert. Entsprechend verschwommene Vorstellungen über das, was man unter „Europäischer Binnenmarkt" versteht, beherrschen deshalb das Feld. Die einen begrüßen, andere fürchten offene Grenzen ohne Zollkontrollen. Viele sehen im Europäischen Binnenmarkt eine Chance, nationalstaatliches Denken und damit die Basis für einen wachsenden Nationalismus zu überwinden.

Die Chance besteht, kein Zweifel. Allerdings hat diese Chance kaum etwas mit dem Konzept eines „Europäischen Binnenmarktes" gemeinsam. Denn dabei handelt es sich nicht um ein philosophisches, sondern um ein knallhartes Wirtschaftskonzept, das unter „ Grenzen" nicht in erster Linie die Landesgrenzen, sondern vor allem „ Grenzen" im Sinne von Beschränkungen für die Wirtschaft versteht. Da Beschränkungen für die Wirtschaft immer Kosten verursachen, ist der Versuch, über den Europäischen Binnenmarkt diese Art von Grenzen zu beseitigen, in erster Linie ein Kostensenkungsprogramm für die Wirtschaft.

Das Hauptziel dieses Vorhabens ist deshalb nicht in erster Linie die Überwindung nationalstaatlichen Denkens oder der Aufbau einer „multikulturellen Gesellschaft" in Europa. Das Hauptziel des Konzeptes „Europäischer Binnenmarkt" ist ein neuer Wachstumsschub für die lahmenden europäischen Volkswirtschaften. Zwar weiß man längst, daß auch noch so hohe Wachstumsraten soziale Probleme nicht lösen. Längst weiß man auch, welch hohe ökologischen Folgekosten hohe Wachstumsraten verursachen. Doch solche Bedenken fechten die Binnenmarkt-Planer nicht an. Sie klammern sich an ihr Binnenmarkt-Konzept wie an einen letzten Strohhalm, der noch einmal glauben machen soll, man könne die Probleme von morgen wirklich mit den Rezepten von gestern lösen.

Mit „vier Freiheiten" in die Zukunft

Um in Zukunft neue Wachstumskräfte freizusetzen, sollen die Beschränkungen für Unternehmen und Arbeitnehmer in einem künftigen Europäischen Binnenmarkt so weit wie möglich verringert werden. Diesem Ziel dienen die „vier Freiheiten", die die EG bis zum 31. 12. 1992 verwirklichen will:

■ Ein freier Warenverkehr, der heute zwar nicht mehr durch Einfuhrzölle, sondern durch grundverschiedene technische, gesundheitliche und verbraucherorientierte Vorschriften in den EG-Ländern behindert wird. Noch immer müssen beispielsweise Elektrokonzerne 36 unterschiedliche Stecker für ihre Geräte bereithalten, wollen sie den Vorschriften aller EG-Länder entsprechen. Ein weiteres Handelshindernis stellen die unterschiedlichen Verbrauchssteuern dar, die ein aufwendiges Erstattungswesen zur Folge haben.

Deshalb sehen die Pläne eines Europäischen Binnenmarktes nach 1992 gemeinsame technische, gesundheitliche und verbraucherorientierte Grundnormen für alle EG-Produkte sowie die Angleichung der Verbrauchssteuersätze vor.

■ Ein freier Arbeitsmarkt soll alle Beschränkungen beseitigen, die heute Arbeitnehmer, Selbständige und Gewerbetreibende daran hindern, ihre Dienste grenzüberschreitend anzubieten. Die EG-Pläne für die Zeit nach 1992 sehen deshalb vor, daß die Ausbildungen in EG-Ländern von allen anderen Mitgliedsländern anerkannt werden, sofern sie bestimmte Mindestbedingungen erfüllen. Außerdem sollen die öffentlichen Hände nach 1992 alle Aufträge ab einer bestimmten Größenordnung gemeinschaftsweit ausschreiben.

■ Ein freier Markt für Kapital und Dienstleistungen soll die vielen, in diesem Bereich noch bestehenden, bürokratischen Hindernisse beseitigen. Deshalb will die EG nach 1992 EG-weite Aufsichtsregelungen für Banken und Versicherungen ausarbeiten, Devisenbestimmungen abschaffen, die Börsenbestimmungen vereinheitlichen sowie eine Europäische Zentralbank gründen, die die Geldpolitik der Mitgliedsländer zumindest koordinieren soll. Das wichtigste Fernziel ist dabei eine einheitliche Währung im Rahmen eines EG-weiten Währungsraumes.

■ Ein freier Verkehrsmarkt soll künftig ohne die noch bestehenden Kartellregelungen und Mengenbeschränkungen auskommen. Noch immer verlangen die meisten Fluggesellschaften Kartellpreise, dürfen Speditionen in anderen Ländern nur eine bestimmte Anzahl von Kilometern zurücklegen. Nach 1992 sollen die Speditionen nach und nach in allen EG-Ländern ihre Dienste frei anbieten dürfen – im Flugverkehr strebt man Wettbewerbsbedingungen an.

Diese „Freiheiten", die nach 1992 in Europa ausbrechen sollen, drücken einen gemeinsamen Traum der EG-Länder aus, den Traum von einem freien, europäischen Markt: Künftig soll jeder Produzent an jedem Ort der EG mit Arbeitskräften aus der gleichen oder jeder anderen Region der EG Produkte und Dienstleistungen nach EG-Normen herstellen und in jeder anderen Region der EG anbieten dürfen.

Hintergrund dieses Traumes ist die lupenreine Theorie der freien Marktwirtschaft, nach der ein möglichst freier, unbehinderter Markt allen Marktteilnehmern nützt:

■ den Produzenten, weil ihnen ein riesiger Absatzmarkt offensteht, ohne daß sie ihr Angebot jeweils auf unterschiedliche Vorschriften ausrichten müssen;

■ den Verbrauchern, weil die wachsende Konkurrenz unter den Produzenten die Produktqualität steigert und die Preise dennoch niedrig hält;

■ allen Arbeitnehmern, weil sie überall arbeiten können und weil ein freier Markt – zumindest in der Theorie – hohe Wachstumsraten und auf diese Weise viele neue Arbeitsplätze schafft;

■ allen Volkswirtschaften, weil die wachsende Konkurrenz die bestmögliche Nutzung der vorhandenen Ressourcen und ständige Innovationen garantiert.

Der Größenwahn – vom Computer errechnet

Um sich nicht allein von Wunschträumen betören zu lassen, ließen die EG-Planer alle wirtschaftlichen Vorteile eines gemeinsamen Marktes von einer Kommission unter Leitung des italienischen Bankiers Paolo Cecchini in Computer-Modellen durchrechnen. Das Resultat der Studie mit dem beeindruckenden Titel „Die Kosten der Nicht-Verwirklichung des Europäischen Binnenmarktes" sind in der Tat berauschend:

■ Durch die Beseitigung vieler Vorschriften und durch den härteren Wettbewerb sinken die Produktionskosten in der EG nach 1992 um 2, 2 bis 2,7 Prozent des gesamten Bruttoinlandproduktes der EG.

■ Dadurch ergibt sich ein zusätzlicher Wachstums-Effekt zwischen 4,25 und 6,5 Prozent des Bruttoinlandprodukts der EG.

■ Als Folge daraus rechnet der Bericht mit 1,8 Millionen neuen Arbeitsplätzen bis 1998.

■ Der Preisanstieg wird aufgrund der sinkenden Produktionskosten bei gleichzeitig wachsender Konkurrenz um sechs Prozent unter der Inflationsrate liegen, die ohne den gemeinsamen Markt zu erwarten gewesen wäre.

„Nehmen die EG-Partner die Herausforderung des Binnenmarktes an, dann werden sie", folgert Cecchini aus dem Bericht der von ihm geleiteten Kommission, „mit einer weltweit wettbewerbsfähigen Wirtschaft die Weichen für stabiles Wachstum bis hinein ins kommende Jahrhundert stellen können".

Über eine so romantische Sichtweise kann man sich nach den Erfahrungen von vier Jahrzehnten Wirtschaftswachstum und Freihandel eigentlich nur wundern. Denn sie haben gezeigt, daß die Befreiung der Wirtschaft von bürokratischen Fesseln zwar die Wachstumsraten in die Höhe treibt, jedoch nicht in der Lage ist, die wichtigsten Probleme zu lösen. Der Bericht selbst umgeht solch kritische Anfragen, indem er sich gar nicht auf so pessimistische Haarspaltereien einläßt. Die Autoren gehen locker davon aus, daß alle Branchen von einem gemeinsamen Europäischen Binnenmarkt profitieren werden – freilich nicht alle gleich stark. Die Erfahrungen der Vergangenheit zeigen jedoch, daß hohen Wachstumsraten in modernen Branchen Rückgänge in anderen Branchen gegenüberstehen – ob dabei netto zusätzliche Arbeitsplätze herausspringen, ist bei dem bestehenden Rationalisierungs-Standard noch längst nicht erwiesen. Ganz in der Naivität der 50er Jahre gefangen, stellt der Bericht Fragen nach eventuellen Folgekosten hoher Wachstumsraten für das Gesundheitssystem oder für die Umwelt erst gar nicht.

Immerhin sieht der EG-Ministerrat die Realität nicht ganz so romantisch wie die Autoren des Berichts. Er verkündete schon kurz, nachdem die Jubelgesänge über die Ergebnisse des Cecchini-Berichts verklungen waren, flankierende politische Maßnahmen, um möglichen Gefahren des Binnenmarktes vorzubeugen: Um der befürchteten und auch von Cecchini vorausgesagten Konzentrationswelle zu begegnen, plant die EG die Verabschiedung von Wettbewerbsgesetzen. Und die wahrscheinlichen Verlierer dieser Entwicklung bedachte man gleich noch mit weiteren politischen Programmen: Die EG verabschiedete ein Unterstützungsprogramm für kleine und mittlere Betriebe – außerdem will sie die Finanzmittel für Problemregionen und Problemgruppen in der EG bis 1993 verdoppeln. Allein diese schnell konzipierten Rahmenprogramme beweisen bereits die Brisanz dessen, was der Cecchini-Bericht zwischen den Zeilen für die Mitgliedsländer vorhersagt. Was die berauschenden Superlativen dieses Berichts angehen, so kann man sie getrost irgendwo zwischen Größenwahn und Blauäugigkeit einordnen.

Arbeitnehmerrechte werden zu Wettbewerbsfaktoren

Der Größenwahn des Cecchini-Berichts hat inzwischen bereits so manchen Großkonzern ergriffen. Viele Großunternehmen schmieden Fusionspläne, um sich für den Riesenmarkt zu wappnen. Andere planen umfassende Rationalisierungsmaßnahmen – wie zum Beispiel der Elektrokonzern Philips. Er will 60 seiner 180 Produktionsstätten in Europa schließen, wenn er für seine Geräte nicht mehr 36 Stecker bereithalten muß. Dann stehen rund 20 000 Arbeitsplätze zur Disposition, wenn sie nicht für eine rasch steigende Produktion selbst gebraucht werden.

Schon die Planungen des Philips-Konzerns zeigen, für wen der Europäische Binnenmarkt zu einer Herausforderung ersten Ranges werden wird: Für die Arbeitnehmer und ihre Organisationen in den Mitgliedsländern. Speziell die bundesdeutschen Arbeitgeber werden dann die Diskussion über den zu teuren Industriestandort Bundesrepublik verstärken, um ein öffentliches Klima für ihre Konstensenkungs-Strategien zu erzeugen. Konsequent brach der Präsident des Bundesverbandes der Deutschen Industrie, Tyll Necker, bereits alle Tabus: „Künftig werden auch Arbeits- und Sozialrecht, Betriebsverfassung und Mitbestimmung, Arbeitszeit und Sozialpläne zu Wettbewerbsfaktoren werden." Und: „Bei offenen Grenzen können auch all jene sozial- und arbeitsrechtlichen Unterschiede keinen Bestand mehr haben."

Zwar ist kein dramatischer Abbau von sozialen Rechten und keine massenhafte Verlagerung von Produktionsstätten ins Ausland zu befürchten. Dafür ist der Industriestandort Bundesrepublik (vgl. den vorhergehenden Abschnitt des Buches) mit seinen zwar teuren, aber hochproduktiven und -qualifizierten Arbeitskräften viel zu attraktiv. Die wirkliche Gefahr des Binnenmarktes liegt vielmehr in der Verschärfung des Konkurrenzkampfes, der in alle Betriebe hineinwirkt: durch Rationalisierung, durch eine noch schärfere Auslese unter den Beschäftigten, die heute schon olympischen Bedingungen gerecht wird, durch mehr Arbeitshetze und durch einen verstärkten Druck auf eine flexiblere Nutzung der Maschinen: nachts, samstags und in manchen Betrieben auch sonntags.

Gefahr droht auch den von den deutschen Gewerkschaften erkämpften Mitbestimmungsrechten. Verlagert zum Beispiel ein Unternehmen seine Zentrale in ein anderes EG-Land, dann entfällt die Aufsichtsrat-Mitbestimmung, die das deutsche Recht vorsieht. Die Betriebsräte in den deutschen Werken dieses Unternehmens behalten zwar ihre Rechte. Ob sie jedoch von ihrer dann ausländischen Zentrale immer auf rechtzeitige und eindeutige Informationen hoffen dürfen, ist eine offene Frage.

Die Gewerkschaften sind sich dieser Gefahren durchaus bewußt, kommen aber erst langsam aus der Defensive. „Die Verwirklichung des Binnenmarktes darf den in der Bundesrepublik erreichten Stand des Arbeits- und Sozialrechtes nicht in Frage stellen", sagt der IG-Metall-Vorsitzende Franz Steinkühler. Er fordert einen „Sozialraum Europa", dessen wirtschaftliche Fortschritte allen und vor allem den Schwächsten zugute kommen. Als ein Mittel dazu verlangen die Gewerkschaften eine rechsverbindliche „Charta sozialer Grundrechte", die, so Steinkühler, „kein Land unterschreiten, aber jedes Land überschreiten darf". Außerdem fordern die Gewerkschaften ein EG-weites politisches Konzept gegen Arbeitslosigkeit und ein europäisches Unternehmensrecht, das weitgehende Mitspracherechte für die Arbeitnehmer vorsieht.

Diese Elemente eines Sozialraumes Europa zeigen durchaus, welche Chancen ein Europäischer Binnenmarkt bieten könnte. Allerdings nennt Steinkühler auch die Voraussetzung dafür: „Wir können das nur durchsetzen, wenn wir der internationalen Konkurrenz des Kapitals die internationale Solidari-

tät der europäischen Gewerkschaftsbewegung entgegensetzen – leider sind die
nationalen Gewerkschaften gegenwärtig gegenüber dem internationalen Kapital nicht konfliktfähig". Damit rückt die „Vision" Tyll Neckers immer näher:
Ab 1993 werden die Arbeitnehmer und ihre Rechte zu noch wichtigeren Wettbewerbsfaktoren im Wettbewerb der Konzerne – mit allen sozialen Konsequenzen.

Mit dem Wirtschaftswachstum wachsen auch die Umweltprobleme

Die Vorherrschaft der wirtschaftlichen Interessen im Europäischen Binnenmarkt dürfte auch für einen anderen Problembereich schwerwiegende Folgen haben: für den Umweltschutz. Zwar verpflichtet die rechtliche Grundlage
des Europäischen Binnenmarktes, die sogenannte Einheitliche Europäische
Akte, die Mitgliedsländer der EG, „die Umwelt zu erhalten, zu schützen und
ihre Qualität zu verbessern". Diese begrüßenswerte Selbstverpflichtung der
EG steht jedoch in völligem Widerspruch zu dem wirtschaftspolitischen Kern-
ziel des Europäischen Binnenmarktes: Er soll in erster Linie das Wirtschaftswachstum steigern. Hohe wirtschaftliche Wachstumsraten gehen jedoch zumeist zu Lasten der Umwelt, es sei denn, entsprechende Rahmenbedingungen
sorgen für eine gewisse Versöhnung von Ökonomie und Ökologie. Aufgrund
der völlig unterschiedlichen Interessen der zwölf Mitgliedsländer und des unterschiedlichen Umweltbewußtseins sind überzeugende ökologische Rahmenbedingungen auf der Ebene der EG viel schwerer durchzusetzen als auf nationaler Ebene, zumal die Mitgliedsländer in den meisten Bereichen des Umweltschutzes einstimmig entscheiden müssen. Deshalb dürften sich die Regierungen an den Verhandlungstischen der EG auch künftig am kleinsten umweltpolitischen Nenner orientieren – die vielen faulen Kompromisse der Vergangenheit liefern dafür genügend Anschauungsmaterial.

Dabei erhöhen die geplanten „vier Freiheiten" noch die Anforderungen
an die ökologischen Rahmenbedingungen. Zum Beispiel im Bereich des Verkehrs. Als Folge der offenen Grenzen und der Beseitigung aller Beschränkungen rechnen EG-Kreise mit einer Zunahme des LKW-Verkehrs in der Bundesrepublik um 40 Prozent – mit ökologisch katastrophalen Folgen: Noch mehr
Abgase werden die Luft und das Welt-Klima belasten. Eine neue Straßenbauof-
fensive könnte überdies weitere Natur-Flächen rauben.

Dabei böte die EG auch Chancen für eine Umweltoffensive – gerade im
Bereich des Verkehrs. Bei entsprechenden Vorgaben könnte der Verkehr auf

die umweltschonende Bahn verlagert werden, die bei immer weiteren Entfernungen auch noch schneller wäre. Allerdings fehlen dafür derzeit alle Anzeichen. Stattdessen haben die privaten Wirtschaftsinteressen Vorrang. Es gilt: „Freie Fahrt für freie Speditionen".

Dieses Beispiel zeigt in allen Einzelheiten, was das Konzept des Europäischen Binnenmarktes eigentlich darstellt: Die naive Wachstumspolitik der 50er Jahre auf internationaler, eben auf europäischer Ebene. Nicht umsonst betonen die EG-Planer, der Europäische Binnenmarkt sei nichts anderes als die konsequente Verwirklichung der ursprünglichen Pläne der Europäischen Wirtschafts-Gemeinschaft, die in den Römischen Verträgen verabschiedet worden seien. Allein diese Erinnerung zeigt die Ratlosigkeit der gegenwärtigen Wirtschaftspolitik auch und gerade auf internationaler Ebene. Sie weiß auf den wachsenden Problemdruck in Europa und anderswo keinen anderen Ausweg als die Rückorientierung auf die Ziele der „goldenen Wachstumsjahre" – als ob diese Rückorientierung die Probleme der Zukunft meistern könnte. Ganz im Gegenteil: Die konsequente internationale Anwendung vergangener Rezepte droht jene Probleme der Gegenwart zu verschärfen, die ja gerade Ausfluß dieser vergangenen Rezepte sind. Probleme, die auf nationaler Ebene nicht bewältigt werden konnten, werden sich damit europaweit zuspitzen – angesichts der Unfähigkeit der EG zu entschlossenen Problemlösungen ist dies eine bedrükkende Perspektive.

2.5. Die Umweltpolitik in den Sachzwängen der Wachstumswirtschaft

„Umweltschädliches Verhalten darf sich nicht lohnen," sagte Bundeskanzler Helmut Kohl in einer seiner ersten Regierungserklärungen zur Freude vieler Bürger. Betrachtet man jedoch die sich ständig zuspitzenden Umweltprobleme, dann scheint sich umweltschädliches Verhalten noch immer zu lohnen. Wie sonst wäre die wachsende Umweltzerstörung zu erklären?

Bei aller Kritik muß man jedoch bestimmte umweltpolitische Leistungen der Wende-Regierung seit 1982 anerkennen. Nachdem sich die sozialliberalen Regierungen in den 70er Jahren national und international als Bremser in Sachen Umweltschutz erwiesen hatten, leitete die liberal-konservative Regierungskoalition nach 1982 in zwei Teilbereichen umweltpolitische Offensiven ein, deren Erfolge heute sichtbar sind:

■ Mit einem neuen Konzept der Luftreinhaltepolitik auf der Grundlage einer Verordnung für Großfeuerungsanlagen und der Schadstoffbegrenzung in Kraftfahrzeugen erzielte die Bundesregierung im Vergleich zu anderen Industrieländern beachtliche Erfolge: Die Emissionen an Schwefeldioxid und an Stickoxiden aus stationären Quellen (Industrieanlagen, Kraftwerken und Hausfeuerungen) sind seit Mitte der 80er Jahre stark rückläufig. In der Bundesrepublik sind europaweit die meisten Rauchgasentschwefelungs- und Entstickungsanlagen im Betrieb. Aufgrund der Uneinigkeit innerhalb der EG gelangen ähnliche Erfolge auf dem Kraftfahrzeugmarkt bisher nicht. Gleichzeitig fahren in der Bundesrepublik mehr Kraftfahrzeuge mit bleifreiem Benzin und mit geregeltem Drei-Wege-Katalysator als in allen anderen Ländern der EG – in Europa kennen nur Schweden, Österreich und die Schweiz strengere Regelungen.

■ Erfolge verzeichnete die Umweltpolitik von Bundes- und Landesregierungen auch beim Schutz der Binnengewässer. Immerhin werden inzwischen rund 87 Prozent aller Abwässer der Bevölkerung in öffentlichen Kläranlagen behandelt – 69 Prozent der Abwasserreinungen arbeiten vollbiologisch. Aus diesen Gründen hat sich die Qualität einiger Binnengewässer in den vergangenen Jahren wieder verbessert.

So erfreulich diese umweltpolitischen Erfolge auch sind, sie beschränken sich jedoch auf Bereiche, in denen sich die Regierungen nicht allzu stark gegen mächtige wirtschaftliche Interessen durchsetzen mußten. Außerdem handelt es sich beim Gewässerschutz und bei der Luftreinhaltung um Ziele, die mit technischen Mitteln erreicht werden können, ohne daß die wirtschaftliche Entwicklung grundlegend verändert werden muß.

Fast erfolglos war die Umweltpolitik dagegen in Politikbereichen, in denen sie auf den massiven Widerstand wirtschaftlicher Interessen stieß und in denen rein technische Mittel nicht zur Bewältigung der Probleme ausreichten. Hier zeigten sich die Grenzen der gegenwärtigen Umweltpolitik.

Wirtschaftsinteressen vor Umweltschutz

Trotz der populären Forderung nach einer Versöhnung von Ökonomie und Ökologie widerspricht ein entschlossener Umweltschutz der gegenwärtigen wirtschaftlichen Entwicklung und den Interessen jener, die am meisten von ihr profitieren. Einmal stellt Umweltschutz für die Unternehmen ein Kostenfaktor dar, der ihre internationale Wettbewerbsfähigkeit belastet – auf nationaler Ebene sind alle Unternehmen von Umweltauflagen gleichermaßen betroffen. Dazu kommt, daß die gegenwärtige Umweltbedrohung das direkte Ergebnis unseres Wirtschafts- und Lebensstils ist. Eine entschlossene Umweltpolitik erfordert letztlich die Veränderung dieses Wirtschafts- und Lebensstils.

Wie alle Regierungen der westlichen Industrieländer scheute auch die Bundesregierung diese weitreichenden Konsequenzen einer entschlossenen Umweltpolitik. Sie garnierte die gegenwärtige wirtschaftliche Entwicklung mit einigen Umweltauflagen, respektierte aber ansonsten den Vorrang der Wirtschaftsinteressen. In vier Politikbereichen wurde dies in den vergangenen Jahren besonders deutlich:

■ Mitte der 80er Jahre entwarf das damals für den Umweltschutz im wesentlichen zuständige Bundesinnenministerium ein sehr weitgehendes Programm zum Schutz des Bodens. Danach sahen die Pläne des Ministeriums ein Verbot der Verwendung von Kadmium in der industriellen Produktion und strenge Bedingungen für den Bau von Industrieanlagen vor. Sie sollten nur noch genehmigt werden, wenn der Bauherr in einem Gutachten die Schonung der umliegenden Böden nachwies.

■ Außer der Industrie legte sich das Programm auch mit vielen anderen Bevölkerungsgruppen an: Es kritisierte die Intensivlandwirtschaft und die Massentierhaltung und verlangte die Förderung des ökologischen Landbaus. Auch die Häuslebauer bekamen in diesem Entwurf ihr Fett ab. Das Ministerium wollte alle Steuervergünstigungen für Ein- und Zweifamilienhäuser streichen, um der Zersiedelung der Landschaft entgegenzuwirken.

Kaum war dieser Entwurf eines Bodenschutz-Programmes bekannt, liefen die betroffenen Interessengruppen und – mit ihnen – die betroffenen Ministerien (Wirtschafts-, Wohnungsbau- und Landwirtschaftministerium) bereits Sturm. Das Ergebnis dieses Sturmlaufs war ein völlig verändertes Bodenschutzprogramm, das praktisch keine wirkungsvollen Maßnahmen mehr enthielt und sich stattdessen auf die Überprüfung von Grenzwerten beschränkte. Wo die Regierung doch noch Schritte ankündigte, war das Programm mit „vielleichts" und „eventuells" durchsetzt. Wen wundert es da, daß der Bodenschutz bis heute kaum Fortschritte verzeichnen konnte?

■ Ähnlich kläglich war die Landwirtschaftspolitik. Dabei wird der Beitrag der Intensivlandwirtschaft zur allgemeinen Umweltzerstörung von Jahr zu Jahr deutlicher. Niemand bezweifelt mehr, daß die Phosphat-Überdüngung der Felder für den hohen Nitrat-Gehalt im Grundwasser und für tote Flüsse, Bäche und Seen verantwortlich ist. Riesige Mengen von giftigem Ammoniak aus Rinder- und Schweinejauchen der Massentierhaltung tragen zum Sauren Regen und damit zum Waldsterben bei. Trotz alledem startete die Bundesregierung nicht einmal den Versuch, die gesamte Landwirtschaft in großem Stil auf eine biologische, zumindest auf eine naturnahere Produktionsweise umzustellen. Die Furcht vor der Lobby der Großbauern war offensichtlich größer als die Furcht vor einer wachsenden Umweltzerstörung durch die Intensivlandwirtschaft.

■ Auch in der Verkehrspolitik kurierte die Bundesregierung lediglich an Symptomen. Sie bemühte sich über technische Kniffe wie den Katalysator, den Abgas-Ausstoß der Fahrzeuge zu verringern. Die grundlegend umweltzerstörerische Wirkung des Individualverkehrs, der – mit oder ohne Katalysator – zur Erwärmung der Erde beiträgt und über den Straßenbau riesige Naturflächen raubt, tastete die Regierung bis heute nicht an.

Sie schreckte sogar vor einem Tempolimit zurück, das die Stickoxide und die Produktion des klimaschädigenden Kohlendioxids auf einfache Weise verringern könnte. Typische Begründung: Ein solcher Schritt gefährde die Konkurrenzfähigkeit einer bundesdeutschen Schlüsselindustrie – und dies, obwohl es in allen Ländern, die die deutsche Automobilindustrie beliefert, Geschwindigkeitsbegrenzungen gibt.

Die eigentliche Alternative zum Individualverkehr, der öffentliche Verkehr mit Bus und Bahn, spielt in vielen Regionen eine stiefmütterliche Rolle – er ist teuer, unbequem und fährt zu selten, um eine wirkliche Alternative zum Individualverkehr bieten zu können. Auf die entscheidende Schwerpunkt-Verlagerung vom Individualverkehr zum öffentlichen Verkehr wartet man bis heute vergebens.

Ebenso vergeblich wartet man bis heute auf einen entschlossenen Beitrag der deutschen Umweltpolitik zum Schutz des Ozonlochs. Mit den Fluorchlorkohlenwasserstoffen (FCKWs) ist die wichtigste Ursache ihrer Bedrohung bekannt. Dennoch ließ sich die Regierung sehr lange auf das ewige „Umweltspiel" der Industrie ein. Wann immer man Schritte von der Wirtschaft verlangt, reagiert sie mit einem Drei-Stufen-Programm. Die erste Stufe heißt: „Wir nehmen das Problem zur Kenntnis, aber Alternativen sind heute technisch nicht machbar". Wird dieser Dauerbrenner widerlegt, folgt Stufe Zwei des Programms: „Alternativen sind machbar, gefährden aber die Konkurrenzfähigkeit des Industriestandorts Bundesrepublik". Ist auch dieses Argument gegen umweltorientierte Handlungen erschöpft, folgt endlich Stufe Drei: Die Wirtschaft führt die umstrittene Alternative wie selbstverständlich ein und nutzt das eigene „umweltpolitische Engagement" zu Werbezwecken. Obwohl die Dringlichkeit des Schutzes der Ozonschicht weithin bekannt ist, ließ sich die Regierung einmal mehr auf das Drei-Stufen-Programm der Industrie ein – mit der Folge, daß die Produktion von FCKWs mindestens noch bis Mitte der 90er Jahre fortgesetzt wird.

Insofern konzentrierte die Bundesregierung ihre Umweltpolitik auf Bereiche, in denen sie relativ leicht durchsetzbar war, weil grundlegende Veränderungen nicht notwendig waren. Völlig gescheitert ist der Versuch, Ökologie und Ökonomie wenigstens im Ansatz miteinander zu versöhnen, indem man der Wirtschaft einen ökologischen Rahmen verpaßt. Stattdessen blieb der Vorrang ökonomischer Interessen vor dem Umweltschutz gewahrt.

Neue Energiepolitik – Fehlanzeige

Zwei Ereignisse bzw. Entwicklungen verliehen der Energiepolitik wieder so viel Aktualität wie in den 70er Jahren die „Ölkrise". Da ist einmal der Kernkraftunfall in Tschernobyl, der den Menschen eindrücklich vor Augen führte, daß die Kernenergie keine beherrschbare Form der Energieproduktion ist – abgesehen davon, daß die ungesicherte Entsorgung auch dann ein hohes Risiko dieser Energiegewinnung darstellt, wenn Unfälle ausgeschlossen werden könnten. Entsprechend wuchs nach diesem Unfall die Ernüchterung über die Kernenergie auch im Lager ihrer Befürworter. Kaum mehr jemand hielt die Kernenergie für den Energieträger der Zukunft, allenfalls für eine „Übergangslösung". Noch aktueller wurde die Energiepolitik durch die wachsende Diskussion über eine drohende Klimakatastrophe. Maßgeblich hervorgerufen durch die massive Verbrennung der fossilen Energieträger Kohle, Öl, Gas und Holz, drängte sie die energiepolitische Diskussion in zwei Richtungen. Zum einen spürten plötzlich die Anhänger der Kernenergie wieder Aufwind, da hier Energie nicht durch Verbrennung gewonnen wird. Gegen den Teufel in Gestalt der Klimakatastrophe scheint der Beelzebub in Gestalt der Kernenergie noch erträglich.

Zum anderen konzentriert sich die öffentliche Diskussion auf die wirklich wichtigste Energiequelle, die Industrieländern mit ihrem hohen technologischen Standard zur Verfügung steht: das Energiesparen. Doch wie in weiten Bereichen der Umweltpolitik hielten sich die verantwortlichen Politiker auch in der Frage des Energiesparens an ihr unausgesprochenes Motto: „Handeln ist Silber, Reden ist Gold". Eine Bilanz der Energiepolitik liest sich wie eine Bilanz der verpaßten Chancen:

■ Trotz jahrelanger energiepolitischer Diskussion wartet man auf ein breit und grundlegend angelegtes Energiesparprogramm bisher vergeblich. Mal förderte man hier Investitionen, veröffentlichte dort eine Broschüre über Energiesparmöglichkeiten. Ein Gesamtkonzept blieb Fehlanzeige. Wenn der Energieverbrauch von Wirtschaft und Privathaushalten dennoch seit Jahren in etwa konstant blieb, obwohl die Wirtschaft immer mehr produziert, so liegt dies lediglich an dem „natürlichen" Strukturwandel: von der Industrie- zur Dienstleistungsgesellschaft einerseits, von stromintensiven zu stromsparenden Technologien andererseits. Allein der Erfolg eines jahrelang konstanten Energieverbrauchs zeigt, was ein wirklich breit angelegtes Energiesparprogramm bewirken könnte.

■ Im Forschungshaushalt fließen zwar inzwischen mehr finanzielle Mittel in die Förderung „alternativer", d.h. erneuerbarer Energiequellen wie zum Beispiel Wind- oder Sonnenenergie. Dennoch wandern immer noch zehnmal so hohe Summen des Forschungshaushaltes in die Sparte Wehrtechnik wie in die Sparte „alternative Energiegewinnung".

■ Es gibt inzwischen genügend ausgereifte Techniken, um die vorhandene Energie effektiver zu nutzen. Ein Grundproblem großer Kraftwerke weit ab von den Stromkonsumenten ist der hohe Verlust beim Transport des Stroms. Im besten Fall beläuft er sich auf 60 bis 65 Prozent. Die – mittlerweile bereits erprobte – Alternative dazu wäre die Kraft-Wärme-Kopplung mithilfe kleiner Blockheizkraftwerke. In Wohn- oder Industrievierteln errichtet, könnten sie Strom produzieren und die umliegenden Gebäude mit der bei der Stromproduktion entstehenden Abwärme heizen. Durch diese Doppelnutzung würde sich der Verlust auf rund 30 Prozent beschränken. Als Folge müßte man nur noch halb so viel Kohle, Gas oder Öl verbrennen, um den gegenwärtigen Energiebedarf zu decken.

Ein flächendeckendes Netz solcher Blockheizkraftwerke würde sicher riesige Investitionssummen erfordern. Allerdings wäre dies ein Investitionsprogramm, das mehrere Fliegen mit einer Klappe schlagen könnte: Es könnte langfristig die Energieprobleme lösen helfen, einen Beitrag zur Bewältigung der Klimakatastrophe leisten und Arbeitsplätze schaffen.

Doch statt diese Chancen zu nutzen, beschränkte sich die Energiepolitik auf engagierte Sonntagsreden. Werktags freuen sich alle – Politiker, Industrielle, Verbraucher – wenn irgendwo die Strom- oder die Benzinpreise sinken. Schließlich steigert dies den Verbrauch – und was ist in einem Wirtschaftssystem, das nichts so sehr liebt wie Wachstum, eigentlich bedeutender?

Umweltpolitik darf das Wirtschaftswachstum nicht stören

Insofern reiht sich die Umweltpolitik der Bundesregierung unauffällig ein in die Reihe traditioneller Rezepte aus der Schatzkammer der 50er Jahre, mit denen man auch die gegenwärtigen und zukünftigen Probleme zu bewältigen hofft. Das grundlegende Ziel ist die Entfaltung der privaten Wachstumskräfte. Was diese Entfaltung fördert, ist genehm, was nicht, wird abgelehnt. Genau diese einfachen Grenzen gelten auch für die Umweltpolitik. Wo neue Techniken Probleme lösen können, ohne daß sie die Entfaltung der Marktkräfte behindern, unterstützt die Regierung ihre Anwendung – und dies zumeist noch mit wirtschaftlichen Hintergedanken: Die Produktion dieser Techniken könnte einen neuen Wachstumsschub auslösen. Nicht wenige Wirtschaftsexperten erhoffen sich von den Umweltproblemen die Wachstumsmärkte der Zukunft – „das grüne Wirtschaftswunder der 80er Jahre steht vor der Tür".

Dabei ignorieren sie den entscheidenden Zusammenhang zwischen Wirtschaftswachstum, Mehrkonsum und Umweltzerstörung. Dieser Zusammenhang weist den technischen Umweltschutz in die Schranken. Zum Beispiel im Autoverkehr: Sicherlich verbrauchen die Automobile heute nur noch die Hälfte des Kraftstoffs pro 100 Kilometer wie in den 60er oder Anfang der 70er Jahre. Gleichzeitig nimmt der Gesamtverbrauch an Kraftstoff in der Bundesrepublik jedes Jahr zu, weil mehr Leute häufiger und längere Strecken mit ihrem Auto fahren.

Deshalb läuft diese Umweltpolitik den Umweltproblemen hinterher wie der Hase dem Igel, ohne sie je einzuholen. Kleinen Erfolgen wie sauberen Seen im Schwarzwald folgt dann der Zusammenbruch der Nordsee. Man spart Öl und Gas durch bessere Heiztechniken – dennoch werden die Öl- und Gasreserven in einigen Jahrzehnten erschöpft sein, und Alternativen sind heute weniger denn je in Sicht. Dies gilt so lange, wie die Umweltpolitik den Sachzwängen einer Wachstumswirtschaft bedingungslos untergeordnet wird.

„Der Traum vom guten Leben"

Interview mit dem Physiker Klaus Traube
über die drohende Klimakatastrophe

(Die Fragen stellten Wigbert Tocha, Redakteur von Publik-Forum und Wolfgang Kessler)

Frage: Was löst der Begriff „Klimakatastrophe" bei Ihnen aus?

Antwort: Die Vorstellung löst bei mir Zorn aus, weil die Klimakatastrophe als Argument für die Atomenergie benutzt wird, aber nichts getan wird, um die überfällige Energiewende in die Wege zu leiten – obwohl die Problematik des Treibhauseffektes seit langem bekannt ist.

Frage: Professor Wolf Häfele, der geistige Vater des Schnellen Brüters in Kalkar, sieht nur dann eine Chance, die Klimakatastrophe zu verhindern, wenn die Zahl der Atomkraftwerke in Westeuropa um das Fünffache, weltweit sogar um das Siebenfache gesteigert wird. Was halten Sie davon?

Antwort: Das hieße, den Teufel mit dem Belzebub austreiben. Es wäre auch ökonomisch unsinnig, weil mit diesem zusätzlichen Atomstrom hauptsächlich Wärme (für Heizung und Produktionsprozesse) erzeugt werden müßte. Dafür ist Strom – ob nun aus Kohle oder Atomenergie erzeugt – aber außerordentlich kostspielig im Verhältnis zu den fossilen Energieträgern Öl, Kohle, Erdgas, die normalerweise zur Wärmeerzeugung dienen. Will man deren Verbrauch senken, so ist es weitaus effektiver, Kapital in Energiespartechnologien statt in Kernkraftwärme zu investieren – das ist billiger, schneller realisierbar und gefahrlos. Auch die Klima-Enquete-Kommission des Bundestages hat darauf hingewiesen, daß mittelfristig eine erhebliche Senkung des fossilen Energieverbrauchs nur durch rationellere Nutzung von Energie zu erreichen ist. Aber die staatliche Energiepolitik ist nicht auf dieses Ziel, sondern auf die Ausweitung des Energieangebots ausgerichtet.

Frage: Was halten Sie von den regenerativen Energiequellen? Manche halten solar erzeugten Wasserstoff für das Wundermittel der Zukunft.

Antwort: Langfristig gesehen sind erneuerbare Energiequellen wichtig. Es muß aber noch sehr viel mehr getan werden, sie weiterzuentwickeln und billiger zu machen. Die Wasserstoff-Träume beruhen darauf, im Sonnengürtel der Erde Strom solar zu erzeugen und damit Wasser in Wasserstoff umzuwandeln und in die Industrieländer zu exportieren. Das klingt zwar technisch einleuchtend, dürfte aber ökonomisch genauso ineffektiv sein wie die Pläne mit der Atomenergie. Die Vorstellung, daß das Energieproblem mit einer universellen Energiequelle zu lösen sei, ist schlicht unrealistisch. Die Vielfalt der Möglichkeiten im Bereich der regenerativen Energiequellen sollte intelligent und nutzerorientiert angewandt werden: die Nutzung von Wind- und Wasserkraft, von Solarstrom und Solarwärme, von Biomasse in den verschiedensten Formen ist sinnvoll, wenn sie auf die verschiedenen Zwecke, für die man Energie benötigt, zugeschnitten wird.

Frage: Zurück zum Energiesparen. Was heißt das konkret?

Antwort: Es geht dabei im wesentlichen um den Einsatz bekannter Technologien. Das umfaßt auf der Umwandlungsseite, auf der die Energiewirtschaft Energie einsetzt, um sie in anderer Form weiterzuleiten, die Kraft-Wärme-Kopplung, also Strom nicht mehr so zu erzeugen, daß zwei Drittel der im Kraftwerk eingesetzten Primärenergie in Abwärme verwandelt wird, die die Atmosphäre belastet, sondern diese Wärme muß zur Heizungs- und Warmwasserversorgung benutzt werden. Noch wichtiger ist aber der Sektor des gewerblichen und des privaten Energieverbrauchs, also die Nutzerseite. In Gebäuden geht es um Wärmedämmungen und rationellere Heizungstechnik. Elektrogeräte müssen sparsamer werden – auf dem Markt sind derzeit Geräte mit ganz unterschiedlichem Stromverbrauch. Aufklärung der Konsumenten, Auszeichnungspflicht und Anreize für die Herstellerindustrie könnten zu einem wesentlich geringeren Stromverbrauch führen. Der Gerätepark wird ja ohnehin in einem Rhythmus von zehn Jahren grundlegend erneuert. Automobile würden weit weniger Kraftstoff verbrauchen, wenn sie mit leistungsschwächeren Motoren ausgerüstet werden. Der Individualverkehr muß zurückgedrängt werden zugunsten des Bahn- und Busverkehrs, der weit weniger Energie benötigt. Schließlich geht es um den Energieverbrauch in den Produktionsanlagen, die ohnehin beständig erneuert werden. Das schafft enorme Möglichkeiten, Energie zu sparen.

Frage: Läßt sich Ihr Konzept politisch umsetzen?

Antwort: Die Debatte um die Instrumentarien der Energiepolitik ist wirklich schon fünfzehn Jahre alt. Bei den leitungsgebundenen Energieträgern Elektrizität und Gas, aber auch in anderen Energiesektoren gibt es keinen freien, sondern einen staatlich gesteuerten Markt: Über Gesetze, über Energieaufsicht der Ministerien, über Besteuerung, über Tarife. Dabei hat die Lobby der Energiewirtschaft bewirkt, daß die staatlichen Instrumente eher auf mehr Energieverbrauch als auf Energiesparen abzielen. Beispielsweise hat die Bundestarifordnung für Elektrizität zur Folge, daß die Kilowattstunde umso billiger wird, je mehr man konsumiert.

Das gesamte Steuersystem müßte ökologisch umgestaltet werden. Der Verbrauch von Energie muß hoch besteuert werden. Solche Ökosteuern sollen keine zusätzliche Belastung sein, sondern ausgeglichen werden, etwa bei der Besteuerung von Arbeit oder bei der Mehrwertsteuer für Produkte, die nicht umweltschädlich sind.

Frage: Heißt Energiesparen für den Einzelnen letztlich Konsumverzicht?

Antwort: Energieverbrauch findet ja nicht nur auf der individuellen Ebene, in den Haushalten, statt, sondern in starkem Maße auf der gewerblichen Ebene. Es geht zunächst um den bewußteren Umgang mit Energie, also etwa um die Art, wie man seine Heizung benutzt. Zweitens muß der Verbraucher, wenn er seinen Kühlschrank oder seine Waschmaschine auswechselt, bewußte Kaufentscheidungen treffen. Es muß ihm also nicht nur um den Preis und um die Ausstattung gehen, sondern vor allem auch um den Energieverbrauch des Geräts. Solche Geräte, die einen großen praktischen Nutzen haben und bei denen der Energieverbrauch auf das technisch Mögliche minimiert ist, sind durchaus verallgemeinerbar, auch für die Menschen in der Dritten Welt. Es gibt aber Geräte, die einen vergleichsweise geringeren praktischen Nutzen und einen hohen Energieverbrauch haben, zum Beispiel Geschirrspülmaschinen und Wäschetrockner. Von solchen Geräten muß man Abschied nehmen. Nicht verallgemeinerbar ist auch der enorme Automobilverkehr in den Industrieländern. Das kann kein Modell für die Dritte Welt sein. Die Industrieländer müssen vormachen, daß es auch anders geht.

Frage: Was halten Sie eigentlich von Carl-Friedrich von Weizsäckers Forderung nach einer „asketischen Weltkultur"?

Antwort: Ich würde ihm widersprechen, weil die Vorstellung von Verzicht, die da mitschwingt, sich auflöst, wenn man umgekehrt fragt: Auf was muß ich verzichten, wenn ich diesen unsinnigen Energierverbrauch weiterbetreibe? Die Qualität der Umwelt, die mit der enormen Energieverschwendung zerstört wird, ist ja sehr wichtig für das genußreiche, gute Leben.

2.6. Die Dritte Welt als Abschreibungsobjekt

„Abschreibung" bezeichnet in der Betriebswirtschaft eine Berechnungsgrundlage für die Abnutzung von Anlagevermögen. Nach dieser Definition ist die sogenannte Dritte Welt das derzeit bedeutendste Abschreibungsobjekt der Welt. Zwar weisen die politisch Verantwortlichen hierzulande in Sonntagsreden immer wieder auf die globale Verantwortung der reichen Industrieländer für die gesamte Weltwirtschaft hin. In der praktischen Politik spielt der Gedanke einer moralischen Verpflichtung gegenüber den Entwicklungsländern oder gar die vielbeschworene Solidarität jedoch keine Rolle.

Entwicklungspolitik ist im besten Fall eine Politik der wirtschaftlichen Zusammenarbeit mit der Dritten Welt, wobei die Zusammenarbeit sehr einseitig ist. Die Industrieländer nutzen die Dritte Welt für ihre Wachstumspolitik; der Nutzen liegt denn auch nur bei ihnen. Die (neo)kolonialistische Ausbeutung geht mittlerweile weit über „bloße" politische Abhängigkeiten hinaus. Längst hat der Kolonialismus wirtschaftliche und ökologische Dimensionen erreicht, von denen nicht einmal die Kolonisatoren zu träumen wagten. Die Wachstumswirtschaft der Industrieländer und die ihren Sachzwängen folgenden wirtschaftspolitischen Rezepte machen sich die Dritte Welt gleich dreifach zunutze: als Rohstofflieferant, als Absatzmarkt für überflüssige Waren und als Abladeplatz für die gefährlichen „Restrisiken" ihrer rastlosen Produktion.

Entwicklungshilfe fließt von Süden nach Norden

Den Begriff „Entwicklungshilfe" verbindet das öffentliche Bewußtsein mit Schenken. Im Falle der Entwicklungsländer geht es um Geschenke zur Linderung der wirtschaftlichen und sozialen Not. Um diese Form der Entwicklungshilfe bemühen sich in der Bundesrepublik caritative Hilfsorganisationen. Auf Regierungsebene gibt es diesen Begriff von „Entwicklungshilfe" nicht. Deshalb existiert nicht einmal ein Entwicklungshilfeministerium, sondern nur ein Bundesministerium für wirtschaftliche Zusammenarbeit.

Die praktische Politik dieses Ministeriums macht diesen feinen Unterschied schnell deutlich, obwohl seine Arbeit auf den ersten Blick caritativ wirkt. Immerhin fließen in der Bundesrepublik von 100 DM an Steuereinnahmen 0,43 Prozent, also 43 Pfennige, in die sogenannte Entwicklungshilfe: 27,8 Pfennige als nicht rückzahlbare Zuschüsse, 15,2 Pfennige als rückzahlbare Entwicklungskredite, die allerdings zu sehr günstigen Bedingungen vergeben werden.

Auf den zweiten Blick stellt sich schnell heraus, daß auch die eigentlich nicht-rückzahlbaren Zuschüsse nicht verloren sind. Das Bundesministerium für wirtschaftliche Zusammenarbeit räumt selbst ein, daß diese Zuschüsse in erster Linie der deutschen Wirtschaft zugute kommen: „Auch in den vergangenen Jahren floß der überwiegende Teil der Entwicklungshilfe in Form von Aufträgen an die deutsche Wirtschaft zurück. Der deutsche Lieferanteil betrug im Jahre 1986 bei der finanziellen Zusammenarbeit 86 Prozent und bei der technischen Zusammenarbeit 94 Prozent mit einem Lieferwert von insgesamt 2,1 Mrd. DM. Hinzu kommen Lieferaufträge an deutsche Firmen aus der Entwicklungshilfe der multilateralen Entwicklungsorganisationen, welche die deutschen Beiträge an diese Institutionen teilweise erheblich übersteigen."[12]. Das Geheimnis dieser interessanten Form der Industrieförderung über den Umweg sogenannter Entwicklungshilfe liegt in der „Lieferbindung" eines beträchtlichen Teils der Entwicklungshilfeleistungen: Sie werden nur gewährt, wenn von dem geförderten Projekt in einem Entwicklungsland, zum Beispiel einem Krankenkaus, später Aufträge an die deutsche Industrie fließen, zum Beispiel durch die Bestellung medizinischer Geräte.

Noch mehr über die wirkliche Qualität der staatlichen Entwicklungshilfe sagt ein genauer Blick auf die Entwicklungskredite. Hier zeigt sich, daß Jahr für Jahr ein immer höherer Teil der Kredithilfe durch Rückzahlungen der Kredite vergangener Jahre ausgeglichen wird. Die Folge: Netto fließt nur noch ein geringer Überschuß in die Dritte Welt. Bereits 1985 zahlten zwei Dutzend Entwicklungsländer mehr Geld in die Bundeskasse zurück, als sie an neuen Krediten erhielten. Die Haushaltsexperten des Bundestages gehen davon aus, daß die Rückflüsse spätestens Ende der 80er, Anfang der 90er Jahre höher sein werden als die Summe der neu ausgezahlten Kredite. In letzter Konsequenz bedeutet dies nichts anderes, als daß die Entwicklungsländer den Bundeshaushalt speisen. Ein Teil der Entwicklungshilfe fließt mittlerweile von Süden nach Norden – und dies entweder direkt durch die Rückzahlung früherer Entwicklungskredite oder über Aufträge an die bundesdeutsche Exportindustrie. Diese Art der Entwicklungshilfe kann man mit Recht in „Exporthilfe" umtaufen.

Überschüsse hier – Hunger dort

Die ständige Hungersnot in großen Teilen der Dritten Welt beurteilen nahezu alle Experten gleich: Sie ist ein moralischer Skandal. Der größte Teil der Experten hat für diese Hungersnot auch gleich eine passende Erklärung parat: Die Nahrungsmittelproduktion der Erde reiche eben nicht für immer mehr Menschen aus. Diese kurzatmige Erklärung für den Hunger auf der Erde ist ein fast ebenso großer Skandal wie der Hunger selbst. Denn die Menschheit produziert riesige Mengen an Nahrungsmitteln und ist unter den gegenwärtigen wirtschaftlichen und politischen Bedingungen nicht einmal in der Lage, diese Nahrungsmittel zu konsumieren. Zum Beispiel: 1985 ernteten die Bauern der Erde rund 1880 Millionen Tonnen Getreide. Diese Erntemenge würde ausreichen, jedem Erdenbürger täglich mehr als ein Kilogramm Getreide zukommen zu lassen. Doch genau dies geschieht nicht. Stattdessen häuft ein kleiner Teil der Erdenbürger riesige Mengen Überschüsse an, während der größere Teil Hunger leidet.

Zu dem privilegierten Teil der Erdenbürger, die Überschüsse anhäufen, gehören auch die Bundesbürger genauso wie die Bewohner anderer westlicher Industriestaaten. Doch damit nicht genug. Die Mitgliedsländer der Europäischen Gemeinschaft tragen auch eine erhebliche Mitverantwortung für die weltweit ungleiche Verteilung der Nahrungsmittel. Innerhalb ihrer eigenen Grenzen hat die EG das Nahrungsmittelproblem gelöst. Mithilfe von Agrarmarktordnungen sorgt sie seit Anfang der 60er Jahre für eine massive Überproduktion von Nahrungsmitteln. Von aktuellen Ausnahmeregelungen abgesehen, garantiert sie allen Landwirten die Abnahme aller Produkte zu bestimmten Mindestpreisen. Dieses Angebot trieb die Landwirte zu ständigen Produktionssteigerungen – die Landwirtschaft wurde industrialisiert, mit den bekannten Folgen für die Viehzucht und die Ökologie.

Würde sich diese Überschußproduktion mit all ihren Folgen auf die EG beschränken, dann wäre die ganze Sache zumindest aus der Sicht der Dritten

Welt kein Problem. Doch die Landwirtschaftspolitik der EG trägt massiv zur Zerrüttung der Weltnahrungsmittelversorgung bei. Dies betrifft zunächst die Einfuhrseite. Die EG ist nämlich der weltgrößte Importeur von landwirtschaftlichen Waren. Fast 60 Prozent dieser Einfuhren stammen aus den Entwicklungsländern. Außer Rohstoffen wie Kaffee oder Tee importiert die EG vor allem eiweißreiche Futtermittel wie Ölsaaten oder Getreideersatzgüter wie Tapioka aus der Dritten Welt, die in den Entwicklungsländern selbst bedeutende Nahrungsmittel sind. In der EG dienen diese Nahrungsmittel als Futtermittel, um Edelprodukte wie Milch, Butter oder Fleisch im Überfluß zu produzieren.

Die Exportseite der EG-Landwirtschaftspolitik macht dann das Maß voll. 1986 überschwemmte die EG den Weltmarkt mit 27 Millionen Tonnen Getreide, eineinhalb Millionen Tonnen Fleisch und mehr als zwei Millionen Tonnen Milchprodukten. Für die Hungernden der Welt ist der Nahrungsmittelexport der EG ein ganz schwacher Trost, denn sie können sich die teuren Edelprodukte aus der EG-Überschußproduktion ohnehin nicht kaufen. Sie hätten sich allenfalls die Futtermittel leisten können, mit deren Hilfe die EG-Produkte hergestellt worden sind. Noch verheerender sind die Auswirkungen dieser Nahrungsmittelexporte der EG, wenn man bedenkt, daß sie diese Produkte weit unter den Weltmarktpreis subventioniert, indem sie den exportierenden Landwirten hohe Exporterstattungen bezahlt. Mit diesen „Dumpingpreisen" der EG können die Nahrungsmittelproduzenten der Dritten Welt nicht mithalten. Zum Beispiel bot die EG das Kilo Rindfleisch 1986 in Südamerika zum Schleuderpreis von 2 DM an, während die einheimischen Rindfleischproduzenten einen Kilopreis von rund 2,60 DM erzielen müssen, um kostendeckend zu arbeiten. Die Folge: Mit ihrer Dumpingpreis-Politik konkurriert die EG viele Nahrungsmittelproduzenten der Dritten Welt von den Märkten und verhindert damit genau das, was die weltweite Hungersnot allein lindern könnte: eine effiziente Nahrungsmittelproduktion in den Entwicklungsländern selbst.

Es ist typisch für die gegenwärtige politische Diskussion in der Bundesrepublik, daß diese entwicklungspolitische Dimension der Landwirtschaftspolitik der EG kaum je erwähnt wird. Stattdessen empört man sich „nur" über die hohen Kosten, die die Überschußproduktion verschlingt. Die entwicklungspolitisch äußerst schädliche Wirkung wird hingenommen, ja häufig sogar akzeptiert, weil sich unter wirtschaftlichen Konkurrenzbedingungen eben der Stärkere durchsetzt – und genau solche Bedingungen herrschen auf dem Weltmarkt. Unter diesen Bedingungen trägt Außenwirtschaftspolitik immer häufiger merkantilistische Züge. Sie soll einzig und allein das Wohl des eigenen Landes mehren – auch auf Kosten anderer Länder. Und wer empört sich unter solchen Bedingungen schon über die „bloße Normalität".

Die Schuldenkrise soll die Dritte Welt disziplinieren

Die Industrieländer nutzen die Volkswirtschaften der Dritten Welt nicht „nur" für ihre wirtschaftlichen Interessen aus, sondern versuchen auch, sie in das von ihnen beherrschte System der Weltwirtschaft zu pressen. Die Schuldenkrise dient als wichtiges Vehikel für diesen Versuch. Die hohen Auslandsschulden, an denen viele Regierungen der Entwicklungsländer allerdings nicht schuldlos sind, verstärken die Abhängigkeit der Schuldnerländer von den Gläubigerländern. Sie müssen immer mehr Waren exportieren, um ihren Schuldendienst zu leisten und benötigen immer wieder neue Kredite („fresh money"), um ihren Verpflichtungen nachzukommen.

Dadurch wurden sie von den zwei wichtigsten Gläubiger-Institutionen der Welt abhängig: dem Internationalen Währungsfonds (IWF) und der Weltbank in Washington D.C. Beide Institutionen wurden auf der berühmten Weltwährungskonferenz 1944 im amerikanischen Bretton Woods gegründet – als institutionelle Grundlage für ein Weltwährungssystem, das nach Beendigung des Zweiten Weltkrieges weltweite Stabilität garantieren sollte. Dieses Weltwährungssystem ist 1971 zerbrochen. Lediglich die beiden genannten Institutionen blieben erhalten – mit unterschiedlichen Funktionen: Der IWF gewährt den Mitgliedsländern Kredite, die Außenhandelsdefizite aufweisen, also mehr importieren als sie exportieren. Die Weltbank vergibt zielgerichtet Kredite an Entwicklungsländer, um bestimmte Großprojekte zu finanzieren. Beide Institutionen sind bei den Entwicklungsländern in hohem Maße umstritten – aus zwei Gründen:
■ In beiden Institutionen herrscht das Herrschaftsprinzip bundesdeutscher Kapitalgesellschaften: Mitgliedsländer, die mehr einzahlen, verfügen über mehr Stimmen. Da alle 152 Mitgliedsländer entsprechend ihrer Wirtschaftskraft Beiträge leisten, liegt die Stimmenmehrheit bei den rund 20 Industrieländern.
■ Beide Institutionen, vor allem aber der insgesamt viel bedeutendere IWF, binden ihre Kredite ab einer bestimmten Höhe an wirtschaftspolitische Bedingungen. Entsprechend der Entscheidungsstruktur im IWF verbergen sich hinter den wirtschaftspolitischen Bedingungen die wirtschaftlichen Interessen der reichen Industrieländer.

Über diese Kreditbedingungen des Internationalen Währungsfonds nutzten die Industrieländer in den vergangenen Jahren ihren Einfluß, die Volkswirtschaften der Schuldnerländer nach ihrem Muster zu gestalten. Für die Schuldnerländer kommt ein Kreditantrag beim IWF einem Gang nach Canossa gleich. Sie erhalten dann Besuch von den Experten des Fonds, die die Ursache der hohen Auslandsschulden dann meist nach dem gleichen Muster analysieren: Die Schuldenkrise sei hausgemacht und Ergebnis einer zu hohen Inflation und zu hoher öffentlicher Ausgaben des entsprechenden Landes. Aus dieser Analyse leiten die Experten des IWF dann flugs die Kreditbedingungen ab, die fast ausschließlich ein Ziel verfolgen: das entsprechende Land muß so viel wie möglich exportieren und so wenig wie möglich importieren. Ganz nach diesem Muster drängt der IWF die Regierung des Schuldnerlandes zu folgenden Bedingungen: Verringerung der Staatsausgaben; Erhöhung der Zinsen; Abwertung der Währung; Aufhebung aller Ein- und Ausfuhrbeschränkungen sowie zumeist die Verpflichtung zu einer gemäßigten Lohnpolitik.

Diese Bedingungen kommen einem drastischen Sparprogramm gleich, das in erster Linie den ärmeren Teil der Bevölkerung trifft, aber auf dieser Grundlage die Wirtschaft des Landes sanieren soll. Denn, so der IWF, die Konkurrenzfähigkeit eines Landes wächst mit geringeren Exportpreisen für seine Produkte, wenn die Löhne niedrig sind und die Währung abgewertet wurde. Dagegen werden die Importe durch die Abwertung verteuert.

Seit dem Ausbruch der Schuldenkrise hat der Internationale Währungsfonds diese Programme in unzähligen Schuldnerländern praktiziert – fast immer mit dem gleichen „Erfolg": Die Bevölkerungen demonstrierten heftig gegen den drastischen Abbau der Staatsausgaben, denn dabei wurden Nahrungsmittelsubventionen ebenso abgebaut wie Subventionen für den öffentlichen Verkehr. Als Folge stiegen die Preise, sank der Lebensstandard.

Dennoch konnte der IWF allzu oft auf statistische Erfolge seiner Wirtschaftspolitik in den Schuldnerländern verweisen. Ihre Wachstumsraten stiegen ebenso wie ihre Exporte, die Importe gingen zurück. Damit folgte der IWF international nur jener wirtschaftspolitischen Logik, die viele Industrieländer praktizieren – mit den erheblichen sozialen Folgen, die oben bereits beschrieben wurden. Daß die sozialen Konsequenzen einer Wirtschaftspolitik, die nur auf die Marktkräfte setzt und die staatlichen Rahmenbedingungen einschränkt, in den Entwicklungsländern noch katastrophaler sind als in den Industrieländern, versteht sich angesichts der sozialen Not in der Dritten Welt von selbst.

Dennoch ließen sich die führenden Industrieländer, die den IWF und die Weltbank beherrschen, auch von massivster Kritik an diesen beiden Institutionen kaum beeindrucken. Der IWF hat seine Politik seither kaum geändert, er operiert allenfalls vorsichtiger. Die Weltbank, auch früher schon etwas kompromißbereiter gegenüber der Dritten Welt, hat ihre Politik leicht geändert, seit die ökologisch und sozial zerstörerischen Konsequenzen einiger von ihr finanzierter Großprojekte offensichtlich wurden. Dennoch verfolgen beide Institutionen noch immer das gleiche Ziel: nämlich das Wirtschaftswachstum der Entwicklungsländer um jeden Preis zu steigern. Genau das ist auch das Ziel der allermeisten Regierungen in den Industrieländern. In diese Logik wollen sie auch die Entwicklungsländer nahtlos einbinden.

Die Dritte Welt als Müllkippe der Industrieländer

Die Integration der Entwicklungsländer in die wirschaftliche Logik und in die Zielsetzung der Industrieländer ist in einem Bereich bereits gelungen. Die Dritte Welt wird zunehmend zur Müllkippe der reichen Länder – an Beispielen herrscht kein Mangel:

■ Um strenge Umweltschutzauflagen zu umgehen, haben einige Branchen und Unternehmen besonders umweltschädliche Produktionszweige in Länder der Dritten Welt verlagert. So produziert die Eternit AG gefährliche Asbestzementplatten inzwischen in Brasilien, wo die Diskussion über die Gefahren durch Asbest und über mögliche Ersatzstoffe noch sehr unterentwickelt ist. Auch die Giftgaskatastrophe in einer Pestizidfabrik des amerikanischen Chemiekonzerns Union Carbide in Bhopal (Indien) führte drastisch vor Augen, wie hoch das Risiko für die einheimische Bevölkerung ist, wenn Industriekonzerne in der Dritten Welt nur investieren, um die Kosten für Sicherheits- und Kontrollauflagen zu sparen.

■ Im Juni 1988 listete die Umweltschutzorganisation Greenpeace mehr als 100 Giftmülltransporte nach Afrika und Lateinamerika auf, die innerhalb der letzten zwei Jahre stattgefunden hatten. Gleichzeitig verwies die Organisation auf eine hohe Dunkelziffer.

Diese Giftmüllexporte spiegeln die gegenwärtigen weltwirtschaftlichen Entwicklungen haargenau wider. In den Industrieländern wehren sich die Bevölkerungen gegen die Einrichtung von Deponien und Verbrennungsanlagen und zwingen die Regierungen zu immer schärferen Auflagen. Die Dritte Welt leidet dagegen unter chronischem Devisenmangel und nutzt – mangels Alternative – den Giftmüll der reichen Länder als Einnahmequelle.

Als wäre diese Einnahmequelle noch nicht makaber genug, dienen sich manche Entwicklungsländer inzwischen als Hort für radioaktive Abfälle an: Die Marshallinseln bewerben sich darum, Atommülldeponie der USA zu werden. China bot 1986 in einem Abkommen der Schweiz an, radioaktiven Müll in der Wüste Gobi zu lagern.

Immer wieder wurde in den vergangenen Jahren nachgewiesen, daß Unternehmen der chemischen oder pharmazeutischen Industrie in der Dritten Welt Produkte (Pestizide und Medikamente) verkaufen, denen die Zulassung in der Bundesrepublik verweigert oder entzogen worden war. Diese Unternehmen mißbrauchen die ungenügenden Sicherheitsvorkehrungen in der Dritten Welt für ihre Absatzstrategien, ohne Rücksicht auf die Auswirkungen ihrer Produkte auf die Betroffenen.

Allein diese Beispiele für die Müllkippe Dritte Welt machen deutlich, daß die Entwicklungsländer für die Eliten der Industrieländer nur noch Abschreibungsobjekte sind, auf die man die Folgeschäden der eigenen Produktion abladen kann. Andere Perspektiven sind derzeit kaum in Sicht, denn die Regierungen der meisten Industrieländer lehnen bei allen Nord-Süd-Konferenzen die Vorschläge der Dritten Welt für eine Neue Weltwirtschaftsordnung mit schöner Regelmäßigkeit ab. Der Grund ist offensichtlich: Die Industrieländer profitieren von der alten Weltwirtschaftsordnung, die die Dritte Welt zu Rohstofflieferanten stempelt und ihr so hohe Auslandsschulden auferlegt, daß die Entwicklungsländer bedingungslos in die wirtschaftliche Logik der Industrieländer eingepaßt werden können. Die traditionelle Wachstumspolitik der Industrieländer hat der Dritten Welt zwar nichts gebracht, ja nicht einmal die Kluft zwischen Erster und Dritter Welt verringert. Gleichzeitig garantierte sie die Unterwerfung der Dritten Welt unter die Weltwirtschaftsordnung der Industrieländer, so daß sie ungestört auf Kosten der Entwicklungsländer wachsen konnten und noch immer können. Der makabre „Fortschritt" für die Länder der Dritten Welt besteht darin, daß sie mittlerweile noch Geld erhalten, wenn sie die Folgeschäden des Wachstums der Industrieländer übernehmen.

2.7 Schlußfolgerung
Der Kuchen muß um jeden Preis wachsen

Obwohl die sozialen und ökologischen Probleme immer drängender werden, suchen die politisch und wirtschaftlich Verantwortlichen ihr Heil noch immer in ihrem traditionellen wirtschaftspolitischen Konzept: Wirtschaftswachstum um jeden Preis. Dabei sind sie gar nicht erst an neuen Rezepten interessiert, sondern gießen einfach neuen Wein in alte Schläuche. Die Erhaltung und Verbesserung der internationalen Konkurrenzfähigkeit ist dabei der oberste Sachzwang, und dazu kennt die Wirtschaft nur ein Rezept: Kostensenkung um jeden Preis.

Nachdem die gewerkschaftliche Gegenmacht die Möglichkeiten zur direkten Senkung der Personalkosten verbaut, setzt die Wirtschaft auf eine neue Kostensenkungs-Strategie: auf die Ausdehnung der Betriebszeiten ihrer teuren Produktionsanlagen über mehrere Schichten, über Samstage oder sogar Sonntage. Dadurch sinken die Produktionsstückkosten enorm, doch der soziale Preis für diese Kostensenkungsstrategie ist hoch: Es entsteht eine rastlose Dauerbetriebs-Gesellschaft, in der die Arbeitnehmer über immer mehr individuelle Freizeit verfügen, aber dennoch immer häufiger aneinander vorbeileben, weil die Flexibilisierung der Arbeitszeiten sie zu unterschiedlichen Zeiten arbeiten läßt. Die Zunahme von Vereinzelung und sozialer Isolation bei gleichzeitiger Abnahme gemeinschaftlicher Aktivitäten ist eine bedrohliche Gefahr für die gesamte Gesellschaft.

Ähnlich bedrohlich ist das zweite neue, alte Rezept der Wirtschaft zur Vergrößerung des wirtschaftlichen Kuchens: die Ausdehnung der Absatzmärkte über einen gemeinsamen Europäischen Binnenmarkt. Er eröffnet tatsächlich vielen bundesdeutschen Wirtschaftszweigen neue Wachstumsperspektiven. Doch genau darin liegen die Probleme. Einmal können die Unternehmen diese Wachstumsperspektiven nur ausschöpfen, wenn sie den Konkurrenzdruck des europäischen Marktes an ihre Beschäftigten weitergeben, um ihre Produktivität zu steigern. Sie haben dann die Kosten der unternehmerischen Wachstumsstrategie zu tragen. Selbstredend kommt hinzu, daß die europäische Wachstumsperspektive auch die Folgekosten des Wirtschaftswachstums in ganz Europa verschärfen wird, die schon jetzt immer drückender werden: Umweltzerstörung, Streß, Mobilitätszwang, Verstädterung, rasch wachsender Individualverkehr.

Diese Wachstumsstrategie löst nur jene Probleme, die durch Wirtschaftswachstum gelöst werden können. Die meisten Probleme von Wohlstandsländern wie der Bundesrepublik sind jedoch Folgen hohen Wirtschaftswachstums der Vergangenheit. In diesem Widerspruch liegt der politische Sprengsatz der Zukunft. Denn die Bevölkerung spürt das Grunddilemma der politisch Verantwortlichen: Während die Probleme wachsen, scheint ihre Problemlösungskompetenz ständig abzunehmen. Dieses Dilemma ist eine entscheidende Ursache für das wachsende Mißtrauen, das beträchtliche Teile der Bevölkerung in der Bundesrepublik, aber auch in anderen Industrieländern, ihren Politikern entgegenbringen und das diese – völlig ungenau – mit „Staatsverdrossenheit" abqualifizieren. Zum Glück für die Politiker reagiert der größte Teil der Bevölkerung auf den wachsenden Widerspruch zwischen den Problemen und den angebotenen Lösungsrezepten eher apathisch. Viele Menschen – vor allem unter den Gewinnern der Entwicklung – bewältigen ihren „Makro-Frust" mit Mehrkonsum – nach dem Motto „nach mir die Sintflut". Andere – auf der Seite der Opfer – suchen vermehrt Zuflucht bei rechtsextremen Parolen und Parteien, die den einfachen Ausbruch aus der Wagenburg inmitten einer Fülle von Problemen versprechen oder zumindest Sündenböcke für die wachsenden Probleme nennen.

In dieser deprimierenden Realität übersieht man nur allzu oft, daß eine Minderheit kritischer Bürger längst den Aufbruch zu neuen wirtschaftlichen Ufern probt. In ihrer Stellung als Unternehmer, Arbeitnehmer oder Verbraucher sehen sie sich als Subjekt der Wirtschaft und handeln danach – auch um den Preis von Unbequemlichkeit, Unsicherheit oder materiellen Einbußen. So vielfältig die beteiligten Menschen und ihre Bemühungen auch immer sein mögen, so sind sie doch Hoffnungszeichen einer anderen wirtschaftlichen Entwicklung – einer Entwicklung, die den wirtschaftlichen Kuchen nicht in erster Linie vergrößert, sondern vor allem sein Rezept verbessern will.

„Wir müssen den Kuchen nicht nur vergrößern, sondern vor allem sein Rezept verbessern."

Interview mit Professor Peter Ulrich. Er bekleidet den einzigen Lehrstuhl für Wirtschaftsethik an einer wirtschaftswissenschaftlichen Fakultät im deutschsprachigen Raum, an der Hochschule St. Gallen in der Schweiz.

Frage: Was hat eigentlich Ethik mit Wirtschaft zu tun?

Ulrich: Viel mehr als wir in der Regel glauben. Rein historisch war die Ökonomie bis vor etwa 150 Jahren ein Teil der Moralphilosophie. Alle Begründer der Ökonomie, von Aristoteles bis zum berühmten Adam Smith, waren Moralphilosophen.

Erst seit den Anfängen der modernen Industriegesellschaft hat sich ein eigenständiges Wirtschaftssystem herausgebildet. Entsprechend ist dazu auch die Wissenschaft entstanden – eine Wissenschaft, die glaubte, unabhängig von allen moralischen Fragen, wertfrei argumentieren zu können. Mittlerweile holen uns die verdrängten ethischen Fragen wieder ein.

Frage: In welcher Hinsicht?

Ulrich: Unser Wirtschaftssystem, das sich nach seinen eigensinnigen Maßstäben – Bruttosozialprodukt, Effizienz, Konsum – sehr erfolgreich entwickelt hat, verselbständigt sich immer mehr. Viele Sachzwänge werden zu Dauerproblemen. Denken wir nur an die hartnäckige Arbeitslosigkeit, die sich trotz hoher Wachstumsraten hält. Das gleiche gilt für die ständig wachsende Kluft zwischen Industrie- und Entwicklungsländern. Zu alledem kommt noch das wichtigste Problem der Gegenwart, das Verhältnis von Ökonomie und Ökologie. Hier haben auch die Ökonomen langsam gemerkt, daß rein technische Lösungen der Umweltproblematik nicht mehr ausreichend gerecht werden. Um die ökologischen Probleme in den Griff zu bekommen, müssen wir sehr tief über die Zukunft unserer Industriegesellschaft nachdenken.

Frage: Die Wirtschaft geht zumeist davon aus, daß nur hohe Wachstumsraten die finanzielle Grundlage schaffen, um ethische Fragen wie die Umweltproblematik anzugehen?

Ulrich: Diese These ist weit verbreitet. Allerdings ist es doch paradox, daß wir Wirtschaftswachstum brauchen, um danach die schädlichen Nebenwirkungen dieses Wachstums zu beseitigen. Solange die unerwünschten Wirkungen des Wirtschaftswachstums auf unsere Lebensqualität schneller zunehmen als das Wachstum selbst, können wir das Problem auf diese Weise nicht lösen. Wir müssen nicht nur den Kuchen vergrößern, sondern vor allem sein Rezept verbessern.

Frage: Wer soll das neue Rezept für die Wirtschaft eigentlich zubereiten? Wer soll die Wirtschaft ethischer machen?

Ulrich: Die Frage nach der Instanz ethischer Entscheidungen ist in der Tat zentral. Eine moderne Ethik hat es diesbezüglich nicht mehr so einfach wie die traditionelle Moralphilosophie. Früher war es Gott oder irgendein Fürst. Später war es das Wirtschaftssystem selbst. Wir haben zuerst den Markt vergöttert, danach haben die Sozialisten den planenden und steuernden Staat vergöttert. Heute suchen wir zwar etwas komplexere Mischsysteme, aber wir glauben immer noch, irgendein System könnte dieses tiefe Problem lösen. Dem ist nicht so. In einer freiheitlich-demokratischen Gesellschaft gibt es nur eine „Instanz", die ein neues Rezept für die Wirtschaft entwerfen kann, und das sind die Menschen selbst.

KAPITEL 3:
DER AUFBRUCH ZU NEUEN UFERN
HAT SCHON BEGONNEN

3.1. Markt oder Staat – eine unzureichende Alternative

Wirtschaftspolitische Diskussionen drehen sich seit Jahrzehnten um den gleichen Gegensatz: Wollen wir „mehr Markt" oder „mehr Staat" in der Volkswirtschaft? Die Antwort entspricht fast immer dem Interesse, das der jeweilige Gesprächspartner repräsentiert. Vertreter der Wirtschaft fordern – zumindest am Debattiertisch – einen möglichst „freien", also von staatlichen Eingriffen weitgehend unbehelligten Markt. Dieser Standpunkt ist aus Unternehmersicht verständlich. Denn wirtschaftliches Engagement des Staates bedeutet für die Unternehmen in erster Linie höhere Kosten, sei es, weil die Regierung zur Finanzierung ihrer Sozialpolitik die Steuern oder Sozialabgaben erhöht oder weil sie die Arbeitnehmer oder die Umwelt durch strengere Vorschriften und Regelungen vor Gefahren durch die Produktion schützen will.

Die Wirtschaft sieht durch solche Kostensteigerungen ihre Wettbewerbsfähigkeit gefährdet und sucht deshalb das wirtschaftspolitische Heil in möglichst zurückhaltenden staatlichen Eingriffen in die Wirtschaft. Davon erhofft sie sich geringere Kosten und dafür höhere Gewinne für die einzelnen Unternehmen und – gesamtwirtschaftlich – eine höhere Effizienz sowie mehr wirtschaftliches Wachstum, was wiederum zu mehr Beschäftigung führt.

Die Anwälte vermehrter staatlicher Eingriffe in die Volkswirtschaft verweisen dagegen auf das „ethische" Defizit einer allzu freien Marktwirtschaft: Der Markt folgt keiner Ethik. Die Unternehmen produzieren, was sie verkaufen können und was Gewinne bringt, ohne auf die Folgen zu achten. Gibt es einen Markt für Waffen, dann werden sie hergestellt. Ähnliches gilt für Rauschgift oder für umweltbelastende Stoffe. Auch die Einkommensverteilung folgt der gleichen Logik: Wer eine Stelle in einem florierenden Unternehmen ergattert, kann auch auf ein hohes Einkommen hoffen, wer nicht, der muß mit weniger vorliebnehmen. Die reine Marktwirtschaft ist ökologisch und sozial blind, automatisch sorgt sie weder für eine umweltschonende Produktionsweise noch für soziale Gerechtigkeit.

Die Kritiker dieser „moralischen Neutralität" eines allzu freien Marktes fordern deshalb staatliche Rahmenbedingungen, die der sozialen und ökologischen Blindheit des Marktes entgegenwirken: Progressive Steuern zur gerechten Verteilung des Erwirtschafteten; Vorschriften zur humanen Gestaltung der Arbeitsbedingungen und zur Beteiligung der Arbeitnehmer an den wirtschaftlichen Entscheidungsprozessen sowie die Einhaltung von Mindestbedingungen zum Schutz der Umwelt. Genau in diesem Spannungsfeld zwischen möglichst „freiem Markt" und engen „staatlichen Rahmenbedingungen" bewegen sich wirtschaftspolitische Diskussionen.

Heilslehren mit Mängeln

Ein Blick auf die Wirklichkeit in den westlichen Industrieländern führt jedoch schnell vor Augen, daß beide wirtschaftspolitischen Heilslehren schwerwiegende Mängel aufweisen – allerdings kann man beide Lehren deswegen nicht gleichsetzen. Wer über die Wirtschaftspolitik überhaupt soziale und ökologische Ideale verwirklichen will, kann sich niemals auf den freien Markt verlassen. Er löst allenfalls Versorgungsprobleme – jedoch ohne soziale und ökologische Rücksichten. Entsprechend wenig umweltorientiertes Wirtschaftshandeln und noch weniger soziale Gerechtigkeit herrscht deshalb in Ländern wie den USA oder Großbritannien, deren Regierungen über längere Zeit fast ausschließlich auf den freien Markt und auf das private Unternehmertum setzten. Die Volkswirtschaften verzeichneten hohe wirtschaftliche Wachstumsraten und ebenso hohe Produktivitätssteigerungen – bei gleichzeitiger Vernachlässigung sozialer und ökologischer Probleme.

Größere Erfolge in dieser Hinsicht zeigen sich in Ländern, deren Regierungen für engagierte staatliche Eingriffe in die Wirtschaft bekannt sind. Auf diese Weise konnte Schweden so tiefe Probleme wie Arbeitslosigkeit und Armut praktisch lösen, auch bei der Versöhnung von Ökonomie und Ökologie sind die Schweden weiter als die meisten anderen Regierungen. Die Beispiele zeigen, daß eine aktive staatliche Wirtschaftspolitik, die sich auch gegen privatwirtschaftliche Interessen durchsetzt, unbedingt notwendig ist, wenn über die Marktwirtschaft soziale, ökologische oder überhaupt moralische Ziele verfolgt werden sollen.

Gleichzeitig zeigt das Beispiel Schweden sowohl die Mängel wie auch die Grenzen einer wirtschaftspolitischen Strategie auf, die in erster Linie auf den Staat setzt. Der Preis, den die Bürger, ob Arbeitnehmer oder Unternehmer, dafür bezahlen müssen, ist eine wuchernde Bürokratie. Es entsteht ein Wohlfahrtsstaat, der die Problemlast der Bevölkerung lindert, indem er diese bürokratisch kleinarbeitet. Die dagegen geäußerte Kritik lautet: Dieser Wohlfahrtsstaat ist allgegenwärtig, macht auch vor der Privatsphäre nicht halt und behindert deshalb Einzelinitiativen. Wirtschaft und Gesellschaft eines solchen Wohlfahrtsstaates drohen zu erstarren. Die sozialen Probleme sind zwar entschärft, die ökologischen werden immerhin bearbeitet, doch die Bürger sind so unmündig wie zuvor.

Der Fortschritt sozialer Wohlfahrtsstaaten gegenüber dem liberalen Manchester-Kapitalismus besteht allerdings darin, daß sozialstaatliche Großstrukturen die gröbsten Fehlentwicklungen der freien Marktwirtschaft auffangen. Gleichzeitig unterliegen diese Großstrukturen jedoch weiterhin den Sachzwängen des Kapitalismus, ihre Funktion ist auf die nachträgliche Reparatur der Folgelasten beschränkt. Die Lösung sozialer und ökologischer Probleme erscheint als eine Art sozialstaatlicher Aufräumarbeit – und dies unter einer fast schizophrenen Voraussetzung: Das Ausmaß der staatlichen Aufräumarbeiten kann umso größer sein je höher die wirtschaftlichen Wachstumsraten sind. Dann steigen auch die Steuereinnahmen und damit die finanziellen Mittel, um Reparaturinvestitionen oder Sozialleistungen zu finanzieren. Genau hier liegen die Grenzen einer zwar stärker sozialstaatlich orientierten Wirtschaftspolitik: Sie kümmert sich um die Folgelasten der kapitalistischen Wirtschaft, ohne die Rahmenbedingungen der wirtschaftlichen Entwicklung so zu verändern, daß die Lösung sozialer und ökologischer Probleme bereits während des Wirtschaftsprozesses selbst erfolgt. Statt dessen regiert ein Teufelskreis: Die staatliche Reparaturpolitik ist überhaupt nur dann erfolgreich, wenn jener wirtschaftliche Prozeß erfolgreich ist, der genau jene sozialen und ökologischen Folgekosten erzeugt, die der Staat dann repariert. Ähnlich begrenzt sind auch alle Versuche, die Menschen stärker an den Entscheidungsprozessen der Wirtschaft zu beteiligen: Nach dem ungeschriebenen Gesetz des Wohlfahrtsstaates endet jede Art von Mitbestimmung dort, wo die Rechte der privaten Eigentümer von Produktionsmitteln wesentlich beschnitten werden.

Arbeitszeitverkürzungen – ein unzureichender Neuansatz

Seit sich die Arbeitslosigkeit als Dauerproblem in der Bundesrepublik „etabliert" hat, setzen die Gewerkschaften auf eine neue Strategie zur Lösung dieses dramatischen sozialen Problems: Sie fordern Arbeitszeitverkürzungen für die Beschäftigten, um die verbleibenden Arbeitsstunden den Arbeitslosen zur Verfügung zu stellen. Diese Forderung markiert durchaus einen neuen wirtschaftspolitischen Ansatz. Während die allermeisten Politiker das Problem der Arbeitslosigkeit in erster Linie durch höhere wirtschaftliche Wachstumsraten lösen wollen, erteilen die Gewerkschaften dieser Strategie eine Absage – und dies aus gutem Grund: Unter den gegenwärtigen technologischen Bedingungen benötigt die Wirtschaft immer weniger Menschen, um immer mehr Waren und Dienstleistungen in einer bestimmten Zeit herzustellen. Arbeitslosigkeit kann unter diesen Voraussetzungen nur vermieden werden, wenn die wirtschaftlichen Wachstumsraten dauerhaft höher sind als die Produktivitätszuwächse der Wirtschaft, wenn also die Kaufkraft und -wünsche der Menschen schneller wachsen als die Steigerungsraten der Produktivität. Dies ist derzeit kaum vorstellbar und – aus ökologischen Gründen – auch nicht wünschenswert. Aus diesem Grund setzen die Gewerkschaften auf eine gerechtere Verteilung der vorhandenen Arbeitsstunden auf alle Arbeitssuchenden. Zu diesem Zweck forderten sie die Senkung der Wochenarbeitszeit auf 35 Stunden – ohne Einkommenseinbußen. Nach harten Auseinandersetzungen seit 1984 hat sich die Strategie der Gewerkschaften inzwischen an dem Problem der Finanzierung ziemlich „totgelaufen": Die Arbeitnehmer weigerten sich, Arbeitszeitverkürzung bei Lohnverzicht zu akzeptieren und damit den Hauptteil der Finanzierung zu übernehmen. Das Gleiche gilt für die Arbeitgeber: Sie weigerten sich, die 35-Stunden Woche mit vollem Lohnausgleich zu finanzieren. Als Folge konnten die Gewerkschaften die Arbeitszeitverkürzungen nur in kleinen Schritten durchsetzen. Dieser Erfolg trug zwar dazu bei, die Zunahme der Arbeitslosigkeit zu dämpfen, allzu viele zusätzliche Arbeitsplätze wurden jedoch nicht geschaffen.

Immerhin ist die Forderung nach Arbeitszeitverkürzungen als Strategie gegen Arbeitslosigkeit das wohl einzige wirklich neue Element der Wirtschaftspolitik in den vergangenen Jahrzehnten. Es blieb bis heute der einzige Versuch einer Antwort auf die Frage, wie möglichst viele Menschen auch dann an der Erwerbsarbeit beteiligt werden können, wenn die Zahl der Arbeitsstunden aus technologischen Gründen abnimmt. Dennoch handelt es sich bei der Forderung nach Arbeitszeitverkürzungen eher um Notwehr als um einen Aufbruch zu neuen Ufern der Wirtschaftspolitik. Denn Arbeitszeitverkürzungen passen durchaus in den Ablauf unserer Marktwirtschaft, auch wenn sich die Unternehmer noch so sehr dagegen wehren. Im Gegenteil: Arbeitszeitverkürzungen beschleunigen den rastlosen Kapitalismus gleich zweifach:

■ Einmal verbessern sie die Wettbewerbslage hochtechnisierter, durchrationalisierter Großunternehmen gegenüber eher arbeitsintensiven Klein- und Mittelbetrieben.

■ Außerdem treiben sie die Produktivitätsspirale immer schneller voran, weil die Unternehmen versuchen, die zusätzlichen Kosten für den Faktor Arbeit durch eine Steigerung der Arbeitsproduktivität auszugleichen. Viele Arbeitnehmer müssen dann einfach in weniger Zeit mehr produzieren.

Insofern sind Arbeitszeitverkürzungen für viele gegenwärtige oder zukünftig mögliche Arbeitslose ein Vorteil. Gleichzeitig passen sie eigentlich sehr gut in das Konzept der Unternehmen, den Lauf der wirtschaftlichen Entwicklung immer noch weiter voranzutreiben. So wichtig Arbeitszeitverkürzungen als Strategie gegen die strukturelle Arbeitslosigkeit sind, so wenig ändern sie allerdings am Lauf der wirtschaftlichen Entwicklung. Sie sorgen lediglich dafür, daß mehr Menschen auf den fahrenden Zug aufspringen können – seine Richtung ändern sie nicht. Das ist für die betroffenen Menschen nicht wenig, aber insgesamt nicht genug.

Die Keimzellen einer neuen Wirtschaftspolitik

Die Art, wie sich die konventionellen wirtschaftspolitischen Ansätze in den vergangenen Jahrzehnten totgelaufen haben, löste bei vielen engagierten Gruppen Ernüchterung aus. Wer soll die Wirtschaft eigentlich noch verändern, wenn die großen Konzepte zunehmend versagen? Aus dieser Frage leitete die wachsende Protestbewegung Ende der 70er, Anfang der 80er Jahre eine ganz andere Schlußfolgerung ab als jene Ende der 60er Jahre: Eigenes Engagement ist gefordert, nicht das weitere Abwarten der parlamentarischen Abläufe. Im politischen Bereich mündete diese Erkenntnis in zahlreiche Basisbewegungen, um für Ziele wie Frieden, mehr Umweltschutz oder für die Gleichberechtigung der Geschlechter zu kämpfen.

Im wirtschaftlichen Bereich wirkte sich diese verstärkte Orientierung auf das praktische Basishandeln, auf die eigene Person als wirtschaftlichem Machtfaktor ebenfalls stark aus. Spätestens nach den großen Protestwellen gegen die Rüstungs- und Atompolitik sowie gegen die wachsende Umweltzerstörung durch den wirtschaftlichen Wachstumsprozeß, bildeten sich Keimzellen einer neuen Wirtschaftspolitik, probten zahlreiche Initiativen und Einzelpersonen den Aufbruch zu neuen wirtschaftlichen Ufern. Sie wollten sich mit der zerstörerischen „Arbeitsteilung" zwischen einem rastlos vorwärtstreibenden, immer unmenschlicheren Wirtschaftssystems und einer nachträglichen Reparatur der schlimmsten Folgen durch die Politik nicht länger abfinden. In ihren jeweiligen Rollen als Arbeitnehmer oder Unternehmer, als Verbraucher und Geldanleger versuchen sie seither – manche konsequenter, andere eher pragmatisch – auf der Mikroebene vor Ort jene wirtschaftspolitischen Ideale ein Stück weit zu verwirklichen, die auf der Makroebene, der Wirtschaftspolitik der Regierungen, in immer weitere Ferne rückten:

■ Humane Arbeitsbedingungen;

■ Soziale Gerechtigkeit;

■ Eine ethisch verantwortbare Wirtschaftsweise ohne Zerstörung der Umwelt und ohne Produkte zur Zerstörung von Menschen ;

■ Gleichberechtigung der Geschlechter;

■ Gemeinsame Verantwortung für die Dritte Welt

oder kurz gesagt: eine Wirtschaft, die allen Menschen dient und nicht nur Sachzwängen folgt, die nur einigen wenigen Menschen wirklich Vorteile auf Kosten anderer Menschen und der Umwelt bringen.

3.2. Betriebe in Arbeitnehmerhand

1. Die Blätterwald-Genossenschaft in Oberursel

Die Geschichte der Blätterwald-Genossenschaft ist durchaus repräsentativ für die Geschichte vieler neu gegründeter selbstverwalteter Betriebe. Entsprechend unorthodox begann sie 1981. In diesem Jahr gründeten sieben „Idealisten" die Blätterwald eG, obwohl sie für eine Unternehmensgründung keine Voraussetzungen mitbrachten. Sie besaßen kein Kapital und kaum kaufmännische Erfahrungen. Statt dessen verfügten sie über andere Qualitäten: Enthusiasmus, Kenntnisse über ökologische Zusammenhänge und eine ziemlich genaue Zielvorstellung dessen, was sie wollten, nämlich selbstbestimmt für den Umweltschutz zu arbeiten.

Konkret entschieden sich die Unternehmensgründer dann für die Produktion und den Verkauf von Umweltschutzpapier. Doch mit diesem scheinbar biederen Entschluß begannen schon die Schwierigkeiten. Wollte man die Produktion selbst in die Hand nehmen und sich eben nicht „auf die großen papierverarbeitenden Konzerne verlassen", dann benötigte man eine (gebrauchte) Papierverarbeitungsmaschine. Preis: Lausige 100 000 DM. Da sich keine Bank bereitfand, so die Gründer, „unsere abenteuerliche Arbeit durch einen langfristigen Kredit zu unterstützen", blieb ihnen nur noch die alternativste aller Finanzierungs-Alternativen. Sie pumpten sich das Geld von Freunden zusammen und finanzierten den verbleibenden Rest über Wechsel.

Dann ging alles seinen chaotischen Gang. Die Maschine funktionierte so recht und schlecht – ebenso der ganze Betrieb. Eine Person war praktisch immer damit beschäftigt, kurzfristige Kredite zur Umschuldung fälliger Kredite aufzutreiben. Obwohl dies sehr entmutigend klingt, sehen die Unternehmensgründer diese Phase im nachhinein durchaus positiv: „Es gibt Leute, die nennen das Selbstausbeutung: Es waren jedoch auch wichtige Erfahrungen in der Entwicklungsphase, die uns zum einen zu einer intensiven Beschäftigung mit kaufmännischen Fragen zwangen und zum anderen die Identifikation mit dem Betrieb und seiner Idee förderten und uns zusammenschweißten".

Die Lehre verlief erfolgreich. Nach zwei Jahren wurde die Blätterwald eG klarer strukturiert. Man richtete eine qualifizierte Buchhaltungsabteilung ein, die einen permanenten Überblick über die wirtschaftliche Entwicklung des Betriebes gewährleistete. Im Februar 1984 dokumentierte der Umzug aus einem Frankfurter Hinterhof in ein großzügiges Fabrikgebäude in Oberursel den Aufschwung des Unternehmens. Seitdem ging es mit dem Unternehmen – mit Unterbrechungen – stetig aufwärts. Zwar gibt es immer noch finanzielle Engpässe, wenn hohe Beträge vorfinanziert werden müssen – doch die Beschäftigten haben mittlerweile gelernt, solche Situationen zu bewältigen.

Die Blätterwald eG ist inzwischen ein Betrieb mit einem breiten Sortiment von Umweltschutzpapier, der längst auch ganz „etablierte" Kunden beliefert. Die Mitarbeiterzahl ist auf 22 angewachsen, die den Betrieb nach wie vor in Selbstverwaltung führen. Die Eigentümer – 150 Genossenschaftsmitglieder mit Genossenschaftsanteilen von mindestens 500 DM pro Person – dürfen sich in Entscheidungen über Arbeitsverhältnisse und Arbeitsmittel im Betrieb nicht einmischen.

Die Selbstverwaltungsideale blieben erhalten

Selbstverständlich entspricht die bald zehn Jahre alte Blätterwald-Genossenschaft nicht mehr den naiven Selbstverwaltungsidealen, die in der sogenannten „Alternativszene" gehandelt werden: Alle Entscheidungen fällt die Vollversammlung; alle Mitarbeiter sind für alles zuständig und erhalten einen Einheitslohn. Die Blätterwald-Belegschaft hat diese Ideale nicht aufgegeben, aber verfeinert und auf die Anforderungen des Betriebes und der Beschäftigten abgestellt:

■ Die Blätterwald eG zahlt keine Einheitslöhne. Im Gegensatz zu konventionellen Betrieben richtet sich die Bezahlung nicht nach Qualifikation oder nach der Art der Arbeit, sondern nach den Kosten, die jeder einzelne im Rahmen seiner Lebens- und Arbeitsbedingungen abdecken muß. Wer Kinder hat, verdient eben mehr. Insgesamt sind die Löhne nicht so niedrig wie in vielen selbstverwalteten Betrieben, sie entsprechen aber sicher nicht dem Niveau großer Unternehmen.

■ Gleichzeitig unterscheidet sich die Genossenschaft in ihrer grundlegenden Zielsetzung von den meisten anderen Unternehmen. Ihr Ziel ist nicht der höchstmögliche Gewinn, sondern die Erhaltung der (eigenen) und die Schaffung neuer Arbeitsplätze. Außerdem fließen kleine Teile der Erträge in politische und kulturelle Initiativen, die die Blätterwald-Belegschaft für unterstützungswürdig hält.

■ Die Blätterwald-Genossenschaft kennt auch eine Arbeitsteilung. Die Verantwortung ist in fünf Arbeitsbereiche aufgeteilt, die weitgehend selbständig arbeiten. Dadurch bleibt die Arbeit zumindest in jedem Bereich überschaubar – gleichzeitig können die Beschäftigten ihre Qualifikation in ihrem Bereich ständig verbessern. Die Beschäftigten können dennoch die Arbeitsbereiche wechseln, da jeder die Aufgabe hat, seinen Bereich so zu führen, daß er jederzeit von einer anderen Person übernommen werden kann.

■ Obwohl die Blätterwald eG keine reine Vollversammlungsdemokratie mehr praktiziert, gibt es immer noch keine Vorgesetzten. Die Entscheidungsfindung wurde dezentralisiert. Jeder der fünf Arbeitsbereiche hält wöchentlich eine Besprechung ab. Alle Mitarbeiter kommen alle zwei Wochen zusammen, um dann grundlegende Entscheidungen zu fällen. Diese Entscheidungen werden jedoch von einem Zwischengremium vorbereitet, weil „organisatorische Dinge mit mehr als 20 Personen kaum mehr befriedigend diskutiert und entschieden werden können".

Alles in allem ziehen die Blätterwald-Mitarbeiter nach knapp zehnjähriger Arbeit ein befriedigendes, aber dennoch selbstkritisches Fazit. „Es gibt Menschen, die bei uns und in anderen selbstverwalteten Betrieben gescheitert sind und heute wieder in ‚normalen' Verhältnissen arbeiten. Wir sind nicht so vermessen zu behaupten, daß selbstverwaltete Betriebe wie die Blätterwald-Genossenschaft heute schon eine Alternative für alle Arbeitslosen und sozial Schwachen darstellen können, zumal gerade die persönlichen Anforderungen sehr groß sind." Dennoch sehen sie ihre eigene Initiative als kleinen Schritt zu einer neuen Wirtschafts- und Gesellschaftsordnung: „Wir begreifen dabei das Zusammenspiel verantwortlich handelnder Menschen und selbstverwalteter Betriebe als Grundlage für eine basisdemokratische, ökologische Wirtschafts-

und Gesellschaftsordnung, in der die Ausbeutung des Menschen und der Natur durch den Menschen abgeschafft ist. Dafür ist nicht nur das Produkt wichtig. Entscheidend sind auch die Produktions-, Arbeits- und Handelsbedingungen".

„Geld war für mich nie das wichtigste"

Ein Gespräch mit Ute Kraus,
Mitarbeiterin der Blätterwald eG

Frage: Was motiviert Sie eigentlich, in so unsicheren Zeiten in einem selbstverwalteten Betrieb zu arbeiten?

Antwort: Für mich sind die Zeiten nicht unsicher. Existenzängste habe ich keine. Schon während meiner Ausbildung zur Industriekauffrau war mir klar, daß ich nicht den Rest meines Lebens unter hierarchischen Strukturen arbeiten will. Die Ausbildung habe ich in einem eher konservativen Betrieb gemacht, wo „eigenes Denken und Handeln" nicht gefragt waren. Es wurde sogar teilweise abgetötet.

Ich komme aus 'ner Kleinstadt, und als ich hier nach Frankfurt gezogen bin, mußte ich mir erstmal 'ne Existenz aufbauen. Ich habe dann vier Jahre in „normalen" Betrieben gearbeitet, wo es teilweise noch krasser mit der Hierarchie war als in meinem Ausbildungsbetrieb. Erschwerend kam hinzu, daß man als Frau bei gleicher Qualifikation wie ein Mann meistens die schlechtere Position erhält.

Als ich endgültig die Nase voll hatte, habe ich gekündigt und mich in selbstverwalteten Betrieben umgehört. Ich wollte endlich meine Fähigkeiten sinnvoll einsetzen, mitdenken und mitentscheiden können. Ich wollte endlich das Gefühl haben, zu wissen, warum und wofür ich eine Arbeit ausführe. Ich wollte endlich auch bei der Arbeit so sein, wie ich bin. Jetzt arbeite ich seit drei Jahren in der Buchhaltung der Blätterwald eG.

Frage: Gleichen die Mitgestaltungsmöglichkeiten eigentlich die materiellen Abstriche aus, die man in selbstverwalteten Betrieben wohl machen muß?

Antwort: Geld war für mich nie das wichtigste. Wichtiger ist für mich, daß mir die Arbeit Spaß macht. Ich möchte mich am Arbeitsplatz wohlfühlen und nicht jeden Morgen mit einem schlechten Gefühl dort hingehen. Was habe ich davon, wenn ich zwar viel Geld verdiene, es mir aber tagsüber bei der Arbeit so schlecht geht, daß ich mich abends durch Frustkäufe wieder aufbauen muß? Da ist es doch sinnvoller, ich suche mir eine Arbeit, die Spaß macht – dann brauche ich keine Frustkäufe und komme deshalb auch mit weniger Geld aus.

Frage: Entsprechen eigentlich die Arbeitsbedingungen bei Blätterwald Ihren Wunschvorstellungen?

Antwort: Im Prinzip ja. Allerdings ist die Wirklichkeit bei uns manchmal total hart. Wir haben gelegentlich wirtschaftliche Schwierigkeiten. Alle Mitarbeiter haben viel mehr Verantwortung als in „normalen" Betrieben, weil man sie eben nicht auf Vorgesetzte abschieben kann. In der Praxis heißt das, daß ich manchmal auch in der Freizeit den Kopf nicht freibekomme von den Schwierigkeiten im Betrieb. Trotzdem möchte ich mit den Leuten in „normalen" Betrieben nicht tauschen.

Frage: Was erwarten Mitarbeiter selbstverwalteter Betriebe eigentlich vom Staat?

Antwort: Ich denke, die meisten wollen eine humanere Gesellschaft mit einer Wirtschaft, die nicht die Menschen und die Natur zerstört. Der Hauptwunsch an den Staat betrifft nicht so sehr Subventionen an selbstverwaltete Betriebe, wie dies viele glauben, sondern einen anderen Einsatz von Steuergeldern allgemein. Sie sollten so eingesetzt werden, daß sie dem „Wohl des Volkes" wirklich dienen.

2. Die Schuhfabrik Panda in Naila/Oberfranken

Äußerlich unterscheidet sich die Schuhfabrik Panda an der Grenze zur DDR nicht von anderen Betrieben. Dafür läuft im Innern einiges anders als in anderen Unternehmen. An den Maschinen und in den Büros arbeiten nämlich fast nur Unternehmer. Bis auf wenige Ausnahmen sind die rund 300 Beschäftigten nämlich gleichzeitig die Eigentümer der Schuhfabrik, seit sie diese 1985 kauften.

Damals stand dem Betrieb und damit auch den Mitarbeitern, die alle in einer krisengeschüttelten Region leben, das Wasser bis zum Hals. Seit 1982 hatte die Fabrik tiefrote Zahlen geschrieben. Die damaligen Eigentümer standen vor der Entscheidung, entweder Konkurs zu beantragen oder neue Eigentümer für den Betrieb zu suchen. Aus verständlichen betriebswirtschaftlichen Gründen fand sich für die Firma lange Zeit kein potentieller Käufer – der Konkurs schien unvermeidlich.

Dann kam dem Steuerberater der Gedanke, doch über eine Mitarbeiter-Beteiligung die Eigenkapital-Basis des Unternehmens zu verbessern und auf dieser Basis einen Sanierungsplan vorzulegen. Die damalige Geschäftsleitung und der Betriebsrat griffen diese Idee auf und arbeiteten – zusammen mit der auf Unternehmensberatung spezialisierten „Gesellschaft für innerbetriebliche Zusammenarbeit" (GIZ GmbH) – einen Sanierungsplan aus. Das Ergebnis lief auf einen sogenannten „Mitarbeiter Buyout" hinaus, einen Kauf des Betriebes durch die Belegschaft.

Konkret gründete man 1985 drei Beteiligungsgesellschaften, die das notwendige Eigenkapital von 1,5 Millionen DM in die „neue" Schuhfabrik Panda einbrachten. Diese Beteiligungsgesellschaften speisten sich aus Einlagen der Mitarbeiter. Von den rund 300 Beschäftigten beteiligten sich 262 mit Anteilen zwischen 1000 und 50 000 DM an der Rettung ihrer Firma. Für den Unternehmensberater Gustav Klötzl, Mitarbeiter der GIZ-GmbH, war das finanzielle Engagement vieler Mitarbeiter erstaunlich: „Die meisten brachten Ersparnisse ein, andere finanzierten ihren Anteil über Lohnverzicht. Einige nahmen sogar finanzielle Mittel bei der Bank auf, um ihre Beteiligung zu finanzieren und sicherten diese Kredite über das private Eigentum bis hin zum eigenen Häuschen ab."

Erfolgreiche Sanierung

Dieses Engagement nutzte die neue, nun von den Mitarbeitern maßgeblich mitbestimmte Geschäftsleitung zu einer geradezu dynamischen Sanierung des Unternehmens. Die Arbeitsmotivation sorgte für eine steigende Produktivität. Man konzentrierte sich überdies auf spezielle Schuhkollektionen, die in erster Linie unter Kostengesichtspunkten ausgewählt wurden. Bereits nach kurzer Zeit stabilisierte sich die Auftragslage. Im Frühjahr 1986 mußte die Belegschaft Überstunden leisten, um die Aufträge auszuführen. Im ganzen Jahr 1986 blieben die Kapazitäten voll ausgelastet, und das Unternehmen schrieb schwarze Zahlen.

Mit den ersten Erfolgszeichen erneuerte die Geschäftsleitung den Maschinenpark. Rationalisierungsmaßnahmen erhöhten den Ausstoß und senkten die Stückkosten. 1987 verbesserte sich die Auftragslage erneut. Ende 1987 zahlte sich das Engagement der Belegschafts-Unternehmer zum ersten Mal in barer Münze aus: Sie erhielten eine Dividendenausschüttung von sechs Prozent für das Wirtschaftsjahr 1987. Der Erfolg des Unternehmens hielt bis heute an, in den vergangenen Jahren schaffte der Betrieb sogar zusätzliche Arbeitsplätze – auch in anderen Schuhfabriken im oberfränkischen Raum, die durch die Erfolge von Panda ebenfalls ausgelastet wurden.

Mitarbeiter Buyout – kein Patentrezept, aber eine oft unterschätzte Chance

„Mitarbeiter Buyouts" sind eine oft unterschätzte und deshalb nicht genutzte Chance für die Sanierung von Unternehmen in schwierigen Situationen. Die Chance liegt darin, die existentiell betroffenen Mitarbeiter für das Unternehmen zu engagieren. Dadurch entsteht ein innerbetrieblicher Druck als Grundlage, um Neuerungen durchzusetzen und das Kostendenken zu schärfen. Gleichzeitig investieren die Mitarbeiter Kapital, um ihre Arbeitsplätze zu retten, wobei schon Tausender-Beträge pro Mitarbeiter eine erkleckliche Eigenkapitalsumme ergeben.

Allerdings sind „Mitarbeiter Buyouts" kein Patentrezept zur Rettung angeschlagener Unternehmen. Der Unternehmensberater Gustav Klötzl sieht vier wichtige Erfolgsvoraussetzungen:

■ Im Unternehmen muß bereits eine neue „Führungsmannschaft" bestehen, die sich hinter den „Mitarbeiter Buyout" stellt und bereit ist, auf dieser Grundlage das Unternehmen zu sanieren. Dies erfordert ein hohes Maß an Sensibilität für die Belange der Mitarbeiter.

■ Der Betriebsrat muß den „Mitarbeiter Buyout" unterstützen und an der Ausarbeitung des künftigen Sanierungskurses beteiligt werden. In Belegschaftsunternehmen kommt den Betriebsräten eine Schlüsselrolle zu. Sie vertreten die Kapitalgeber, bilden deshalb zumeist den Aufsichtsrat, der die Geschäftsleitung kontrolliert und müssen gleichzeitig die Mitarbeiter arbeitsrechtlich schützen. „Unterstützt der Betriebsrat den ‚Mitarbeiter Buyout' dann", so Klötzl, „ist das praktisch schon die halbe Miete".

■ Die dritte Voraussetzung für eine erfolgreiche Sanierung des Unternehmens durch die Mitarbeiter ist ein Maschinenpark, der dem allgemeinen Standard nicht allzu weit hinterherhinkt. Unter dieser Voraussetzung kann man das neue

Kapital gleich in die Erweiterung oder in die Modernisierung des Betriebes investieren und ist nicht gezwungen, Löcher in Fässern ohne Boden zu stopfen.
■ Die vierte Voraussetzung betrifft die Kunden, Lieferanten und nicht zuletzt die Banken des entsprechenden Betriebes. Weigern sich Banken, einem Belegschaftsunternehmen Kredite zu gewähren, verlangen Lieferanten Sofortzahlung oder springen Kunden ab, weil sie Betrieben in Arbeitnehmerhand – aus welchen Gründen auch immer – nicht trauen, dann wird ein „Mitarbeiter Buyout" scheitern.

Sind diese Voraussetzungen erfüllt, dann sind die Chancen für eine erfolgreiche Sanierung des Betriebes durch die Mitarbeiter weit größer als durch einen neuen Eigentümer. Dies gilt noch stärker für die Zukunftschancen des entsprechenden Betriebes. Denn er verfügt mit der Zeit über Mitarbeiter, die sich voll mit ihrem Betrieb identifizieren und sich auch mit kaufmännischen Fragen befassen. Gustav Klötzl hat diesen Prozeß schon des öfteren erlebt: „Kurz nach dem ‚Mitarbeiter Buyout' tut sich in dieser Richtung überhaupt nichts. Aber nach einiger Zeit, vielleicht auch nach Jahren, da beginnen die Mitarbeiter zu denken, da wächst das Interesse für die kaufmännischen Belange des Unternehmens, da kümmert man sich plötzlich darum, was denn eigentlich eine Abschreibung ist, oder um was es bei der Gewinn- und Verlustrechnung geht. Dann wächst das unternehmerische Interesse der Belegschaftsunternehmer und damit auch die Motivation".

Aus unselbständigen Arbeitnehmern werden dann im Laufe der Zeit selbständig denkende mitarbeitende Mitunternehmer, die immer häufiger ihre Vorstellungen in den Ablauf des Unternehmens einbringen. Sie haben das Unternehmen dann nicht nur in ihrer Hand, sie nehmen es auch in die Hand.

3.3. Umweltbewußte Unternehmen

1. Die Ernst Winter & Sohn GmbH & Co in Hamburg

„Das einzelne Unternehmen ist die Lebenszelle des Organismus Wirtschaft. Ohne Ausrichtung der vielen einzelnen Betriebe am Gedanken des Umweltschutzes kann es keine umweltorientierte Wirtschaft geben, und ohne eine solche keinen langfristigen Fortbestand menschenwürdigen Lebens in unserem Lande." Der dies sagt, ist kein „grüner" Wirtschaftspolitiker, sondern praktizierender Unternehmer. Es handelt sich um Georg Winter, einen der geschäftsführenden Gesellschafter der Ernst Winter & Sohn GmbH und Co., dem größten Hersteller von Diamant- und Bornitridwerkzeugen in der westlichen Welt.

Unter der Leitung der Familie Winter wurde dieses Unternehmen im vergangenen Jahrzehnt zu einem Pionierbetrieb des umweltbewußten Unternehmertums, das mittlerweile zaghaft Nachahmer gefunden hat. Bei Winter & Sohn gehört die Schonung der Umwelt schon seit 1972 zum erklärten Geschäftsziel. Damals feierte das Traditionsunternehmen mit seinen 1400 Mitarbeitern sein 125jähriges Jubiläum. Georg Winter nutzte diesen Anlaß und verteilte an alle Mitarbeiter das Buch „Todeskandidat Erde" von E. Snyder.

Seither hat die Geschäftsleitung ihre umweltpolitischen Ziele in vielen, zum Teil aufsehenerregenden Schritten in die Tat umgesetzt:

■ Bereits früh ging das Haus Winter dazu über, die eigenen Mitarbeiter über die Anforderungen des Umweltschutzes aufzuklären. Es veranstaltet spezielle Bildungsseminare für Auszubildende und für alle Mitarbeiter, die Betriebszeitung hat eine Umweltrubrik. Im April 1985 weitete das Unternehmen diese Informationskampagne in Sachen Umwelt zu einem Beratungssystem aus. Das Unternehmen stellte – in Zusammenarbeit mit dem Arbeitsamt – fünf Umweltberater ein, die Unternehmensmitarbeiter und schließlich alle Hamburger Bürger auf eigenen Wunsch kostenlos über eine umweltschonende Organisation ihrer privaten Haushalte berieten. Inzwischen arbeiten in rund 100 Kommunen Umweltberater nach dem Vorbild des Unternehmens Winter.

■ Ebenso früh motivierte das Unternehmen die eigenen Mitarbeiter zu originellen Vorschlägen über neue Umweltinitiativen. Verbesserungsvorschläge zur Einsparung von Energie und Wasser prämierte die Geschäftsleitung mit 30 Prozent der in zwei Jahren eingesparten Mittel für den Energie- und Wasserverbrauch.

■ Zum Grundanliegen des Unternehmens gehört auch die Entwicklung umweltschonender Produkte. Die Erfolge sprechen Bände. Seit Jahren stellt Winter Diamantkreissägeblätter für die Gesteinsbearbeitung her, die nur noch halb so viel Lärm erzeugen wie die üblichen Diamantkreissägeblätter, die auf dem Markt gehandelt werden. Selbstredend verzichtet das Unternehmen bei allen Diamantschleifscheiben auf das ansonsten übliche Asbest.

Im Unternehmen selbst installierte man eine Anlage zum Transport von Kunststoffpulver, die eine weitgehend staubfreie Pulververarbeitung ermöglicht. Außerdem reduzierte der Betrieb den eigenen Stromverbrauch durch den

Einbau von Thermostaten und Leuchtstoffröhren. Drei Werke ließ die Geschäftsleitung von Öl auf das emissionsärmere Erdgas umrüsten.

■ Seit Jahren bemüht sich das Unternehmen um eine umweltschonende Entsorgung. Zwei weitgehend automatisierte Abwasseraufbereitungsanlagen entgiften und neutralisieren galvanische Abwässer. Staubfilter- und Abgaswaschanlagen, die die Säuredämpfe aus den Produktionsverfahren reinigen, führte Winter bereits erhebliche Zeit vor dem Inkrafttreten von gesetzlichen Vorschriften ein.

Gleichzeitig schöpft das Unternehmen praktisch alle Recycling-Möglichkeiten aus. Die bei der Neutralisierung galvanischer Abwässer anfallenden Schwermetalloxide werden aufbereitet – dadurch gelingt es, Kobalt und Nikkel vom Trockenschlamm fernzuhalten und wiederzuverwenden.

■Seit Jahren versucht das Unternehmen, die eigene Materialbeschaffung nach Umweltkriterien umzustellen. Bei vielen Einkaufspositionen (von Papier über Büromaterial bis hin zu Farben, Lacken, Reinigungsmitteln und dem eigenen Fuhrpark) gelang dies. In anderen Bereichen konnte das Unternehmen diese Zielvorstellung mangels umweltschonender Alternativen, zum Beispiel bei technischen Geräten und Maschinen, bisher nicht verwirklichen.

■ Wahrlich pionierhaft sind auch die Bemühungen des Hauses Winter um einen baubiologischen Industriebau. Bei einem kürzlich bezogenen Fabrikbau in Norderstedt, der die größte Diamant-Schleifscheibenfertigung Europas beherbergt, wurden baubiologische Kriterien berücksichtigt. Die zahlreichen Holzfenster, die Dachrinnen aus Kupfer statt aus Kunststoff, die Ausstattung großer Bodenflächen mit Naturstoffen statt Linoleum, die teilweise Begrünung der Fassaden und die begrünte Terrasse als Teil der Kantine zeugen davon.

Im Gegensatz zu vielen konventionellen Unternehmen verfolgte die Geschäftsleitung des Unternehmens Winter all diese Initiativen aus eigenem Antrieb, gesetzlichen Regelungen lief sie immer meilenweit voraus. Obwohl Georg Winter immer deutlich macht, daß das Unternehmen Umweltschutz nicht – wie heutzutage viele Unternehmen – zur Imagepflege betreibt (auf dem Weltmarkt für Diamantmaschinen spielt ein umweltfreundliches Image überhaupt keine Rolle), betont er im gleichen Atemzug, daß sich eine entschlossene Umweltpolitik langfristig auch betriebswirtschaftlich auszahlt. „Motiv für unsere Umweltaktivitäten ist in erster Linie das Bewußtsein, daß die Unternehmen des Hauses Winter als starke Beanprucher natürlicher Ressourcen auch eine gesteigerte Verantwortung für deren Erhaltung tragen", sagt Georg Winter, „gleichzeitig bietet eine umweltbewußte Unternehmensführung aber viele Chancen, die Kosten im Unternehmen zu senken und damit seine Wirtschaftlichkeit zu erhöhen".

Dem Unternehmen Winter & Sohn hat sein Engagement für eine umweltschonende Unternehmensführung bisher sicher nicht geschadet. Es hat seine Stellung auf dem Markt für Diamantmaschinen höchster Qualität in den vergangenen Jahren immer weiter ausgebaut. Ganz im Gegensatz dazu stießen die Umweltaktivitäten des Unternehmens an gewisse Grenzen. Zu ihrem Bedauern mußte die Geschäftsleitung immer wieder ihre begrenzte Nachfragemacht auf dem freien Markt erkennen. Lieferanten ließen sich von den Umweltkriterien der Hamburger Unternehmer oft nicht beeindrucken. Mit der Gründung eines „Bundesdeutschen Arbeitskreises für umweltschonende Materialwirtschaft" (BAUM) versucht das Unternehmen seither, bundesdeutsche Firmen auf ökologische Kriterien bei der Materialbeschaffung zu verpflichten, um die Nachfragemacht in diese Richtung zu lenken. Ob dieses Engagement ähnliche Erfolge bringt wie das Umweltengagement der Geschäftsleitung von Winter & Sohn im eigenen Haus, bleibt abzuwarten. Georg Winter richtet seine Hoffnungen darauf, daß „die flexiblen Unternehmen den Entwicklungstrend in Richtung umweltfreundlicher Produkte und Dienstleistungen als unumkehrbar erkannt haben und zunehmend in ihre strategische Unternehmensplanung einbeziehen".

Georg Winter
Die Philosophie umweltorientierter Unternehmensführung

„Der Gedanke umweltorientierter Unternehmensführung kann die Unternehmensphilosophie bereichern und stärken und dadurch gleichzeitig der Erreichung der klassischen Unternehmensziele – soweit sie sich nicht gegen die Umwelt richten – Vorschub leisten.

Die entscheidenden Grundsätze, auf denen der langfristige Erfolg eines verantwortungsvoll geführten Unternehmens beruht, sind Qualität, Kreativität, Humanität, Rentabilität, Kontinuität und Loyalität. Alle sechs Grundsätze können besser erfüllt werden, wenn die Unternehmensführung sich am Umweltgedanken orientiert:

■ Qualität und Umweltschutz:
Qualitativ hochwertig ist ein Produkt nur dann, wenn es umweltschonend hergestellt wird und ohne Verursachung von Umweltschäden benutzt und entsorgt werden kann.

■ Kreativität und Umweltschutz:
Die Kreativität der Mitarbeiter wird durch Arbeitsbedingungen gefördert, die auf die biologischen Bedürfnisse des Menschen Rücksicht nehmen, wie zum Beispiel möglichst lärmarmer Arbeitsplatz, gesundes Raumklima, ergonomische Büromöbel und vitaminreiche Kantinenverpflegung.

■ Humanität und Umweltschutz:
An humanem Gehalt gewinnt das Betriebsklima dadurch, daß Ziele, Strategien und Maßnahmen des Unternehmens sich nicht nur am ökonomischen Erfolg, sondern auch an der Verantwortung gegenüber allem Leben ausrichten.

■ Rentabilität und Umweltschutz:
Die Rentabilität kann durch kostensenkende Umweltschutzmaßnahmen, zum Beispiel Rohstoff-, Energie- und Wassersparprogramme sowie durch Ausschöpfung der Marktchancen für umweltschonende Produkte erhöht werden.

■ Kontinuität und Umweltschutz:
Für die Kontinuität des Unternehmens wird es immer wichtiger, den Haftungsrisiken aus dem sich laufend verschärfenden Umweltrecht sowie den Marktrisiken aus einer verringerten Nachfrage nach umweltbelastenden Produkten vorzubeugen.

■ Loyalität und Umweltschutz:
Loyal gegenüber den Gesetzen und Aufgaben des Staates können die Manager und Mitarbeiter letztlich nur dann sein, wenn sie mit dem Herzen an ihrem Staate hängen, was aber nur möglich ist, solange das Heimatland nicht durch Umweltzerstörung sein Gesicht verloren hat.

Die Chemiefabrik Follmann & Co. in Minden
Ein Mittelständler auf Umweltkurs

Eigentlich hat der mittelständische Chemieproduzent Follmann in Minden mit seinen 140 Beschäftigten eher schlechte Voraussetzungen, um zum Umweltvorbild zu werden. Erstens verfügen mittelständische Betriebe zumeist nicht über so viel überschüssiges Kapital, das für Umweltschutzinvestitionen notwendig ist. Zweitens ist die Chemieproduktion speziell besonders umwelt-sensibel – umweltschädliche Wirkungen lassen sich in dieser Branche sehr viel schwerer vermeiden als in anderen Branchen.

Dies gilt insbesondere für die Firma Follmann, die Produkte für drei extrem umweltbelastende Marktsegmente herstellt:

■ Druckfarben für die Tapeten-, Verpackungs- und für die Textilindustrie. Das Sortiment schließt wasser- und lösungsmittelhaltige Tiefdruckfarben, aufschäumende Druckfarben sowie Siebdruck-, Leimdruck- und Prägedruckfarben ein.

■ Bauchemische Produkte auf Kunststoffbasis zur Beschichtung von Industrieböden, zur Abdichtung von Flachdächern, Balkonen und Terrassen. Dazu kommen Grundierungen und Farben für die Bauwerkssanierung und Straßenmarkierungsfarben.

■ Dispersionsklebstoffe und Spezialklebstoffe für verschiedene Bereiche.

Diese „umweltbelastende" Angebotspalette war für den geschäftsführenden Gesellschafter des Betriebes, Rainer Follmann, die eigentliche Motivation zu entschlossenem Handeln, zumal die chemische Industrie – erst recht nach dem Chemieunfall des Schweizerischen Chemiekonzerns Sandoz – immer stärker in den Geruch des Umweltfeindes geriet. „Ich will nicht, daß meine Leute gesenkten Hauptes durch die Stadt laufen, weil sie in einer Chemiefabrik arbeiten. Und ich will als Unternehmer nicht andauernd Angst haben", schildert Follmann seine Grundmotivation. Dazu kommen jedoch grundsätzliche Überlegungen über die zukünftigen Anforderungen an die Unternehmer. „Langfristig können wir als Unternehmer nur überleben, wenn wir Produktion und Produkte nicht nur ökonomisch sehen, sondern in den ökologischen Gesamtzusammenhang stellen." Genau dieses Anliegen versuchte Follmann dann auf der Mikroebene seines eher kleinen mittelständischen Betriebes zu verwirklichen – und zwar auf drei Ebenen:

■ Nach dem Motto „Umweltschutz beginnt im eigenen Haus" sensibilisierte Follmann erst einmal seine Mitarbeiter für die ökologischen Erfordernisse – im eigenen Haus und im allgemeinen. Wie Georg Winter organisierte er Haushaltsberatungen und richtete im Unternehmen Abfallsammelstellen für private Problemabfälle – wie Batterien, Medikamente, Altöl oder Altfarben – ein. Erst vor kurzem stellte das Unternehmen einen Umweltschutzingenieur ein, der die Mitarbeiter speziell in Umweltfragen schult, die in der Fabrik eingesetzten Rohstoffe nach Umweltkriterien überprüft und ständig Vorschläge zur umweltschonenden Verbesserung der Verfahrenstechnologien macht.

■ Obwohl ein materieller Gegenwert nicht zu erwarten war, scheute Follmann auch beträchtliche Investitionen in den Umweltschutz nicht. Er ließ eine firmeneigene Kläranlage bauen, um sicher zu sein, daß nur einwandfreies Wasser an die städtische Kläranlage abgegeben und diese nicht besonderen Belastungen ausgesetzt wird. Diese spezielle Kläranlage kostete eine halbe Million DM, die jährlichen Betriebskosten belaufen sich auf ca. 100.000 DM.

Außerdem legte der Betrieb eine Polymerisationsanlage für wäßrige Klebstoffe so aus, daß sie einen geschlossenen Kreislauf ohne schädliche Emissionen bildet. Schon kurz nach dem Unfall bei Sandoz baute Follmann ein neues Faßlager für Lösungsmittelprodukte, um die Sicherheit der Lagerung zu verbessern und Katastrophen wie bei Sandoz auszuschließen.

Obwohl das Unternehmen die Grenzwerte der Technischen Anleitung Luft (TA Luft) in jeder Hinsicht unterschreitet, beauftragte die Firma Follmann ein Biotechnologie-Unternehmen mit der Entwicklung eines Biofilters, um die Emissionswerte so weit wie möglich zu senken.

■ Die größte Herausforderung in Sachen Umweltschutz betraf die Produkte der Firma Follmann. Denn vor allem bei Druckfarben beherrschen die lösungsmittelhaltigen, die die Umwelt viel stärker belasten, das Feld, während die Farben auf wäßriger Basis nur einen Marktanteil von 20 Prozent aufweisen. In seinem Sortiment hat Follmann diese Verteilung nun umgedreht. Seine Firma verkauft zu 80 Prozent wasserverdünnbare Produkte. Was sich so einfach anhört, war für den Betrieb jedoch mit großen Schwierigkeiten verbunden. Obwohl die wasserverdünnbaren Produkte die gleiche Qualität aufweisen, mußte das Unternehmen bei Kunden viele Vorurteile abbauen. Bei Schaumdruckfarben versuchte der Betrieb mit Erfolg, das Entsorgungsproblem bei den Kunden zu bewältigen. Das Ergebnis der Bemühungen sind zwei neue Produkte: Einmal entwickelt Follmann aus den eigenen Abfällen und aus jenen der Kunden ein neues Produkt, so daß eine Entsorgung nicht mehr notwendig ist. Dieses Produkt sind sogenannte Farbgranulen, mit denen Tapeten dekorativ beschichtet werden können. „Die Vermarktung dieser Granulen ist so erfolgreich, daß wir die Nachfrage kaum befriedigen können", freut sich Follmann. „Wir haben damit zum ersten Mal für unseren Betrieb ein vollständiges Stoffkreislaufsystem etabliert und gleichzeitig ein äußerst erfolgreiches Produkt für den Markt entwickeln können."

In der Zwischenzeit entwickelte der Betrieb noch zusätzlich eine Alternative zu den PVC-Schaumdruckfarben, die die Umweltbelastungen verringert und – vom Umsatz her – die PVC-Schäume bereits zu über 30 Prozent ersetzt hat.

Der rührige Eigentümer und Geschäftsführer der Chemiefabrik schreckt bei seinem Engagement für eine umweltschonende Produktion auch vor betriebswirtschaftlich risikoreichen Entscheidungen nicht zurück. Die Herstellung einer Reinigungsbeize für die Großindustrie, die gefährliche chlorierte Kohlenwasserstoffe enthielt, stellte Follmann kurzerhand ein, weil er die Verwendung dieser Stoffe nicht mehr verantworten wollte. Gleichzeitig tüftelt sein Betrieb an einem wäßrigen Reinigungsbad als Alternative, um die Wäsche mit chlorierten Kohlenwasserstoffen in der Industrie zu ersetzen. Ob sich die Alternative jedoch durchsetzt, ist noch immer unsicher.

Rainer Follmann fechten solche Risiken inzwischen ebensowenig an wie seine Stellung als Außenseiter in der Chemischen Industrie. „Ich muß gegen Windmühlen anrennen, werde als unbekannter Hersteller nur belächelt, weil ich mich gegen die Marktgewohnheiten stemme."

Diese Beobachtung veranlaßte Follmann zum gleichen Schritt wie sein Hamburger Kollege Georg Winter. Zusammen mit anderen Unternehmern, insbesondere mit dem ebenfalls umweltaktiven Verpackungshersteller Klaus Günther aus Lengerich in Westfalen, gründete Follmann den Förderkreis „Pro Future", der seine inzwischen über 60 Mitglieder – allesamt Unternehmen – zu ökologischem Management verpflichten will. Über solche Initiativen hofft Follmann auf jene Breitenwirkung, die den kleinen, aber durchaus revolutionären Schritten in seinem Betrieb bisher versagt blieb. Insofern ist diese Breitenwirkung seiner Initiative für viele mittelständische Betriebe sogar eine Bedrohung. Denn sie verschanzen sich hinter ihrem Image als „arme, konkurrenzbedrohte Mittelständler, die sich Umweltschutz nicht leisten können". Rainer Follmann hat dieses Schutz-Image kräftig angekratzt.

Klaus Günther, Geschäftsführer der Verpackungswerke Bischof & Klein in Lengerich und Vorstandsmitglied von „Pro Future", über die Notwendigkeit einer ökologischen Unternehmensführung:

„In der praktischen Auseinandersetzung wird sehr schnell klar, daß Gesetze, Verordnungen oder Umweltrichtlinien allein wenig nützen. Umweltschutz vom grünen Tisch aus scheitert leider allzuoft an der Umsetzung in die Praxis, dem sogenannten Vollzugsdefizit.

In den Unternehmen muß daher eine neue Umwelt-Ethik auf allen Stufen der Hierarchie zum Tragen kommen. Sie muß gerade von den Führungskräften im Unternehmen vorgelebt werden. Eine ökologisch orientierte Unternehmensführung muß als integriertes Konzept verstanden werden, das auch die Mitarbeiter von Anfang an einbezieht. Was wir also brauchen, ist der Umweltschutz mit Köpfchen, der Umweltschutz, der auch Spaß macht und möglichst vielen Beteiligten persönliche Umweltschutz-Erfolgserlebnisse gibt.

Auf diese Weise wird auch ein gewisser Druck von unten erzeugt, der das Gesamtsystem Unternehmen ein Stück weiter in Richtung einer Art selbstinitiierter ökologischer Evolution führen kann. Es kommt darauf an, den Gedanken des Umweltschutzes in den Köpfen zu verankern, denn dann wird sich ihr Handeln gegenüber der Umwelt verändern.

3.4. Originelle Modelle von Arbeitszeitverkürzungen

Lange Zeit wurden Arbeitszeitverkürzungen als Gegenstrategie gegen die hohe Arbeitslosigkeit hoch gehandelt. Zu Recht. Wenn die Wirtschaft immer mehr Waren und Dienstleistungen durch produktivere Technologien mit immer weniger Beschäftigten herstellen kann, dann benötigt sie immer weniger Mitarbeiter, um die Bedürfnisse der Verbraucher zu befriedigen – es sei denn, diese würden überdurchschnittlich wachsen. Da der Konsum derzeit nicht überdurchschnittlich wächst, gibt es zwei langfristige Alternativen für den Arbeitsmarkt: Entweder die Arbeitszeit der einzelnen Arbeitnehmer ändert sich nicht, dann verteilt sich die gegenwärtig abnehmende Zahl von Arbeitsstunden auf immer weniger Arbeitnehmer. Als Folge steigt die Zahl der Arbeitslosen. Oder: Die Arbeitszeit jedes einzelnen Arbeitnehmers sinkt, dann kann die abnehmende Zahl der Arbeitsstunden auf mehr Arbeitnehmer verteilt werden.

Auf diese unbestreitbaren Zusammenhänge reagierten die Gewerkschaften 1984 mit ihrer Forderung nach einer durchgreifenden Verkürzung der Wochenarbeitszeit auf 35 Stunden, ohne Einkommenseinbußen. Die Arbeitgeber lehnten diese Forderung ab und verlangten ihrerseits flexiblere Arbeitszeiten in den Betrieben. In dieser Konfrontation ist die ursprüngliche Zielvorstellung hinter Arbeitszeitverkürzung – nämlich die Schaffung zahlreicher neuer Arbeitsplätze – versandet. In mehreren Kompromissen sank die wöchentliche Regelarbeitszeit in den meisten Branchen zwar seither auf 37 Stunden im Jahre 1989. Der erhoffte Effekt ist jedoch verpufft. Die allermeisten Betriebe beließen es bei einer Arbeitszeitverkürzung am Freitagnachmittag.

Obwohl die Tarifverträge keine großen Sprünge erlauben, gibt es doch Betriebe, die originellere Modelle der Arbeitszeitverkürzungen praktizieren, indem sie diese mit einer größeren Zeitsouveränität der Mitarbeiter verbinden, also den Beschäftigten mehr Spielraum bei der Wahl ihrer Arbeitszeit und der Nutzung ihrer Arbeitszeitverkürzung einräumen. Zwei dieser Unternehmen werden im Folgenden vorgestellt – ein Industriebetrieb und ein Dienstleistungsunternehmen.

1. Das Arbeitszeitmodell der Hewlett-Packard GmbH

Das Computerunternehmen Hewlett-Packard hält sich viel auf eine besondere Unternehmenskultur zugute. Als Betrieb in einer „High-Tech-Branche" weiß die Unternehmensleitung um die Bedeutung ihrer Mitarbeiter für den Unternehmenserfolg. „Wir sind stolz auf unsere Mitarbeiter, ihre Leistung und ihre Einstellung zur Arbeit und zum Unternehmen. In Anerkennung der persönlichen Leistung und der Selbstachtung jedes Mitarbeiters baut das Unternehmen auf dessen Individualität", heißt es deshalb in einer Informationsbroschüre des Unternehmens. Und weiter pflegt das Unternehmen nach eigenen Angaben einen Führungsstil, der den Mitarbeitern unternehmerische Verantwortung überträgt und ihnen „die Möglichkeit zur Selbstverwirklichung gibt. Er fördert Kreativität und Eigeninitiative".

Mit diesen Zielvorstellungen vor Augen entwickelte die Geschäftsführung von Hewlett-Packard in enger Zusammenarbeit mit dem Betriebsrat und Mitarbeitern aus allen Abteilungen ein Arbeitszeitmodell, das bei den individuellen Bedürfnissen der Mitarbeiter ansetzt und ihnen mehr Freiräume gewährt als in den allermeisten Unternehmen. Die Grundidee ist einfach. Obwohl die tariflich geregelte Wochenarbeitszeit in der Metallbranche seit 1989 auf 37 Stunden verkürzt wurde, arbeiten die Beschäftigten bei Hewlett-Packard nach wie vor 40 Stunden. Die verbleibenden drei Stunden pro Woche werden ihnen dafür auf einem „Freizeitkonto" gutgeschrieben. Auf das gleiche Konto buchen die Mitarbeiter auch Überstunden und Resturlaubstage. Je nach den eigenen Bedürfnissen, dabei allerdings in Absprache mit ihren Kollegen und Vorgesetzten, können sich die Beschäftigten ihre Freizeitkonten unterschiedlich „auszahlen" lassen:

■ als freie Tage um, zum Beispiel, ein langes Wochenende für einen Kurzurlaub zu nutzen,
■ addiert zu mehreren Wochen, um den üblichen Jahresurlaub zu verlängern und eine „schöpferische Arbeitspause" einzulegen,

■ über Jahre addiert zu mehreren Freimonaten, so daß der Mitarbeiter ein „Sabbatjahr" genießen kann. Die Gründe dafür sind wiederum von Mitarbeiter zu Mitarbeiter verschieden. Jemand will ein Haus bauen und dabei selbst Hand anlegen, andere wollen sich weiterbilden, eine wissenschaftliche Arbeit oder ein Buch schreiben oder ganz einfach eine längere Reise unternehmen, um einmal richtig abzuschalten. Solche Wünsche kann das Arbeitszeitmodell von Hewlett-Packard erfüllen helfen.

Über mehr als ein Jahrzehnt aufaddiert, ermöglichen die Freizeitkonten bei Hewlett-Packard sogar einen Vorruhestand, wobei die Jahre vor dem „offiziellen Ruhestand" durch die Überstunden auf dem Konto bezahlt werden.

Dieses in der Bundesrepublik wohl einzigartige Arbeitszeitmodell ist aus drei Gründen besonders bemerkenswert:

■ Es wird den völlig unterschiedlichen Bedürfnissen der Mitarbeiter und ihren verschiedenen Lebenssituationen gerecht: Ein Single hat eben andere Träume als ein Familienmitglied mit Kindern, ältere Menschen haben andere Ziele als jüngere.

■ Das Modell wurde wohl nur deshalb so ausgewogen gestaltet, weil es in einem breiten Mitbestimmungskonzept entworfen wurde. Geschäftsleitung, Betriebsrat und Beschäftigte aller Abteilungen arbeiteten eng zusammen.

■ Der Arbeitsplatzeffekt dieses Modells ist kurzfristig gering, da ja alle Mitarbeiter weiterhin 40 Wochenstunden arbeiten. Hat sich das Modell jedoch einmal eingespielt, indem tatsächlich Beschäftigte ihr Sabbatjahr einlegen, ihren Jahresurlaub verlängern oder sogar in Vorruhestand gehen, dann werden naturgemäß Arbeitsplätze frei. Für den Betriebsratsvorsitzenden von Hewlett-Packard, Axel Preusch, steht deshalb fest, daß durch „die Verkürzung der Arbeitszeit bei Hewlett-Packard bestehende Arbeitsverhältnisse langfristig gesichert werden. In bestimmten Bereichen wird das Unternehmen ganz sicher zusätzliche Leute einstellen müssen."

Wie sehr die Mitarbeiter von Hewlett-Packard hinter dem Arbeitszeit-Modell ihres Unternehmens stehen, zeigt eine Umfrage vom Dezember 1988. Danach bewerteten 64 Prozent der befragten Mitarbeiter das Modell als „sehr gut", 34 Prozent hielten „einzelne Verbesserungen für nötig", nur zwei Prozent wollten das Modell „völlig neu" gestalten. Im Vergleich mit den Arbeitszeitregelungen anderer Firmen schneidet das Hewlett-Packard Modell bei den eigenen Mitarbeitern deutlich besser ab. 48 Prozent der Beschäftigten beurteilen es als „viel besser", 45 Prozent als „besser", ein Prozent als „genauso gut" und nur sechs Prozent als „schlechter".

2. Die Canstatter Volksbank

Über Begriffe wie „Führungsstil", „Unternehmensphilosophie" oder „neue Arbeitszeitgestaltung" können altgediente Mitarbeiter der Canstatter Volksbank, eines mittelständischen Kreditinstituts im Großraum Stuttgart, nur müde lächeln. Diskussionen über diese „Modethemen" der Gegenwart liefen in der Zentrale dieser Volksbank vor zwanzig Jahren. Bereits 1967 nahm das Institut Abschied von dem damals üblichen patriarchalischen Führungsstil. An seine Stelle trat eine Unternehmensphilosophie, die die Mitarbeiter an den Entscheidungen der Bank beteiligt, ihnen dafür aber mehr Eigeninitiative und Selbstverantwortung abverlangt.

Auf dieser Grundlage reagierte man in der Zentrale der Bank mit ihren 90 Mitarbeitern Ende der 70er Jahre auf technologische und betriebswirtschaftliche Veränderungen, auf die viele andere Banken erst ein Jahrzehnt später reagierten. Aufgrund der ständigen Beteiligung der Mitarbeiter verlief die Umstellung auf Datenverarbeitung 1976 fast reibungslos. Bereits ein Jahr danach setzte man zu einem neuen Arbeitszeitmodell an, das die betriebswirtschaftlichen Interessen der Bank mit den Bedürfnissen vieler Beschäftigten nach mehr Autonomie verbinden sollte. Auf betriebswirtschaftlicher Seite machte der Geschäftsleitung in erster Linie eine Entwicklung Sorge: Die kurzen und deshalb kunden- und auslastungsfeindlichen Öffnungszeiten bei gleichzeitig steigenden Kosten der Bank für aufwendige Technologien.

Nach dreimonatigen Diskussionen legte eine Arbeitsgruppe aus Vertretern der Belegschaft und der Geschäftsleitung das Konzept einer neuen Arbeitsorganisation in der Zentrale der Bank vor, das auf einem neuen Arbeitszeitmodell beruhte. Danach sollten die rund 90 Beschäftigten der Zentrale in kleine Gruppen zusammengefaßt werden, die zwischen fünf und acht Mitarbeiter umfassen. Die Gruppenbildung erfolgt nach Funktionen – so bildeten zum Beispiel alle Mitarbeiter der Abteilung „Kundenberatung" eine Gruppe. Diese Gruppen sollten weitgehend autonom arbeiten.

Nach eingehenden Diskussionen wurde dieses Arbeitszeit- und Arbeitsorganisationsmodell in die Praxis umgesetzt. Gleichzeitig erweiterte die Geschäftsleitung die Öffnungszeiten der Bank, von 8.30 Uhr bis 18.00 Uhr. Dadurch erhöht sich die Betriebszeit der Beschäftigten (einschließlich der Rüstzeiten) auf insgesamt 52 Stunden. Dennoch leistet jeder Mitarbeiter seine vertraglich geregelte Arbeitszeit, wobei auch Teilzeitarbeit in den unterschiedlichsten Formen möglich ist.

Die Entkopplung von Betriebszeit und persönlicher Arbeitszeit übertrug man den einzelnen Gruppen, die dadurch mehr Selbstverantwortung erhielten:
■ Die Betriebszeit wird für jede Arbeitsgruppe in Absprache mit ihren Mitgliedern festgelegt – ebenso wie die Mindestbesetzung zu jeder Zeit.
■ Die Gruppe entscheidet autonom, wer zu welcher Zeit anwesend ist.
■ Die Erfassung der Arbeitszeit jedes Mitarbeiters erfolgt über ein Zeiterfassungsgerät.
■ Innerhalb der Gruppen können Überstunden einzelner Mitarbeiter selbständig in ganzen Tagen an Freizeit abgegolten werden.

Aus der Sicht der Geschäftsleitung wie der Mitarbeiter hat sich dieses neue Arbeitszeitmodell in der Praxis voll bewährt. Die Kunden haben die erweiterten Öffnungszeiten fast begeistert aufgenommen – rund 50 Prozent der Beratungsgeschäfte werden zwischen 16 und 18 Uhr getätigt. Gleichzeitig haben sich die Entscheidungen der Gruppen über die Anwesenheit ihrer Mitglieder so eingependelt, daß bestimmte Kunden sicher sein können, zur immer gleichen Zeit ihre Kontaktperson sprechen zu können.

Der Vorstandssprecher der Bank, Heinz Metzger, beschreibt an einem einfachen Beispiel nicht ohne Stolz, wie die Autonomie der Kleingruppen auch ihre Eigenverantwortung und letztlich ihre Disziplin stärkt: „Eine Gruppe konnte sich anfangs nicht einigen, wie zwischen Weihnachten und Heilige Drei Könige der vermehrte Arbeitsanfall aufgefangen werden sollte. Nach eingehender Beratung verordnete sich die Gruppe selbst Urlaubssperre. In diesem Fall war eine solche unpopuläre Maßnahme sicherlich sinnvoll. Sie wäre aber von der Geschäftsleitung wohl nur gegen erhebliche Widerstände durchsetzbar gewesen".

Inzwischen sehen alle Beteiligten die neue Arbeitsorganisation und das genannte Arbeitszeitmodell als bewährt an. Dies gilt zunächst aus betriebswirtschaftlicher Sicht. Die Canstatter Volksbank verzeichnete in den vergangenen Jahren überdurchschnittliche Zuwachsraten – die Geschäftsleitung führt dies in erster Linie auf die kundenfreundlichen Öffnungszeiten und auf den kundenbezogenen Service der Kleingruppen zurück.

Sehr positiv stehen auch die Mitarbeiter diesem Arbeitszeitmodell gegenüber. Die Fluktuation unter den Beschäftigten ist in dieser mittelständischen Bank geringer als in vergleichbaren Kreditinstituten. Bei einer Befragung aller Mitarbeiter durch Infratest sahen nur zwei Prozent der Beschäftigen im Arbeitgeber den Hauptnutznießer des Modells, für 67 Prozent profitierten Arbeitgeber und Arbeitnehmer gleichermaßen, für 30 Prozent überwogen die Vorteile für die Beschäftigten. 48 Prozent der Mitarbeiter bewerteten das Modell „ausschließlich positiv", 50 Prozent „vorwiegend positiv".

Insgesamt ist die Canstatter Volksbank jedoch nicht nur ein Vorbild in Sachen Arbeitszeitregelung. Ihre Geschäftsleitung verweist auch auf die mittlerweile eingefahrene, sehr weitgehende Mitbestimmungspraxis. Auf diese Weise konnte der Einsatz neuer Technologien durch die Mitsprache aller Beteiligten ohne Entlassungen und ohne die Beeinträchtigung der Arbeitsbedingungen bewältigt werden. Für Heinz Metzger ist eine weitreichende Mitbestimmungspraxis für den Einsatz neuer Technologien und die Umstellung der Arbeitsabläufe deshalb besonders wichtig: „Man kann Bildschirmarbeitsplätze so oder so gestalten. Wenn ein solcher Arbeitsplatz installiert wird, haben die Betroffenen ein Mitspracherecht bei der Auswahl der Systeme. Zum zweiten können sie bei den Arbeitsabläufen mitreden". Das Beispiel der Canstatter Volksbank beweist den Erfolg dieser offensiven Mitbestimmungspraxis und einer Unternehmenspolitik, die auch vor neuen Ideen nicht zurückschreckt, für beide Seiten: für das Unternehmen und für die Beschäftigten.

3.5. Alternative Kapitalanlagemöglichkeiten

Mehr Ethik ist gefragt

Eine wachsende Zahl von Kapitalanlegern in so wichtigen Industrieländern wie den USA, Großbritannien und auch der Bundesrepublik ist nicht mehr bereit, ihr Geld einfach bei einer Bank anzulegen, ohne zu wissen, wohin es dann fließt. Seit einigen Jahren verzeichnen deshalb in Großbritannien und den USA „ethische Fonds" wachsenden Zulauf, Fonds, die Unternehmen nur dann Kredite gewähren, wenn sie eine möglichst geringe Umweltbelastung garantieren. Anlagen zu folgenden Zwecken werden ausgeschlossen: Rüstungsproduktion, Unternehmen mit Niederlassungen in Südafrika, Tabakproduzenten, Hersteller alkoholischer Getränke, Spielbetriebe und Pharmafirmen, die Tierversuche unternehmen.

Die Nachfrage nach Kapitalanlagen, die ethischen Kriterien folgen, wächst seit geraumer Zeit auch in der Bundesrepublik. Da es solche Kapitalanlagen im etablierten Bankensektor noch immer nicht gibt, konzentrieren sich diese Anleger auf jene kleinen, zum Teil erst vor kurzem gegründeten Banken oder Kapitalanlageinstitutionen, die ihre Arbeit an ethischen Kriterien ausrichten. Die bedeutendste Neugründung in dieser Richtung ist die Ökobank in Frankfurt, die aufgrund ihrer Schlagzeilen bereits sehr bekannt ist. Im Folgenden werden deshalb zwei kleinere, ebenfalls überaus originelle Kapitalanlage-Initiativen vorgestellt. Sie arbeiten mit verschiedenen Schwerpunkten, aber mit dem gleichen Ziel: Kapital ausschließlich in wirtschaftliche Projekte zu investieren, die in erster Linie soziale und ökologische Zielsetzungen verfolgen.

1. Die Stattwerke eG in Berlin-West

Für die Initiatoren der Stattwerke eG war der berühmte „Raketenherbst" und ihre Mitarbeit in der Friedensbewegung insgesamt das Schlüsselerlebnis, das sie über „alternative Möglichkeiten der Kapitalanlage" nachdenken ließ. In vielen Diskussionen im Rahmen der Friedens- und Ökologiebewegung stießen sie immer wieder auf den gleichen Widerspruch. „Wir wehren uns gegen bestimmte umweltzerstörende oder rüstungstechnische Projekte, während wir gleichzeitig unser Geld auf Banken arbeiten lassen, die genau solche Projekte finanzieren". Gleichzeitig erhalten viele selbstverwaltete Betriebe, die neue, humanere wirtschaftliche Strukturen vorleben, von den etablierten Banken oft keine Kredite. Warum also leitet man die eigenen Spargelder nicht so um, daß sie gerade Betrieben mit humanen Zielsetzungen und Strukturen zur Verfügung stehen?

Aus dieser Fragestellung zimmerten die Initiatoren der Stattwerke eG ihre eigene Utopie: Man gründe eine Institution, die Spargelder „alternativer Anleger" ansammelt und sie direkt als Kredite an selbstverwaltete Betriebe weiterleitet. Damit wäre beiden Seiten gedient. Die einen hätten ihr Geld vernünftig und ohne schlechtes Gewissen angelegt, die anderen hätten ohne Bückling vor Abteilungsleitern etablierter Banken Kredite erhalten.

Gesagt, getan. Was eher improvisiert und idealistisch klingt, nahm Anfang 1984 unter dem Namen „Stattwerke-Projektberatung" die Arbeit auf. Obwohl hieraus mittlerweile – für den Bereich der Direktkreditvermittlung – eine eingetragene Genossenschaft wurde, blieben die Aufgaben bis heute die gleichen:
■ Die rund zehn Mitarbeiter(innen) der Stattwerke eG beraten selbstverwaltete Betriebe in Fragen der Betriebsorganisation, des Marketings und in anderen Strukturfragen. Außerdem bietet die Genossenschaft Kurse zu Fragen des Projektaufbaus, der Buchhaltung, des Vereinsrechts, des Steuerrechts oder der innerbetrieblichen Organisation an.

■ Im einem zweiten Arbeitsbereich vermittelt die Genossenschaft Direktkredite und Bürgschaften an selbstverwaltete Betriebe. Das Ziel bei dieser Arbeit ist, Kreditgeber und Kreditnehmer in möglichst enge, direkte Beziehungen zueinander zu bringen – ganz im Gegensatz zur Anonymität des üblichen Bankgeschäfts. Aus dieser Utopie hat sich inzwischen eine rege Geschäftätigkeit entwickelt. Ende 1988 hatten über 500 Einzelpersonen rund 4 Mio. DM in rund 80 Betrieben angelegt.

Die Technik der Direktkreditvermittlung

Aus der Sicht der Stattwerke eG hilft die Direktkreditvermittlung allen Beteiligten und bietet deshalb eine Alternative zu den üblichen Bankgeschäften:

■ Die Anleger können darüber entscheiden, welchem Projekt sie zu welchem Zinssatz welchen Betrag zur Verfügung stellen. Sie erhalten dadurch einen engen Bezug zum Adressaten ihres Geldes.

■ Den Kreditnehmern eröffnet dies günstige Finanzierungsquellen, denn durch die Direktkreditvermittlung kann die Spanne zwischen Spar- und Kreditzinsen zwar nicht ganz entfallen – schließlich müssen auch die Stattwerke die Kosten für ihre Arbeit decken. Allerdings sind sie sehr viel geringer als bei Banken, die einen großen Apparat unterhalten müssen.

Die Beteiligung an dieser Direktkreditvermittlung ist relativ einfach: Ein Anleger/Sparer zahlt einen bestimmten Betrag auf ein Treuhandkonto der Stattwerke eG bei der Bank für Sozialwirtschaft in Berlin ein. Dort ist das Geld monatlich kündbar und wird banküblich verzinst. Anschließend erhält der Anleger in regelmäßigen Abständen Rundschreiben, die kreditsuchende Projekte vorstellen und folgendermaßen lauten können:

„Ein Graphik-Kollektiv von fünf Mitarbeiterinnen benötigt für die Neuanschaffung eines Satzgerätes insgesamt 150.000 DM. 30.000 DM davon können die Kollektivmitglieder selbst aufbringen. Von den verbleibenden 120.000 DM kann der Betrieb die Hälfte durch den Verkauf der alten Geräte in kurzer Zeit zurückzahlen. Die übrigen 60.000 DM müssen durch einen Kredit mit einer Laufzeit von drei Jahren zu einem Zinssatz von höchstens fünf Prozent abgedeckt werden."

Hat sich der Anleger für die Finanzierung dieses oder eines anderen Projektes entschieden – er braucht dabei nicht den vollen Betrag zu übernehmen, dann tritt die Stattwerke eG auf den Plan. Sie setzt einen Darlehensvertrag auf, der alle Einzelheiten der Regelung enthält: Betrag, Kontonummer, Laufzeit, Tilgungsraten, Zinssatz.

Spätestens dann stellt sich die Frage nach den Sicherheiten des Projekts. Denn die Stattwerke eG gehört keinem Einlagensicherungsfonds an wie die allermeisten Banken, d.h die Kundengelder sind nicht abgesichert, wenn ein Kredit platzt. Umso pingeliger klopfen die Mitarbeiter der Stattwerke deshalb jedes kreditsuchende Projekt auf Sicherheiten ab. Dabei kommen in erster Linie zwei Arten von Sicherheiten in Frage: Persönliche Bürgschaften aus dem Umfeld des Projekts, wenn diese bei Durchschnittsverdienern nicht höher sind als 3000 DM. Dazu kommt die Sicherungsübereignung von Maschinen oder Warenlager, die Eintragung von Grundschulden oder die Abtretung von Forderungen – diese Sicherheiten sind bankenüblich.

Erst wenn ein Projekt die gesamte Kreditsumme auf solche Weise absichert, kommt die Direktkreditvermittlung zustande: Das Projekt unterschreibt den Darlehensvertrag mit den entsprechenden Einzelheiten des Geschäfts. Das Original dieses Vertrages erhält der Anleger, der wiederum die Stattwerke eG ermächtigt, den entsprechenden Betrag vom Treuhandkonto auf das Konto des Kreditnehmers zu überweisen. Tauchen Schwierigkeiten auf, dann befassen sich damit ausschließlich die Mitarbeiter der Stattwerke eG.

Für den Fall, daß bei einem Betrieb, der eigentlich im ideellen Sinne förderungswürdig ist, doch Sicherheitslücken auftreten, hat man in Berlin seit Frühjahr 1987 ebenfalls vorgesorgt. Seitdem gibt es die sogenannte Haftungsassoziation eG, eine Bürgschaftsbank für selbstverwaltete Betriebe. Diese voll konzessionierte, vom Bundesaufsichtsamt für das Kreditwesen genehmigte Bank betreibt keinerlei Konten- und Kreditgeschäfte. Sie gewährt „lediglich" Bürgschaften für Kredite bis zu einer Höhe von maximal 150.000 DM. Mit diesen Bürgschaften können sowohl Kredite der Stattwerke eG als auch kommerzieller Banken abgesichert werden.

Die Voraussetzung für die Gründung dieser Bürgschaftsbank schufen die Evangelische Landeskirche von Berlin, die das Eigenkapital von 1 Million DM aufbrachte, und der Berliner Senat, der die Geschäfte der Bank zu 60 Prozent durch sogenannte Rückbürgschaften absichert. Mit dieser Bürgschaftsbank ist die Direktkreditvermittlung über die Stattwerke eG weit besser abgesichert als je zuvor – die Arbeit hat dadurch eine Art „offiziellen Segen" erhalten.

Insofern hat die Stattwerke eG in Berlin Pionierarbeit geleistet. Sie hat bewiesen, was vor zehn Jahren noch niemand geglaubt hätte: daß es möglich ist, die anonymen Kreditbeziehungen aufzubrechen und sinnvolle Projekte ohne Banken und einfach durch das Engagement von Kreditgebern und Kreditnehmern zu finanzieren. Auf diese Weise wurde im kleinen Rahmen ein Stück Utopie verwirklicht, die auch im größeren Rahmen denkbar wäre: die Umgehung der Bankenapparate durch Direktkreditvermittlung, die jedem Anleger die Wahl läßt, in welches Projekt er sein Geld investiert und in welches nicht. Diese Wahl gewähren die Banken im Kreditgeschäft keinem ihrer Klienten.

„Wir wollen Sparer(innen) und selbstverwaltete Betriebe zusammenbringen"

Ein Gespräch mit Manfred Gutzmer, Bankkaufmann und Politologe, Finanzberater bei der Stattwerke eG

Frage: Bietet eigentlich Ihre Direktkreditvermittlung bessere Chancen für einen „alternativen Umgang mit Geld" als das übliche Bankgeschäft?

Antwort: Sinn der Direktkreditvermittlung ist es, Sparer(innen) und selbstverwaltete Betriebe und Projekte direkt zusammenzubringen. Üblicherweise findet dieser Vorgang anonym in der Bank statt, wobei oftmals die Chancen selbstverwalteter Betriebe, zinsgünstige Darlehen zu erhalten, gering sind. Dies liegt weniger an der Zuverlässigkeit oder am Produkt, sondern an der Sturheit traditioneller Bänker, sich mit anderen Betriebsformen (Betriebe ohne Chef) auseinanderzusetzen.

Frage: Unter welchen Bedingungen lehnen Sie eine Kreditvergabe auch dann ab, wenn der Kreditnehmer genügend Sicherheiten beibringt?

Antwort: Eine Kreditvermittlung wird auch bei genügenden Sicherheiten nicht zustande kommen, wenn erkennbar ist, daß eine individuelle Bereicherung in dementsprechenden Betrieb stattfindet, der Umwelt zuwiderlaufende Produktion bzw. Produkte geplant sind oder der zu finanzierende Betrieb Beziehungen zu menschenrechtsverletzenden Ländern und Systemen unterhält.

Frage: Wie finanziert sich die Stattwerke eG?

Antwort: Die Sparer(innen) erhalten von dem Betrieb, den sie finanzieren, einen Zinsausgleich, der dem üblichen Sparzins der Banken entspricht. Die Vermittlungsprovision der Stattwerke eG beträgt im Jahr der Vermittlung zwei Prozent auf die vermittelte Kreditsumme; anschließend ein Prozent per anno auf den Darlehensrest pro Jahr. Für die finanzierten Betriebe bedeutet dies eine reale Zinsbelastung über die gesamte Laufzeit von derzeit etwa vier bis fünf Prozent pro Jahr – sie ist also trotz des Aufwandes der Stattwerke eG wesentlich geringer als im Falle von Bankkrediten.

Frage: In welcher Hinsicht können die Anleger bei der Stattwerke eG wirklich über die Verwendung ihrer Gelder bestimmen?

Antwort: In jeder Hinsicht. Sie können direkt entscheiden, welchem Projekt sie oder er welchen Betrag als Kredit zukommen lassen will. Ohne Ermächtigung der Anleger können wir kein Geld vom Treuhandkonto überweisen.

2. Die Ökumenische Entwicklungsgenossenschaft (EDCS)

„Seit einiger Zeit beschäftige ich mich damit, wie ich mein Geld sinnvoll anlegen kann, sozial sinnvoll, um Unterdrückung zu vermeiden." Dieses Problem haben derzeit immer mehr Menschen. Daß es dafür überhaupt die Spur einer Lösung gibt, verdanken sie jenen engagierten Christen, die 1975 die Ökumenische Entwicklungsgenossenschaft (Ecumenical Developement Cooperative Society = EDCS) gründeten. Diese Gründung war ihre Reaktion auf ein Mißverhältnis, das noch heute die Welt prägt: In den reichen Ländern verfügen viele Menschen über mehr Geld, als sie für ihre laufenden Ausgaben benötigen. Sie legen sich ein Sparbuch an oder kaufen Wertpapiere, um ihre Zukunft zu sichern oder ihr Geld schlichtweg für Zinsen arbeiten zu lassen. In den armen Ländern verfügen die meisten Menschen dagegen nicht einmal über genügend Geld für ihren täglichen Lebensbedarf – geschweige denn für die Sicherung ihrer Zukunft. Ähnlich dramatisch ist die Lage für Gewerbetreibende und Handwerker in diesen Regionen. Sie gelten zumeist als nicht kreditwürdig, weil man fürchtet, sie könnten ihre Schulden nicht zurückzahlen. Bei Investitionsplanungen sind sie deshalb auf örtliche Geldverleiher angewiesen, die in den Entwicklungsländern oft über 100 Prozent Zinsen verlangen – auch wenn das Vorhaben für die Allgemeinheit noch so nützlich ist.

Genau hier setzt die 1975 auf Anregung des Ökumenischen Rates der Kirchen in Holland gegründete EDCS an. Ihr Ziel ist, in den reichen Ländern Sparguthaben und Rücklagen zu sammeln, um sie für sozial nützliche Projekte in den armen Regionen der Welt einzusetzen. Insofern dienen diese Kapitalanlagen nicht der Erwirtschaftung von Gewinn, sondern einer gerechteren Zukunft für die ganze Welt. Die Bilanz der bisher 14jährigen Arbeit dieser Organisation ist ermutigend. Ende 1988 verfügte die Genossenschaft über ein Anteilskapital von 26,35 Mio US-Dollars – der Betrag hat sich allein in den vergangenen fünf Jahren verdoppelt.

Anlagekapital als Kreditpotential

Das Anlagekapital der EDCS stammt aus Anteilsscheinen in Höhe von 500 holländischen Gulden (rund 450 DM), die Kirchen, kirchenverbundene Organisationen oder Förderkreise erwerben können. Einzelpersonen, Gruppen, Kirchengemeinden oder ganze Organisationen und Institutionen können ebenfalls Anteilsscheine kaufen und werden auf diese Weise Mitglied bei einem regionalen Förderkreis, der wiederum Genossenschaftsmitglied der weltweit tätigen Ökumenischen Entwicklungsgenossenschaft ist. Das Gesamtkapital wird zu 70 Prozent in Form von Krediten an wirtschaftliche Projekte in die armen Regionen der Welt vergeben – der übrige Teil dient als Rücklage. Über die zu fördernden Projekte entscheidet ein 15köpfiger Vorstand, dessen Mitglieder zur Hälfte aus armen Ländern stammen müssen, um einen engen Kontakt zu künftigen Projektpartnern zu gewährleisten. Außerdem hat die EDCS in jedem Kontinent einen Regionalbeauftragten, der bei der Auswahl der Projekte und ihrer Überprüfung vor Ort eine wichtige Rolle spielt.

Die EDCS vergibt ihre Kredite nach harten entwicklungspolitischen und wirtschaftlichen Kriterien. Von wenigen Ausnahmen abgesehen werden alle Kredite verzinst. Außerdem müssen sie in harter Währung zurückgezahlt werden, um den Wert des Anlagekapitals zu garantieren. Für die Förderung von Projekten gelten folgende Kriterien:

■ Sie müssen sich zumindest langfristig ökonomisch selbst tragen.

■ Die Mitarbeiter der Projekte müssen direkt an ihrer Durchführung beteiligt sein – deshalb fördert die EDCS in erster Linie genossenschaftlich organisierte Projekte, in denen die Mitglieder Eigentümer und Nutznießer des Projekts sind.

■ Das Projekt soll den armen und unterprivilegierten Bevölkerungsschichten zugute kommen und dabei einen gewissen Modellcharakter für die Umgebung haben.

■ EDCS legt bei ihren Projekten Wert auf die Beteiligung von Frauen und die Beachtung ökologischer Erfordernisse.

Zum Beispiel: Eine Genossenschaft in Sierra Leone

Die EDCS fördert die Genossenschaft „Sowpondi Subsistence Farmers Association" in dem westafrikanischen Land Sierra Leone. Dieses Land weist ein für Entwicklungsländer typisches Problem auf: Noch in den 50er Jahren arbeiteten über 70 Prozent der Bewohner in der Landwirtschaft und versorgten das Land mit Nahrungsmitteln (Reis, Mais und Bohnen). Dann begann die Konzentration auf den Abbau von Diamanten und von Kaffee und Tabak für den Export. Die Folge: Die Produktion von Nahrungsmitteln ging zurück. Heute muß Sierra Leone sogar das Hauptnahrungsmittel Reis importieren.

Genau an dieser Stelle setzt das Projekt an. Die 30 Mitglieder umfassende Genossenschaft will ein effektives Vermarktungsnetz für Reis aufbauen und die regionale Versorgung mit Reis verbessern helfen. Dafür gewährte die EDCS der Genossenschaft einen Kredit über 20.000 US-Dollar zu einem Zinssatz von acht Prozent mit einer Laufzeit von fünf Jahren. Für dieses Geld kaufte sich die Genossenschaft einen gebrauchten Landrover, ein mobiles Silo für den Transport und die Lagerung von Reis, eine handbetriebene Reisdreschmaschine, eine größere Anzahl landwirtschaftlicher Geräte wie Hacken, Schaufeln und Schneidemesser sowie Saatgut.

Damit können die Mitglieder die Bewirtschaftung ihrer insgesamt 70 Hektar Anbaufläche effektiver durchführen. Da die Verantwortung und Durchführung des Projekts ausschließlich in den Händen der Genossenschaftsmitglieder liegt und das Projekt außerdem eine Vorbildfunktion für die Region haben könnte, entschied sich der Vorstand der EDCS für die Kreditvergabe. Das Projekt verläuft erfolgreich.

Kredite statt Spenden

Die Verantwortlichen der EDCS betonen bei allen Anlässen, daß ihre Organisation keine Spenden, sondern Kredite vergibt. Deshalb folgt die Geschäftspolitik harten wirtschaftlichen Grundsätzen. Die Zinssätze liegen zwischen acht und zwölf Prozent, das ist für die Verhältnisse in den meisten Entwicklungsländern ausnehmend günstig. Dafür ist die Bedingung der Rückzahlung des Kredits in harter Währung für viele Projekte sehr hart. Sie zwingt sie, bereits bei der Beantragung des Kredits Sicherheiten vorzuweisen und das Projekt möglichst schnell wirtschaftlich zu machen. Bei alledem schwankt die EDCS-Politik ständig zwischen hohen Anforderungen an ihre Projektpartner und bedingungsloser Solidarität in Notfällen. Diese Gratwanderung ist notwendig, da die Genossenschaft zwar bis auf eine geringe Dividende von zwei Prozent – in Jahren ohne größere Ausfälle – keine Gewinne erwirtschaftet, wohl aber den Wert der Genossenschaftsanteile garantieren muß.

Gleichzeitig bemüht sich EDCS immer um die solidarische Lösung von Problemen bei Projektpartnern – im Zweifel verzichtet man eben auf die Ausschüttung der Dividende oder greift auf Rücklagen zurück. Um solche Schwierigkeiten jedoch so gering wie möglich zu halten, prüfen Experten der EDCS die Projektanträge auf Herz und Nieren, auch vor Ort. Nicht zuletzt aus diesem Grund halten sich die Probleme mit den Projektpartnern bei EDCS in Grenzen.

Dazu kommt jedoch die besondere Qualität einer Kapitalanlage bei EDCS. Für ihren Geschäftsführer Douglas Brunson „praktizieren die Anteilseigner Solidarität mit den Armen der Welt, sie haben teil am Teilen der vorhandenen Ressourcen und sie arbeiten auf diese Weise für gerechtere weltwirtschaftliche Strukturen". Wer dies tut, der kommt um gewisse Risiken nicht herum. Sie sind der Preis für das Engagement der Anteilseigner, die für ihre Anteile ohnehin mehr ideelle als materielle Gewinne erwarten. Dieses Engagement sicherte denn auch den doppelten Erfolg der EDCS in den vergangenen 14 Jahren: Es floß viel mehr Kapital von der reichen Welt in die arme als umgekehrt – ganz im Gegensatz zu den sonstigen weltwirtschaftlichen Verhältnissen. Dennoch war das Kapital der Ökumenischen Entwicklungsgenossenschaft und damit ihre Arbeit noch nie gefährdet, wie die holländische Bankenaufsicht bestätigt. Angesichts dieser rundweg positiven Bilanz hat der EDCS-Geschäftsführer Douglas Brunson eigentlich nur ein Problem: „Die Armen werden weiterhin ärmer. Die EDCS ist – bei allem Erfolg – nur eine schöne, kleine Organisation, die eben nur eine bescheidene Wirkung auf das Weltproblem der Armut hat." Dennoch setzt sie ungebrochen auf die „Entwicklung als Prozeß der Befreiung, die auf wirtschaftliches Wachstum und Eigenständigkeit ausgerichtet ist."

„Das Kapital in partnerschaftlicher und solidarischer Weise dienstbar machen"

Interview mit dem evangelischen Pfarrer Günter Banzhaf.
Er war viele Jahre Geschäftsführer
des Südwestdeutschen Förderkreises von EDCS

Frage: Kann der EDCS-Anleger mit ruhigem Gewissen davon ausgehen, daß sein Geld nach moralisch-ethischen Kriterien arbeitet?

Antwort: Der EDCS-Einleger kann davon ausgehen, daß die Kredite an arme und benachteiligte Bevölkerungsgruppen gehen, die sich damit aus Abhängigkeiten befreien und eine eigene Existenz aufbauen können. Sein Geld „arbeitet" also für mehr soziale Gerechtigkeit, es fördert das Vertrauen benachteiligter Menschen in die eigene Kraft und unterstützt sie in ihren Bemühungen um eine eigenständige Entwicklung. EDCS vergibt Kredite bevorzugt an Genossenschaften, weil sich in genossenschaftlichen Strukturen arme Menschen direkt an Durchführung und Management des Projekts beteiligen können und der Nutzen vielen direkt zugute kommt. EDCS kann allerdings wie andere (Alternativ-)Banken auch nicht das gesamte Kapital in Projekte investieren. Ein gewisser Teil der Gelder wird als Liquiditätsreserve oder als kurzfristig greifbares Betriebskapital benötigt. EDCS geht davon aus – und hat diese Marke auch erreicht –, daß 75 Prozent des Anteilkapitals in Projekte investiert werden können. Ein Stück weit bleibt EDCS also eingebunden in unser Geld- und Wirtschaftssystem, kann nur eine Alternative im System sein, jedoch nicht zum System. In humorvoller Weise wurde EDCS einmal als Versuch eines „getauften Kapitalismus" bezeichnet. Diese Kennzeichnung bringt recht zutreffend zum Ausdruck, daß EDCS vom christlichen Glauben her mit Kapital anders umgehen will, daß Kapital hier in partnerschaftlicher und solidarischer Weise in Dienst genommen wird für mehr soziale Gerechtigkeit.

Frage: Welche Geschäftsbeziehungen unterhält EDCS zu Kreditinstitutionen, die ein rein geschäftliches Verständnis ihrer Arbeit haben?

Antwort: EDCS beachtet bei ihren Geschäftsverbindungen mit Banken die Richtlinien des Ökumenischen Rats der Kirchen und des Lutherischen Weltbundes und arbeitet deshalb nicht mit Banken zusammen, die in Südafrika oder im Rüstungsbereich engagiert sind. EDCS und die Förderkreise arbeiten entsprechend der eigenen Zielsetzung vorwiegend mit Genossenschaftsbanken zusammen.

Frage: Wie garantiert EDCS die Sicherheit der Einlagen?

Antwort: Sicherheit ist für EDCS nicht alles, könnte man sagen. EDCS erwartet von den Einlegern eine gewisse Risikobereitschaft, daß sie nämlich bereit sind, das tägliche Risiko der Armen solidarisch mitzutragen. EDCS investiert ja in Entwicklungsprojekte. Das ist zwangsläufig mit gewissen Risiken verbunden. Darüber werden Einleger und Interessenten nicht im Unklaren gelassen. Ein Werbeslogan der Förderkreise lautet deshalb auch „Geld anlegen und teilen".

Natürlich versucht EDCS die Risiken – schon auch im Interesse der Partner – so gering wie möglich zu halten. Die Projekte werden gründlich geprüft, zum Teil werden Durchführbarkeits-Studien angefertigt, womöglich werden Hypotheken auf erworbene Grundstücke und Gebäude eingetragen oder dienen Maschinen als Sicherheit. Außerdem werden Rückstellungen für mögliche Darlehensausfälle vorgenommen.

Die Erfahrung zeigt, daß in etwa 20 Prozent der Projekte (zeitweise) Schwierigkeiten auftreten, die eine Verzögerung bei Zins- und Tilgungsraten oder einen teilweisen Ausfall von Rückzahlungen zur Folge haben. EDCS kommt in solchen Fällen den Partnern bewußt entgegen, berät intensiv und sucht mit ihnen nach Auswegen. Durch eine solide und flexible Geschäftspolitik ist es EDCS bis jetzt gelungen, den Wert der Einlagen nominal zu erhalten. Vereinzelt konnte eine Dividende von zwei Prozent (als Inflationsausgleich) ausgeschüttet werden.

Frage: Kann der Einleger sein Geld jederzeit zurückerhalten?

Antwort: Mehr oder weniger ja. Die Einleger können ihre Anteile durch Vermittlung der Förderkreise wieder verkaufen. Die Förderkreise sind dabei abhängig von Neuzugängen. Für dringende Fälle hat EDCS im letzten Jahr einen Rückkauffonds eingerichtet. In der Regel erhalten Einleger innerhalb von zwei bis drei Monaten ihr Geld zurück, in dringenden Fällen und bei kleineren Beträgen auch umgehend, ganz unbürokratisch.

Frage: Wie können die Einleger über die Verwendung ihrer Gelder mitentscheiden?

Antwort: EDCS ist eine Genossenschaft. Diese Organisationsform gewährleistet demokratische Mitbestimmungsmöglichkeiten. Die Einleger sind stimmberechtigte Mitglieder im regionalen Förderkreis. Auf der jährlich stattfindenden Mitgliederversammlung wird die Arbeit der EDCS diskutiert und werden Anträge für die Hauptversammlung der EDCS formuliert. Auf der Hauptversammlung der EDCS hat der Förderkreis wie jedes andere EDCS-Mitglied eine Stimme. In einer Genossenschaft ist das Stimmrecht ja unabhängig von der Höhe der Einlage. Die Hauptversammlung bestimmt die Richtlinien der EDCS-Arbeit und wählt den Vorstand, der die einzelnen Entscheidungen in der Geschäfts- und Projektpolitik trifft. Die Mitglieder dieses Vorstandes kommen etwa zur Hälfte aus armen und reichen Ländern. Selbstverständlich können Vorschläge, Anregungen und Kritik auch unabhängig von den Versammlungen in den Diskussionsprozeß eingebracht werden. Vorstand und Geschäftsführung sind dafür sehr offen. Mitentscheiden ist also auf demokratischem Wege möglich. Mitdenken in der Genossenschaft und Anteilnehmen an der Arbeit der Projektpartner sind gefragt.

3.6. Verbraucher machen „Politik mit dem Einkaufskorb"

1. Erfolgreiche Verbraucheraktionen

Ob man es glaubt oder nicht, in der Marktwirtschaft ist der Kunde König – wenn nicht König, so hat er doch eine wichtige Stellung. Entsprechend große Hoffnungen setzen viele Bürger, die eine sozialere und umweltschonendere Wirtschaft anstreben, auf ein kritisches Verbraucherbewußtsein. „Politik mit dem Einkaufskorb" wurde zu einem neuen Schlagwort.

Mißt man den Erfolg dieses „Aufbruchs kritischer Verbraucher" an ihrem Einfluß auf die „große Wirtschaftspolitik", so wird man enttäuscht sein. Spektakuläre Verbraucheraktionen, wie man sie aus den Vereinigten Staaten kennt, blieben in der Bundesrepublik aus. Dennoch kann die Verbraucherbewegung auf zahlreiche kleine Erfolge verweisen, die eine wachsende Bereitschaft zu einer „Politik mit dem Einkaufskorb" signalisieren.

Den größten Erfolg dokumentierte erst kürzlich eine auf den ersten Blick unscheinbare Pressemeldung. Einer der größten Waschmittelhersteller, die Firma Henkel, teilte mit, daß sie die Produktion von phosphathaltigen Waschmitteln eingestellt habe. Die Begründung: Da der Anteil von Waschmitteln ohne diese umweltschädigenden Zusätze seit 1985 von 5 auf 90 Prozent gestiegen sei, lohne sich die Herstellung phosphathaltiger Waschmittel nicht mehr. Diese unscheinbare Meldung beweist nicht mehr und nicht weniger, als daß der Kunde doch König ist und diese mächtige Stellung auch zu einer ökologisch motivierten Änderung des Produktsortiments nutzen kann.

Dabei ist das Beispiel der Waschmittel längst nicht der einzige Bereich im Konsumgütersektor, in dem umweltbewußte Verbraucher entscheidende Akzente gesetzt haben. So hat sich die gesamte Kosmetik-Branche bereits auf neue Kundenideale eingestellt. Sprays mit Treibgasen, die die Ozonschicht gefährden, sind praktisch aus dem Sortiment verschwunden. Kosmetik-Artikel mit der Aufschrift „Ohne Tierversuche" verkaufen sich bei der für diesen Problembereich besonders sensiblen Konsumentengruppe der jüngeren Frauen leichter.

Ganz im Gegensatz zu vielen pessimistischen Vorurteilen ändert sich das Verbraucherverhalten auch auf Märkten mit hohem Statusgehalt. Die vielen Hormonskandale haben den Fleisch-Markt in Bewegung gebracht. Der Fleischkonsum, schon seit langem aus gesundheitlichen Gründen umstritten, stagniert derzeit – wenn auch auf einem hohen Verbrauchsniveau. Um den in Zukunft zu erwartenden Verbrauchsrückgang zu vermeiden, versuchen viele bäuerliche Familienbetriebe zu retten, was von ihrem Ruf zu retten ist: Sie wehren sich selbst gegen Tierfabriken und bieten ihr Fleisch über bestimmte Handelsketten unter dem Vorzeichen „naturnahe Tierzucht" an. Setzt sich diese Entwicklung fort, wird sich die pharmazeutische Fleischproduktion der Tiermäster bald nicht mehr lohnen. Auch auf dem Automarkt hinterließ das veränderte Verbraucherverhalten tiefe Spuren. Die Tankstellen verkaufen inzwischen wesentlich mehr bleifreies Benzin als verbleites. Die anfängliche Gleichgültigkeit der französischen Autokonzerne gegenüber Katalysatoren verringerte ihren Absatz in der BRD zum Teil erheblich. Während die Modelle von Peugeot mehrfach Auszeichnungen erhielten, sanken sie in der Gunst der deutschen Käufer – aus ökologischen Gründen. Die Folge: Renault und Peugeot werben heute mit dem Prädikat „Kat serienmäßig".

Ähnliche Erfolge gibt es auch bei so „illustren" Waren wie Tropenholz und Elfenbein. Die zunehmende Diskussion über den Schutz der Regenwälder und der Elefanten drückte sofort auf den Absatz dieser Luxuswaren – der Tropenholzhandel und manche Klavierbauer beklagen sich bitter über den „ökonomisch ruinösen Feldzug der Umweltschützer". Genau dieser Vorwurf untermauert zumindest den Teilerfolg einer „Politik mit dem Einkaufskorb".

Allerdings dürfen diese Teilerfolge nicht zu allzu euphorischen Urteilen über die politischen Möglichkeiten von Verbraucheraktionen verleiten. Der Präsident der Arbeitsgemeinschaft der Verbraucherverbände, Helmut Lenders, hat durchaus recht mit seiner skeptischen Feststellung, daß „viele Verbraucher hier und da mal einen punktuellen Beitrag leisten, aber keine konsequent bewußte Einkaufsstrategie verfolgen". Von amerikanischen Verhältnissen, unter denen auch und gerade Großunternehmen schon bei der Androhung eines Kaufboykotts mit sinkenden Aktienkursen rechnen müssen, sind wir in der Bundesrepublik noch weit entfernt. Gleichzeitig verschweigt Helmut Lenders zumindest eine wichtige Ursache für die mangelnde politische Durchschlagskraft vieler Verbraucheraktionen: die Schwäche der Verbraucherorganisationen, die lange Zeit – völlig unpolitisch – nur an niedrigen Preisen interessiert waren. Mittlerweile ist ihr politisches Bewußtsein zwar erwacht, doch noch immer sind sie nicht in der Lage, bei größeren Aktionen ein Bündnis mit anderen bedeutenden gesellschaftlichen Gruppen oder Verbänden – wie zum Beispiel den Kirchen oder den Gewerkschaften – einzugehen. Welche Möglichkeiten gemeinsame Aktionen mit diesen Gruppen bieten könnten, das zeigt eine Verbraucheraktion von kirchlichen und anderen Dritte-Welt-Organisationen in der Schweiz, die den amerikanischen Früchtekonzern DelMonte zu einzigartigen sozialpolitischen Zugeständnissen an seine Plantagenarbeiter auf den Philippinen zwang.

2. Testfall Ananas oder wie verbessert man die Lebensbedingungen von Landarbeitern in der Dritten Welt?

Wenn in der Öffentlichkeit die Entwicklungsarbeit großer kirchlicher (oder anderer) Hilfswerke wie „Misereor" oder „Brot für die Welt" diskutiert wird, dann halten sich Bewunderung und Gefühle der Ohnmacht die Waage. Die Bewunderung gilt den zahlreichen Kleinprojekten, mit denen diese Hilfsorganisationen zumeist erfolgreiche Hilfe zur Selbsthilfe in den Ländern der Dritten Welt leisten. Gefühle von Ohnmacht vermittelt dagegen ein Grundproblem dieser Art von Entwicklungshilfe: Aufs Ganze gesehen nehmen Hunger und Elend immer weiter zu. Oder anders ausgedrückt: Während die Entwicklungsprojekte einigen Bauern eine menschenwürdige Existenz sichern, arbeiten oft Zehn-, ja Hunderttausende unter menschenunwürdigen Bedingungen auf Großplantagen, um billige exotische Früchte für die hiesigen Verbraucher zu pflücken. Bananen, Ananas, Kiwis – und was unsere Supermärkte noch so alles anbieten.

Vor diesem Hintergrund erprobten fünf Schweizer Hilfsorganisationen vor wenigen Jahren eine ganz andere Art der Entwicklungspolitik. Sie setzten eben bei dem genannten Widerspruch in Form der Ananas-Angebote in den Regalen des größten Schweizer Einzelhandelskonzerns, der Migros-Genossenschaft, an. Ihre Ananasfrüchte und -konserven stammen ausschließlich von den Plantagen des amerikanischen Früchtekonzerns DelMonte auf der philippinischen Insel Mindanao.

Die Arbeitsbedingungen auf diesen Plantagen sind vielen Mitarbeitern der Schweizer Hilfsorganisationen spätestens seit 1975 ein Dorn im Auge. Damals veröffentlichten zwei Mitarbeiter der amerikanischen Mennonitenkirche einen dramatischen Bericht über die sozial katastrophalen Arbeitsbedingungen auf den Plantagen der philippinischen DelMonte-Tochtergesellschaft. Um sicherzugehen, beschlossen die Schweizer Hilfswerke, die auf dieser Insel auch präsent sind, die Informationen der beiden Amerikaner vor Ort zu überprüfen. Das Ergebnis dieser Untersuchung waren niederschmetternde Einzelheiten über die unternehmerische Praxis des amerikanischen Weltkonzerns auf den Philippinen: Die Löhne waren extrem niedrig, die Arbeitsbedingungen schlecht. Außerdem hatte das Unternehmen große Ländereien illegal von Landarbeitern erworben. Die Arbeit firmenunabhängiger Gewerkschaften wurde grundsätzlich behindert.

Diese Informationen führten in der Schweiz bis Anfang der 80er Jahre zu einer immer intensiveren Diskussion über den Grundwiderspruch des Handels mit der Dritten Welt: Wie können Verbraucher in einem reichen Land mit hohen Löhnen und vergleichsweise guten Arbeitsbedingungen Luxusprodukte aus einem Enwicklungsland kaufen, die nur deshalb so billig sind, weil die Produzenten so schlecht bezahlt und behandelt werden und weil der größte Teil des Handelsüberschusses in die Taschen eines Konzerns fließt, der ebenfalls aus einem reichen Land stammt?

Diese Grundfrage bewog die Hilfsorganisationen zu „Angriffen" an die Adresse der Migros-Genossenschaft als größtem Einzelhandelskonzern in der Schweiz und seinem exklusivem Abnahmevertrag mit DelMonte. Die Vertreter der Genossenschaft wiesen zunächst die Kritik der Hilfswerke zurück, besannen sich dann aber doch auf die Statuten ihres Unternehmens: „Die Migros ist eine Genossenschaft mit 1,3 Millionen Mitgliedern und einer sozialen Verpflichtung, die in den Statuten festgeschrieben ist. Und daraus ergibt sich, daß die Migros schon seit Jahren entwicklungspolitisch aktiv ist und die Diskussion entwicklungspolitischer Themen deshalb zum Alltag in der Migros gehört", so Migros-Pressesprecher Franz Raggenbass auf Anfrage. Im Juni 1982 organisierte die Migros dann in einem Züricher Hotel ein Treffen zwischen Migros-Vertretern, DelMonte-Direktoren und Vertretern der Hilfswerke. Am Ende dieser Gespräche war die Überraschung perfekt. Die DelMonte-Direktoren schlugen vor, in die Lieferverträge mit der Migros eine Sozialklausel aufzunehmen, die auf den philippinischen Plantagen wesentliche Verbesserungen in den Bereichen Landverträge, Löhne und Arbeitsbedingungen und Gewerkschaftsfreiheit mit sich bringen würde. Für diese Entscheidung gaben die Vertreter des Früchtekonzerns keine Begründung ab. Für Franz Raggenbass liegt dies jedoch auf der Hand: „Für DelMonte war dies eindeutig eine Imagefrage. Sie konnten diese Kritik nicht auf sich sitzen lassen, sie fühlten sich zu Unrecht angegriffen und mußten etwas für ihren Ruf tun." Ob sie gleichzeitig den Einbruch auf dem Schweizer Markt oder zumindest Boykottdrohungen der Hilfswerke fürchteten, bleibt offen – es ist jedoch anzunehmen.

Kontrolle vor Ort

So überraschend die Erklärung von DelMonte auch für die Hilfswerke war, ihre Vertreter blieben skeptisch. Sie kritisierten in erster Linie den allzu unverbindlichen Wortlaut der Sozialklausel: „Der Lieferant verbürgt sich gegenüber der Migros dafür, daß die Produktionsmethoden für die Arbeiter sowohl in sozialer wie in wirtschaftlicher Hinsicht überdurchschnittlich sind." Für die Juristen der Hilfswerke war „diese Formulierung zu vieldeutig und ließ zu viele Auslegungsmöglichkeiten zu. Vor allem darf man die Definition der Begriffe ‚sozial‘ und ‚überdurchschnittlich‘ gerade in Entwicklungsländern nicht Unternehmen wie DelMonte oder auch Migros überlassen." Sie forderten deshalb eine Überprüfung der sozialen Bedingungen vor Ort.

Nach monatelanger intensiver Diskussion einigten sich die Vertreter der Hilfswerke mit der Migros-Genossenschaft, Anfang 1987 eine Inspektionsreise auf die Philippinen durchzuführen, um die Einhaltung der Sozialklausel vor Ort zu überprüfen. Die Reise wurde sorgfältig vorbereitet, alle Angebote von

DelMonte zur Unterbringung der Delegation oder zur Übernahme anderer Kosten lehnten die Vertreter von Migros und den Hilfswerken ab – sie wollten nicht in den Geruch der Begünstigung oder gar der Bestechlichkeit geraten, sondern absolute Unbhängigkeit wahren. Die Delegation hielt sich dann auf den Philippinen auch weniger mit offiziellen Kontakten auf, sondern unterhielt sich mit den Betroffenen. Ihre Mitglieder gingen mit den Plantagenarbeitern frühmorgens zur Ananasernte. Sie trafen sich außerhalb der Firma und ohne Präsenz von DelMonte mit Fabrikarbeiterinnen und mit entlassenen Angestellten, besuchten Wohnungen und informierten sich über das Gesundheitssystem. Gleichzeitig hielten sie auch Kontakt zu Anwälten und Gewerkschaftsführern.

Obwohl die Delegation auf ihrer Reise noch schwerwiegende Probleme ermittelte, sah sie auch eine gewisse Bestätigung ihres Engagements für eine Sozialklausel. Immerhin liegen die Löhne der DelMonte-Arbeiter um 50 Prozent über dem philippinischen Mindestlohn – gleichzeitig handelt es sich dabei aber noch immer nur um einen Tageslohn von 5,40 DM (Stand: 1987). Andererseits hat DelMonte, so Franz Raggenbass, „auf dem Gebiet der Plantage ein Gesundheitswesen aufgebaut, das beispielhaft ist auf der ganzen Insel, desgleichen hat das Unternehmen Häuser für die Angestellten zur Verfügung gestellt. Sie haben außerdem ein Schulsystem aufgebaut, und das alles im wesentlichen gratis." Auch die Vertreter der Hilfswerke erkannten die zahlreichen sozialen Verbesserungen für insgesamt mehr als 10.000 Menschen an. Der juristische Berater der Hilfswerke, Christoph Lanz, zeigte sich erfreut darüber, daß der Konzern auch bereit war, die viel kritisierten Pachtverträge mit den Kleinbauern zu überarbeiten, um den Vorwurf der unrechtmäßigen Aneignung von Land zu entkräften.

Insgesamt waren die Hilfswerke mit dem Ergebnis dieser Aktion aus zwei Gründen sehr zufrieden:

■ Sie zeigt klar, wie sensibel auch große Weltkonzerne reagieren, wenn ihr Ruf angekratzt wird und die Kratzer negative Auswirkungen auf den Verkauf ihrer Produkte haben könnten.

■ Sie zeigt damit auch die Macht der Verbraucher. Gut organisiert und von bedeutenden Organisationen unterstützt, können die Verbraucher fast immer auf die sozialen und ökologischen Bedingungen Einfluß nehmen, unter denen die Produkte in den Regalen der Geschäfte hergestellt wurden.

Aus diesen Gründen sehen die schweizerischen Entwicklungsorganisationen in dieser Ananas-Aktion ein eindeutiges Signal für ihre zukünftige Arbeit.

Zwar werden sie mit Sicherheit auch in Zukunft ihre mühevolle Projektarbeit betreiben. Sie werden sich jedoch nicht mehr ausschließlich auf Entwicklungsprojekte konzentrieren. Dafür war der „Testfall Ananas" im doppelten Sinne zu erfolgreich. Die Aktion kostete etwa 60.000 DM – und das ist, so Christoph Lanz, „etwa so viel, wie ein kleineres Entwicklungsprojekt in einem Jahr verschlingt. Gleichzeitig half diese Aktion die Lebensbedingungen so vieler Menschen zu verbessern, wie es dies auch ein größeres Entwicklungsprojekt in einem Jahrzehnt nicht leisten könnte".

„Mit Sozialklauseln für Einfuhren die Arbeitsbedingungen in der Dritten Welt verbessern"

Interview mit Christoph Lanz. Er ist Jurist und Spezialist für Konsumentenfragen bei den kirchlichen Hilfsorganisationen der Schweiz. Er war an der Verbraucheraktion gegen Migros und Del Monte direkt beteiligt.

Frage: Welchen Eindruck gewannen Sie auf der Reise in die Philippinen, auf der Sie die Einhaltung der Sozialklausel durch DelMonte überprüften? Inwiefern unterscheiden sich die Arbeitsbedingungen auf den DelMonte-Plantagen von den übrigen Arbeitsbedingungen auf den Philippinen?

Antwort: Man kann davon ausgehen, daß in den Philippinen schätzungsweise 47 Prozent der Bevölkerung arbeitslos oder stark unterbeschäftigt sind. Von den fest Beschäftigten erhalten nur etwa zehn Prozent den gesetzlich vorgeschriebenen Mindestlohn. Mit den Sozialleistungen verhält es sich ähnlich.

Del Monte bezahlt seit der Vereinbarung mit Migros circa 50 Prozent mehr als den gesetzlich vorgeschriebenen Mindestlohn von 54 Pesos, das entspricht etwa 5 DM pro Tag, und bietet auch überdurchschnittliche Sozialleistungen. Auch wenn man von einem Unternehmen dieser Größe – es beschäftigt auf den Philippinen rund 11.000 Angestellte auf rund 26.000 Hektar Boden – gewisse soziale Mindeststandards erwarten muß, sind seine Zusatzleistungen doch beachtlich. Es ist aber klar, daß trotzdem weitere Verbesserungen erreicht werden müssen.

Wir haben sehr viel Zeit und Aufwand auf die Problematik des Landerwerbs verwendet. Bis jetzt war es so, daß die Landverträge, die Pachtverträge zwischen dem Multi und Kleinbauern, in englischer Sprache abgefaßt wurden – aus juristischen Gründen. In der Realität führte dies allerdings dazu, daß die meisten Kleinbauern nicht wußten, was sie unterschrieben. In unseren Gesprächen ist uns eine Vereinbarung mit DelMonte gelungen, die den Kleinbauern einen Vertragstext in ihrer eigenen Sprache zusichert. Außerdem werden die Pachtzinsen indexiert, daß heißt an die Inflationsrate angepaßt, so daß die Kleinbauern keine Kaufkraftverluste erleiden.

Insgesamt läßt sich sagen, daß wir für die direkt Betroffenen spürbare Verbesserungen erzielt haben. Und dies, obwohl der Konzern über die Migros nur 0,9 Prozent seiner Ananas aus den Philippinen absetzt. Mit einem Marktanteil von 0,9 Prozent wurden für 100 Prozent von Kleinbauern und Landarbeitern Verbesserungen erzielt.

Frage: War Ihr Ansatz nicht insoweit unzureichend, als die Produktion von Exportfrüchten, wie in diesem Fall Ananas, in einem Land mit Nahrungsmittelmangel eigentlich gar nicht zu verantworten ist?

Antwort: Ja und nein. Ein Blick auf die Zahlen zeigt, daß derzeit DelMonte rund ein Prozent des Kulturlandes auf der Insel Mindanao für seine Plantagen benutzt. Es ist eine Erfahrung aus der Entwicklungspolitik, daß jedes Land darauf angewiesen ist, zumindest einzelne Produkte für den Export herzustellen. Die zentrale Frage ist meines Erachtens nicht, in welchem Ausmaß sich ein Land am internationalen Handel beteiligen soll, sondern mit welchen Waren und wem dieser Handel zugutekommt. Schafft dieser Handel Arbeitsplätze und soziale Verbesserungen oder nicht? In diesem Sinne glaube ich, daß man den Export von Ananas auf den Philippinen durch Del Monte rechtfertigen kann, wenn wir darauf achten, daß die direkt Betroffenen faire Arbeitsbedingungen haben. Dies zu sagen, heißt nicht, die politische Problematik von multinationalen Unternehmen von der Größe Del-Montes zu verharmlosen.

Frage: Inwieweit setzt diese Aktion für Sie als Vertreter kirchlicher Entwicklungsorganisationen eigentlich neue Akzente für die zukünftige Arbeit der Hilfswerke?

Antwort: Entwicklungshilfeprojekte bleiben weiterhin notwendig, aber die Erfahrung aus 25 Jahren kirchlicher Entwicklungsarbeit hat gezeigt, daß solche Projekte leider nicht genügen. Denn für eine Welt ohne Hunger braucht es mehr als Geld und Spendenbereitschaft.

Die Projekthilfe muß ergänzt werden, zum Beispiel durch eine bewußte Bevorzugung von Produkten, die unter sozial und ökologisch tragbaren Bedingungen in der Dritten Welt hergestellt wurden. Deshalb haben die kirchlichen Hilfswerke der Schweiz einen großen Appell für einen gerechten Handel mit der Dritten Welt an die Öffentlichkeit gerichtet. Dabei geht es darum, auch politisch zu überprüfen, wo es möglich wäre, über Sozialklauseln zu einem gerechteren Handel mit der Dritten Welt zu kommen.

3.7 Schlußfolgerung: Basisinitiativen als Keimzellen einer neuen Wirtschaftspolitik

Kontrastprogramm zur traditionellen Wirtschaftspolitik

Die beschriebenen Basisinitiativen sind nur einige wenige, aber durchaus repräsentative Beispiele für das Engagement von Minderheiten für wirtschaftliche Veränderungen. Ihre Initiativen markieren von ihren Zielsetzungen und von der Umsetzung der Ziele her ein Kontrastprogramm zur traditionellen Wirtschaftspolitik ja ein Kontrastprogramm zur bestehenden Wirtschaftsweise überhaupt:

■ Bei ihrem unternehmerischen Aktivitäten orientieren sich diese Initiativen nicht nur an rein betriebswirtschaftlichen Kriterien wie der Steigerung von Produktivität, Produktion und Gewinn. Sie versuchen, die Ansprüche der Menschen, der Umwelt und der ganzen Volkswirtschaft in ihrem innerbetrieblichen Ablauf und ihren unternehmerischen Zielen zu berücksichtigen. Betriebswirtschaftliche Rentabilität wird verbunden mit den sozialen Bedürfnissen der Mitarbeiter nach Mitentscheidungsmöglichkeiten, humanen Arbeitsbedingungen und einer sozial gerechten Entlohnung. Gleichzeitig unterwerfen sie ihre Produktion moralischen Kriterien: Menschen- und umweltfeindliche Produkte und Produktionsverfahren lehnen sie konsequent ab.

■ Die gleichen Kriterien gelten für die Verwendung von Geld: Die Initiativen entscheiden beim Konsum und bei der Anlage von Geld nicht allein danach, welches Produkt oder welche Anlage das bestmögliche Verhältnis zwischen Preis und Leistung aufweist. Produktpreise und Zinsen sind deshalb nicht die wichtigsten Entscheidungskriterien. Sie orientieren ihre Verbrauchsentschei-

dungen auch danach, unter welchen sozialen Bedingungen Produkte hergestellt werden und inwiefern sie der Umwelt schaden. Das Gleiche gilt für Kapitalanlagen: Kredite an Unternehmen, die sich an der Zerstörung der Umwelt
oder an der Rüstungsproduktion beteiligen, lehnen sie ebenso ab wie Kredite
an menschenverachtende Regierungen. Statt dessen fließt ihr Geld gezielt an
selbstverwaltete Betriebe, ökologisch orientierte Unternehmen, Frauenpro-
jekte und Projekte in der Dritten Welt.

■ Damit bieten die Basisinitiativen ein Kontrastprogramm zur traditionellen
Wirtschaftspolitik. Sie sind nicht bereit, die Sachzwänge der Wachstumswirtschaft zu akzeptieren, um dann anschließend die sozialen und ökologischen
Folgelasten zu reparieren. Sie wollen soziale Gerechtigkeit und eine ökologische Wirtschaftsweise bereits im wirtschaftlichen Prozeß verankert wissen.
Auch die „heiligen Kühe" des Kapitalismus – privates Eigentum an Produktionsmitteln und reine Gewinnorientierung – lehnen sie zwar nicht grundsätzlich ab, doch binden sie diese an qualitative Kriterien: Das Privateigentum
darf der Demokratie im Unternehmen nicht im Wege stehen, Gewinne müssen
nach sozialen und ökologischen Kriterien Verwendung finden.Obwohl nicht
alle der genannten Initiativen dieses Kontrastprogramm in dieser Konsequenz
repräsentieren, so enthalten sie doch Elemente davon. Auf der Mikroebene entstanden Keimzellen einer neuen Wirtschaftspolitik, ja sogar neuer, qualitativ
anderer wirtschaftlicher Strukturen, die einen Aufbruch zu neuen Ufern sym-
bolisieren. Allerdings dürfen diese Initiativen nicht darüber hinwegtäuschen,
daß dieser Aufbruch mittlerweile im herrschenden wirtschaftlichen Mechanismus an die Grenzen gestoßen ist. Der entscheidende Sprung zur Veränderung
der gesamten Wirtschaft ist ausgeblieben.

Der Funke der Basisinitiativen muß auf die Wirtschaftspolitik überspringen

Bei allem Respekt vor dem Engagement dieser Initiativen und ihrer Träger darf man allerdings nicht verkennen, daß sie mit ihren Aktivitäten die allgemeine wirtschaftliche Entwicklung – sieht man von einigen Erfolgen im Konsumbereich ab – nicht nennenswert beeinflußt haben. Die Minderheiten sind
bis heute weit davon entfernt, zu Mehrheiten zu werden. Nun kann man dafür
die Trägheit und Bequemlichkeit verantwortlich machen, zu der eine satte
Wohlstandsgesellschaft tendiert und liegt mit dieser resignativen Kulturkritik
durchaus richtig. Allerdings gibt es auch andere Gründe dafür, warum die wirt-

schaftliche Entwicklung durch eine „Wirtschaftspolitik von unten" alleine nicht grundlegend verändert werden kann:

■ Das „Belohnungs- und Anreizsystem" unserer Wirtschaft steht dem Engagements der Minderheiten entgegen. Unternehmen, die ihren Betrieb in allen Bereichen auf eine umweltschonende Wirtschaftsweise umstellen, werden dafür durch hohe Investitionskosten „bestraft", die ihnen im Wettbewerb nur Nachteile bringen. Der langfristige Vorteil eingesparter Ressourcen wie Rohstoffe, Energie oder Wasser wiegt diese Nachteile oft nicht auf. Das gleiche gilt für umweltorientierte Verbraucher, die ihr Engagement zumeist teuer bezahlen müssen – man denke nur an das Preisniveau in Bioläden.

■ Ähnliches trifft auch auf Belegschaftsinitiativen zu. Viele Arbeitnehmer würden die Übernahme ihres Betriebes einzig und allein als hohes wirtschaftliches Risiko empfinden und gar nicht an ein eigenes Engagement denken. Gleiches gilt für Banken, die lieber etablierte Firmen mit Krediten eindecken als sich mit dem Risiko von Krediten an selbstverwaltete Betriebe oder Belegschaftsinitiativen zu belasten.

■ Die Beschäftigten sind materiell auf einen Erwerbsarbeitsplatz angewiesen. Aufgrund dieser Abhängigkeit sehen sie sich häufig nicht in der Lage, sich gegen unzumutbare Verhältnisse in ihrem Betrieb oder gegen Produktionsziele, mit denen sie sich nicht identifizieren, aufzulehnen. Jede „Wirtschaftspolitik von unten" ist deshalb mit Kosten und damit Opfern verbunden, die viele Bürger nicht zu tragen bereit sind, obwohl sie die Ziele und Ideale dieser Initiativen teilen.

■ Außerdem gibt es wirtschaftspolitische Problembereiche, die durch eine „Wirtschaftspolitik von unten" alleine nicht zu lösen sind. Man denke nur an den Ausstieg aus der Kernenergie. Selbst wenn Stromsparinitiativen wirklich erfolgreich wären, dann hätten sie noch immer nicht die Gewißheit, ob die Energieversorgungsunternehmen zuerst ihre Kohlekraftwerke und erst dann ihre Kernkraftwerke abstellen oder umgekehrt.

Insofern stoßen die Basisinitiativen an allen Ecken und Enden ihres Engagements an die Wirkungsmechanismen dieses Wirtschaftssystems, die ihre Ausbreitung begrenzen. Dies heißt allerdings noch lange nicht, daß solche Basisinitiativen nichts bewirken, es bedeutet lediglich, daß sie eben nicht so viel bewirken wie dies notwendig wäre.

Deshalb können die Basisinitiativen als Keimzellen einer neuen Wirtschaftspolitik auf der Mikroebene die wirtschaftlichen Verhältnisse insgesamt nur verändern, wenn ihr Funke auf die Makroebene überspringt. Die in Keimzellen vorgelebten, neuen wirtschaftlichen Ansätze erfordern eine neue Wirtschaftspolitik, die die gesamten Rahmenbedingungen der Wirtschaft nach ihren Idealen verändert. Diese Ideale heißen:

- ökologisch,
- sozial,
- demokratisch.

KAPITEL 4:
VOM KAPITALISMUS ZU EINER
SOZIALÖKOLOGISCHEN WIRTSCHAFTSDEMOKRATIE

4.1. Strukturelle Veränderungen statt Reparatur

Die traditionelle Wirtschaftspolitik kann die tiefen Anliegen der Basisinitiativen ebenso wenig in die Praxis umsetzen wie sie jene Probleme grundlegend angeht, vor denen die Volkswirtschaften der Bundesrepublik und der anderen Industrieländer stehen. Der Grund liegt darin, daß sie ihre qualitativen Ziele kaum jemals in die Strukturen des Kapitalismus einbettet, sondern sich in erster Linie auf die Beseitigung der Folgeschäden konzentriert. Unter diesen Bedingungen kann die Wirtschaft niemals wirklich ökologisch und sozial und schon gar nicht demokratisch sein. Andererseits muß man zugestehen, daß jede Wirtschaftspolitik bei der grundlegenden qualitativen Veränderung der wirtschaftlichen Entwicklung in freiheitlichen Gesellschaften eine Grenze vorfindet: nämlich die Bereitschaft der Menschen, diese Veränderungen mitzutragen. Schließlich kann letztlich keine Regierung ein sozial verantwortliches Handeln der Unternehmer, Arbeitnehmer, der Verbraucher und der Kapitalanleger erzwingen.

Diese Probleme einzugestehen, heißt jedoch nicht, daß Regierungen bei grundlegenden Veränderungen die Hände gebunden sind. Wie viel Kraft und Engagement Menschen gerade in schwierigen Zeiten oft aufbringen, zeigen ja gerade die zahlreichen Basisinitiativen, von denen in diesem Buch die Rede ist. Die entscheidende Frage ist deshalb, weshalb sich dieses Engagement auf so kleine Minderheiten beschränken muß, denn es ist kaum anzunehmen, daß sich soziale Verantwortung auf eine kleine Minderheit der Bevölkerung beschränkt. Die Antwort auf diese Frage ist gleichzeitig die Zielvorgabe für eine Wirtschaftspolitik, die die wirtschaftlichen Abläufe wirklich sozialer, ökologischer und demokratischer gestalten will: Sie muß die wirtschaftlichen Strukturen so verändern, daß die Menschen die Wirtschaft wirklich verantwortlich gestalten können, daß soziale Gerechtigkeit und eine ökologische Produktionsweise zu den unvermeidlichen Grundlagen des Wirtschaftssystems werden. Auf das Wirtschaftssystem bezogen genügt es deshalb nicht, dem herrschenden Kapitalismus einfach das Adjektiv „sozial" oder die Vorsilbe „Öko" voranzustellen. Erforderlich ist statt dessen eine strukturelle Veränderung des Kapitalismus hin zu einer sozialökologischen Wirtschaftsdemokratie. Dabei wäre Privateigentum an Produktionsmitteln in dieser Wirtschaftsform ebenso wenig abgeschafft wie die Steuerung des Wirtschaftsprozesses über den Markt. Allerdings wäre das Privateigentum an Produktionsmitteln breit gestreut und den Selbst- und Mitbestimmungsansprüchen der Beschäftigten untergeordnet. Die Marktprozesse müssen – in der Bundesrepublik und im Handel mit anderen Ländern – sozialen und ökologischen Rahmenbedingungen unterliegen, so daß sich die Wirtschaft im Einklang mit den beteiligten und den betroffenen Menschen und mit der Natur entwickelt.

4.2. Mit Ökosteuern zu einer ökologischen Produktionsweise und zu mehr Arbeitsplätzen

Die wachsende Umweltzerstörung hat die bundesdeutsche Gesellschaft in den vergangenen 15 Jahren stark verunsichert. Bürger und Politiker reagierten auf diese neue Bedrohung, wie dies bei starker Verunsicherung üblich ist: mit Verdrängung. Man machte einmal mehr die Boten für die Nachricht verantwortlich, schimpfte über die Skandalpresse und über die „Panikmache der Umweltschützer". Nicht wenige sahen in der Öko-Kampagne schlicht ein „Vehikel zur Systemveränderung".

Erst als sich die sichtbaren Symptome einer tiefen Umweltkrise – die Gewässerverschmutzung und das Waldsterben – nicht mehr wegreden ließen, hatte die Politik ihr neues Aktionsfeld: die Umweltpolitik. Allerdings zeugen die zahlreichen umweltpolitischen Aktivitäten der verschiedenen Bundesregierungen noch immer von einer beträchtlichen Verunsicherung über den Umgang mit der ökologischen Herausforderung. Die Politiker reagierten mit ihren gewohnten Mitteln:

■ Sie gingen die Probleme zunächst mit einer Flut neuer Verordnungen und Verbote an. Die Umweltpolitik orientierte sich in erster Linie an polizeirechtlichen Instrumentarien.

■ Später ergänzten sie dieses Instrumentarium mit einer neuen Variante: mit der Einführung von Grenzwerten. Danach durften Kraftwerke („Großfeuerungsanlagen") nur noch so und so viel Tonnen Schadstoffe ausstoßen, bei Kraftfahrzeugen verfuhr man ebenso.

Zwar verbuchten diese umweltpolitischen Aktivitäten gewisse Erfolge, gleichzeitig wurden jedoch bald ihre Grenzen und Nachteile deutlich:

■ Diese Umweltpolitik erfordert einen großen bürokratischen Kontrollaufwand, der sehr teuer ist. Selbst wenn der Kontrollapparat vorhanden ist, verhält es sich wie mit dem Finanzamt: Umweltsünder können nur durch Stichproben ermittelt werden, die Dunkelziffer bleibt hoch.

■ Eine bürokratische Umweltpolitik wird nie zu einem funktionierenden Bestandteil des gesamten wirtschaftlichen Ablaufs, ohne den die ökologische Herausforderung nicht bewältigt werden kann. Wer Grenzwerte erläßt, zwingt die betreffenden Unternehmen zwar, sie einzuhalten. Gleichzeitig nutzt er die Dynamik des wirtschaftlichen Konkurrenzkampfes nicht für den Umweltschutz aus. Konsequent werden sich die Unternehmen zwar bemühen, die Grenzwerte einzuhalten, ohne jedoch das technologische Optimum anzustreben – dazu fehlt ihnen der Anreiz. Umweltschutz ist nach wie vor ein Fremdkörper im Wirtschaftssystem – die Beteiligten versuchen lediglich, den staatlichen Vorschriften gerecht zu werden.

Aus diesem Grund löst diese Art von Umweltpolitik das alte und entscheidende Problem nicht: Umweltschutz ist noch immer ein Kostenfaktor, dem man nur dann genüge tut, wenn es die staatlichen Vorschriften vorsehen. Wer mehr Umweltschutz betreibt, wird immer noch durch höhere Kosten gestraft – und wird dies als konkurrenzorientierter Unternehmer oder sparbewußter Konsument unterlassen.

Eine wirklich effiziente Umweltpolitik müßte genau an diesem Punkt ansetzen. Sie müßte die Kosten der Umweltverschmutzung für die ganze Gesellschaft zu Kostenfaktoren der Wirtschaft machen, die dann automatisch über die Preise auf die Investitions- und Konsumentscheidungen von Unternehmern und Verbrauchern durchschlagen werden. Eine wirklich effiziente Umweltpolitik muß deshalb in erster Linie mit ökologisch orientierten Steuern und Abgaben arbeiten.

Das Ziel: Konkurrenzkampf um den besten Umweltschutz

Erst wenn umweltbelastende Stoffe und Produktionsprozesse durch Steuern oder Abgaben verteuert werden, dann wird ökologisches Gedankengut in die Kalkulation von Unternehmern und Verbrauchern einfließen. Dabei muß man keineswegs, wie einige ökologisch orientierte Wissenschaftler, an ein völlig neues Abgabensystem mit hunderten von neuen Steuer- und Abgabenarten denken. Eine spürbare Verteuerung von Energie, Stickstoffen, chemischen Schädlingsbekämpfungsmitteln, Abwassereinleitung in Gewässer sowie der

Emission von Schwefeldioxid und Stickoxyden würde zunächst genügen, um Industrie und Landwirtschaft „ökologisch umzusteuern" – und dies ungleich effizienter als über Grenzwerte. Denn diese Verteuerung würde jene Anbieter besonders belohnen, die mit entsprechend wenig Umweltbelastung auskommen und damit auch nur mit geringen Ökosteuern und -abgaben belastet werden. Es entstünde ein regelrechter Konkurrenzkampf um die umweltschonendste Produktionsweise. Das Ergebnis wäre ein ökologischer Strukturwandel:

■ Die Industrie würde die Wiederverwertung von Ressourcen und die Einsparung von Energie forcieren. Viele heute billige Wegwerf- und Einwegprodukte würden dann verteuert und – aus diesem Grund – vielfach von den Märkten verschwinden. Gleichzeitig müßte die Industrie die Entwicklung von Energiespar- und Umwelttechnologien intensivieren – ein neuer, rasch expandierender Markt wäre die Folge.

■ In der Landwirtschaft wären plötzlich jene Produkte preiswerter, die auf möglichst naturnahe Art und Weise erzeugt wurden. Der Preisvorteil der chemischen Massenproduktion wäre dahin. Die wachsende Umorientierung von immer mehr Landwirten auf eine biologische Produktionsweise würde gleichzeitig biologisch angebaute Produkte und Fleisch aus naturnaher Viehzucht im Vergleich zu heute verbilligen.

■ Die Produkte in den Geschäften würden endlich ihre „wahren Preise", einschließlich ihrer Umweltbelastung, widerspiegeln. Wer als Verbraucher umweltschonend einkauft, spart – wer darauf nicht achtet, bezahlt wenigstens für die Kosten seiner „umweltbelastenden" Kaufentscheidung. Wie sehr sich eine ganze Gesellschaft durch entsprechende preispolitische Rahmenbedingungen beeinflussen läßt, zeigen bereits zwei Beispiele aus der Vergangenheit, die in der zunehmenden Diskussion über eine ökologische Steuerreform „sträflich" vernachlässigt werden:

■ Den ersten Beweis liefert die Entwicklung auf dem Energiesektor nach den Ölpreis-Erhöhungen der siebziger Jahre. Nach einem allgemeinen Untergangs-Lamento der Wirtschaft und der Verbraucher in den ersten Monaten nach den Preiserhöhungen begann schon bald die Anpassungsreaktion. In den folgenden Jahren führte die Wirtschaft rasch Ölspartechnologien ein oder stieg auf andere Energien um. Auch die Verbraucher paßten sich an. Der jahrelange Boom bei kleinen Autos und die Entwicklung sparsamerer Motoren sind das Ergebnis der Ölkrise. Dazu kam ein erster Vorstoß zu „alternativen Energieträgern", deren Entwicklung sich angesichts weiter steigender Ölpreise relativ schnell gelohnt hätte. Obwohl dieser Strukturwandel aufgrund des Ölpreisverfalls in den vergangenen Jahren ein jähes Ende fand, sind seine Auswirkungen jetzt noch spürbar: Trotz hoher wirtschaftlicher Zuwachsraten und einer Vielzahl zusätzlicher Autos benötigt die deutsche Wirtschaft heute weniger Öl pro Jahr als Ende der siebziger Jahre.

■ Bereits 1981 führte die damalige Bundesregierung eine Schadstoffabgabe ein: 40 DM kostete jede Schadstoffeinheit, die direkt in ein Gewässer eingeleitet wurde. Bis heute blieb dieses Abwasserabgabengesetz der erste und einzige Versuch, den Umweltschutz durch eine Steuer- oder Abgabenlösung durchzusetzen. Obwohl die Umweltschützer die Abwasserabgabe mit 40 DM als läppisch gering kritisierten, verfehlte sie ihre Wirkung nicht. „Die Betriebe wußten plötzlich", so Lutz Wicke vom Umweltbundesamt in Berlin, „daß sie durch Gewässerschutzmaßnahmen Geld sparen können. Das änderte die Einstellung vieler Firmenleitungen zu Umweltschutzinvestitionen, die vorher oft aus Kostengründen abgelehnt wurden".

Diese Einzelbeispiele zeigen, daß Preisveränderungen die Entscheidungen der ganzen Gesellschaft stärker beeinflussen, als bürokratische Vorschriften dies je können. Die Konkurrenzgesellschaft heizt den in unserem Falle „ökologischen" Strukturwandel über diese materiellen Preisanreize zusätzlich an.

Wenn viele Wirtschaftsexperten diese umweltpolitische Strategie dennoch ablehnen, so liegt dies an ihrer Angst um die Konkurrenzfähigkeit der bundesdeutschen Unternehmen, insbesondere der exportorientierten unter ihnen. Es ist sicher richtig, daß die Bundesrepublik mit einer ökologischen Steuer- und Abgabenreform weltweit eine Vorreiterrolle spielen würde. Gleichzeitig würde dies viele Exportunternehmen kaum belasten, da die Kostenfaktoren, die über Ökosteuern verteuert würden, nur einen geringen Anteil ihrer Gesamtkosten ausmachen. Für Unternehmen in besonders energieintensiven Branchen wie der Aluminiumindustrie, der Papierverarbeitung oder insgesamt der chemischen Industrie gilt dies allerdings nicht. Solchen Branchen müßten dann befristete Übergangsregelungen eingeräumt werden, um ihnen mehr Zeit für den ökologischen Strukturwandel zu lassen. Sollten es bestimmte Unternehmen auch unter diesen Bedingungen vorziehen, ihren Produktionsstandort in ein anderes Land zu verlagern, bräuchte man ihnen nicht nachzutrauern: Sie hätten sich mit diesem Schritt als notorische Umweltsünder selbst entlarvt.

Auch der Verlust an Arbeitsplätzen in solchen Unternehmen würde keinen Trauerzug lohnen. Denn im Gegensatz zu den meisten industriellen Strukturveränderungen schafft der ökologische Strukturwandel weit mehr Arbeitsplätze, als er vernichtet – und dies unter umweltschonendem Vorzeichen. Dies gilt zunächst für den industriellen Bereich. Hier wären Energiespartechnologien, Recycling-Anlagen und Umwelttechniken so gefragt wie nie zuvor – ihre Produktion schafft Arbeitsplätze. Langfristig würde sich dieser ökologische Strukturwandel sogar im Export auszahlen. Denn früher oder später leiten alle Industrie- und später auch die Schwellenländer einen ökologischen Strukturwandel ein. Spätestens dann benötigen sie die entsprechenden Technologien, und sie kaufen sie in den Ländern, die eine Vorreiterrolle übernommen haben. Den (unrühmlichen) Beweis dafür liefert die Bundesrepublik selbst. Sie bezeichnet sich gerne als umweltpolitischen Vorreiter, doch sie ist weit davon entfernt. Wie weit, das bekamen die Energieversorgungsunternehmen schon vor Jahren zu spüren. Als sie nämlich geeignete Katalysatoren zur Entstickung ihrer Kohlekraftwerke suchten, wurden sie nur in Japan fündig. Seitdem fließen Milliardenaufträge an die Japaner – und dies aus einem einzigen Grund: Die japanische Regierung zwang ihre Kraftwerksbetreiber schon vor einem Jahrzehnt zur Abgasreinigung. Entsprechend gut sind die japanischen Abgas-Technologien heute entwickelt.

Arbeitsplätze durch Umweltschutz

Dazu kommt noch eine weitere Chance, über notwendige Umweltschutzinvestitionen gleichzeitig mehr Arbeitsplätze zu schaffen. Bevor der durch Ökosteuern initiierte ökologische Strukturwandel richtig durchschlägt und der Verbrauch der auf diese Weise verteuerten Produkte wirklich entscheidend abnimmt, steigen die Staatseinnahmen. Diese Finanzmittel könnte, ja müßte der Staat zu einer ökologischen Investitionsoffensive nutzen, um den ökologischen „Umbau der Wirtschaft" durch staatliche Programme zu flankieren. Besonders bedeutsam sind Investitionen in folgenden Bereichen:

■ in eine „alternative" Energieversorgung, die immer weniger Energie durch die klimaschädliche Verbrennung der fossilen Energieträger Kohle, Öl und Gas und durch die gefährliche Atomtechnologie erzeugt. Ein „alternatives Energiesystem" muß dagegen auf die erneuerbaren Energieträger Sonne, Wind und Wasser, auf eine effizientere Nutzung der vorhandenen Energien durch die Nutzung der Abwärme aus der Stromproduktion und auf die allgemeine Einsparung von Energie bauen;

■ in den Ausbau des öffentlichen Verkehrs, ohne den eine spürbare Abkehr zum Individualverkehr auch bei hohen Energiepreisen nur schwer zu erzielen sein wird. Nur wer sich wirklich auf schnelle und günstige Verbindungen mit öffentlichen Verkehrsmitteln verlassen kann, wird zum dauerhaften Umsteigen bereit sein;

■ in die ökologische Umsteuerung der Landwirtschaft. Hier sind die Landwirte bei einer Umstellung ihrer Produktion auf naturnahe Methoden vor allem auf finanzielle Hilfen in den ersten Jahren der Umstellung angewiesen, in denen sie nur geringe Erträge erzielen. Ohne diese Hilfen werden sie die Umstellung auch bei hohen Ökoabgaben womöglich hinauszögern;

■ in den weiteren Ausbau von Anlagen zur Entgiftung der Abgase und der Abwässer;

■ in eine konsequente Wiederaufforstung als Maßnahme gegen das Waldsterben und gegen den Treibhauseffekt.

Im Sinne einer soliden Finanzpolitik könnten die Investitionsausgaben für den Umweltschutz Jahr für Jahr genau den Einnahmen aus den ökologisch orientierten Steuern und Abgaben entsprechen. Die Einnahmen werden dann umso geringer ausfallen, je größer der Erfolg eines ökologisch orientierten Finanzsystems ist: dann nämlich, wenn die Verwendung und Produktion umweltgefährdender Stoffe wie gewünscht zurückgeht.

Gerade aus diesem Grund sei deshalb vor einem finanzpolitischen Drahtseilakt gewarnt, der in bestimmten politischen Kreisen sehr beliebt ist: Man geht davon aus, die Einnahmen aus dem ökologischen Abgabenssystem in Form eines höheren Grundfreibetrags bei der Einkommenssteuer oder höherer Sozialleistungen an die sozial Benachteiligten zurückgeben zu können, die von der ökologisch motivierten Verteuerung bestimmter Produkte besonders betroffen sind. Da auf diese Weise ein höherer Sozialbedarf mit abnehmenden Einnahmen aus einem ökologischen Steuersystem finanziert wird, ist dieser Vorschlag finanzpolitisch unsolide. Dies ganz offen zu sagen, heißt nicht, daß man die soziale Unausgewogenheit von Ökosteuern oder Ökoabgaben leugnet. Falsch ist lediglich, den erwünschten sozialen Ausgleich mit zukünftig – hoffentlich – abnehmenden Einnahmen aus der Besteuerung umweltbelastender Stoffe zu finanzieren. Hier sollte man konsequent im System bleiben: Einnahmen aus der Besteuerung der Umweltbelastung fließen wieder in den Umweltschutz, ein Mehr an sozialer Gerechtigkeit muß auf andere Art erreicht werden.

So wenig ein ökologisch orientiertes Steuer- und Abgabensystem mit sozialer Gerechtigkeit zu tun hat, so viel kann es in Sachen Umweltschutz bringen. Denn es verändert die Rahmenbedingungen für die Millionen von Einzelentscheidungen in einer Marktwirtschaft zugunsten des Umweltschutzes, weil die Umweltverschmutzung nun ihren Preis hat. Eine umwelt- und ressourcenschonende Produktionsweise würde auf diese Weise zu einem integralen Bestandteil der wirtschaftlichen Entwicklung, ja der industriellen Produktions- und der persönlichen Lebensweise – im Gegensatz zu der gegenwärtigen Umweltpolitik, die sich in erster Linie auf die nachträgliche Reparatur von Schäden konzentriert. Für die Unternehmer und die Verbraucher sind solche Preise Kosten, die es zu verringern gilt – und genau dies verringert auch die Umweltbelastung. Das freiwillige Engagement tausender umwelt-aktiver Unternehmer und Verbraucher, das heute noch ohne großen Einfluß auf die Entwicklung der Wirtschaft bleibt, würde dann nachträglich belohnt. Und nicht nur dies. Die Rahmenbedingungen des wirtschaftlichen Handels hätten sich nach den Signalen dieser Minderheit verändert, so daß ihre Vorreiterrolle in kurzer Zeit das Verhalten der Bevölkerungsmehrheit prägen würde. Dann könnte man Ökologie und Ökonomie nicht nur in den Köpfen und bei Sonntagsreden, sondern auch in Wirklichkeit versöhnen.

4.3. Mit einer garantierten Grundsicherung gegen Armut, Arbeitslosigkeit und wirtschaftliche Abhängigkeit

Auf den ersten Blick hat sich die sachzwanghafte wirtschaftliche Entwicklung zu einem riesigen gordischen Knoten verknüpft, der kaum mehr entwirrt werden kann. Trotz relativ hoher Wachstumsraten sind noch zwei Millionen Menschen als erwerbslos registriert, gleichzeitig gibt es im sozialen und ökologischen Bereich immer mehr zu tun. Die Gesellschaft spaltet sich immer deutlicher in eine Mehrheit von Gewinnern der Entwicklung und eine Minderheit von Verlierern – die Kluft wächst. Gleichzeitig verschärft sich die ökologische Krise der Wachstumsgesellschaft – viele Arbeitsplätze richten mehr Schaden an als sie nutzen.

Mehr aus Ratlosigkeit als aus wirklicher Überzeugung setzt die offizielle Wirtschaftspolitik noch immer auf die traditionelle Wachstumsstrategie – allen sozialen und ökologischen Risiken zum Trotz. Seit Jahren in die Defensive gedrängt, konzentrieren sich die Gewerkschaften nur noch darauf, das Schlimmste zu verhindern. Ihr offensives Konzept weitgehender Arbeitszeitverkürzung bei vollem Lohnausgleich scheiterte an der Finanzierung und blieb bis heute Stückwerk. In dieser Lage gelang es lediglich einer kleinen, kritischen Minderheit von Außenseitern, sich in bestimmten wirtschaftlichen Nischen eine bestimmte Autonomie zu bewahren – dies allerdings zumeist unter großen materiellen Opfern.

Diese Minderheit sandte damit zwar Signale aus, wie man sich aus der Umklammerung durch wirtschaftliche Sachzwänge ein Stück weit lösen kann. Die meisten Menschen können diesen Signalen jedoch nicht folgen. Sie sind – aus welchen Gründen auch immer – von einem ordentlich bezahlten Erwerbsarbeitsplatz abhängig und befürchten, bei einem Aus- oder Umstieg in ein tiefes Loch zu fallen. Ihnen fehlt jenes Stück finanzieller Unabhängigkeit, jene Autonomie von der Erwerbsarbeit, ohne die ein eigenständiges wirtschaftliches Handeln nur in ganz engen Grenzen möglich ist. Will man die Autonomie der Menschen im Wirtschaftsprozeß erweitern, dann benötigt man eine erwerbsarbeits-unabhängige Grundsicherung – genau hier müßte eine Wirtschaftspolitik ansetzen, die wirklich auf die erneuernde Kraft der Menschen setzen will.

„Grundeinkommen für alle" – ein gottloser Gedanke?

Seit Jahren spukt die Idee eines „garantierten Grundeinkommens für alle Bürger" durch Bücher, Seminare und Fachzeitungen. Politikfähig ist sie jedoch bis heute nicht. Dabei ist der Grundgedanke so einfach wie kaum ein wirtschaftspolitisches Konzept. Jeder Bürger erhält im Rahmen seiner Bürgerrechte die Garantie auf eine Mindestsicherung – unabhängig davon, ob er Erwerbsarbeit leistet oder nicht. Diese Mindestsicherung ersetzt praktisch alle Sozialleistungen und die dazu notwendigen Verwaltungsapparate – mit Ausnahme des Wohngeldes. An den Versicherungsleistungen aus der Kranken-, Renten- oder Arbeitslosenversicherung ändert sich nichts.

Doch so einfach dieser Grundgedanke auch immer sein mag, die politische Diskussion über dieses Konzept ist schwierig. Hier dominiert eine Mischung aus Ängsten, Ungewißheit, Neid, Vorurteilen, inneren Widerständen und ernsthaften sozialen und wirtschaftspolitischen Bedenken. Fast alle emotionalen Reaktionen beruhen letztlich auf einer einfachen, christlichen Losung, die sich in den Köpfen festgesetzt hat: „Wer nicht arbeitet, soll auch nicht essen". Vor diesem Hintergrund ist der Gedanke an eine garantierte staatliche Grundsicherung ein „gottloser" Gedanke.

Allerdings verkennt, wer diese christliche Losung zum absoluten Maßstab für die Beurteilung neuer wirtschaftlicher Konzepte macht, leicht, daß sie der gegenwärtigen Realität überhaupt nicht mehr entspricht. Denn längst haben die Menschen einen Anspruch auf soziale Hilfe, wenn sie in Not sind – unabhängig von einem Zwang zur Erwerbsarbeit. Lediglich die scharfen Bedingungen für den Bezug von Sozialhilfe retten noch die vermeintliche christliche Losung. Zu alledem kommt hinzu, daß viele Menschen, die essen wollen, überhaupt keine Arbeit bekommen. Spätestens hier stellt sich die Frage, ob die allzu enge Verknüpfung von Erwerbsarbeit und Einkommen noch zeitgemäß ist, zumal noch mehr Menschen sehr viel (Nicht-)Erwerbsarbeit leisten, die gar nicht bezahlt wird.

In der Losung „Wer nicht arbeiten will, soll auch nicht essen" steckt deshalb sehr viel Heuchelei. Das Konzept eines staatlich garantierten Grundeinkommens für alle ist hier viel konsequenter – und nicht nur dies. Das Konzept einer Grundsicherung ist mehr als „nur" eine Reform des bestehenden Sozialhilfesystems. Es ist ein weitgehendes wirtschaftspolitisches Konzept – mit dem Ziel, allen Menschen ein Stück Autonomie in einem sachzwanghaften, unkontrollierbaren wirtschaftlichen Räderwerk einzuräumen.

Der Teufel steckt im Detail

Obwohl die Idee eines staatlich garantierten Grundeinkommens revolutionär und neu klingt, ist sie doch alt. Bereits zwischen 1795 und 1843 praktizierte man in Teilen Großbritanniens ein System der sozialen Grundsicherung, das allen Bürgern genügend finanzielle Mittel bereitstellte, um Brot zu kaufen. 1843 löste man das System auf, doch die Idee blieb. Sie wurde während des Zweiten Weltkrieges in anderer Form wiederbelebt. Damals diskutierte man die Auszahlung einer monatlichen Sozialdividende an alle Bürger, um diese vor absoluter Not zu schützen. Mit dem Ende des Zweiten Weltkrieges war auch diese Diskussion beendet.

Doch Ende der sechziger Jahre griffen Wissenschaftler in den USA und auch in der Bundesrepublik die Idee eines garantierten Grundeinkommens wieder auf. 1968 forderten über 1000 amerikanische Wirtschaftswissenschaftler in einer Resolution an den amerikanischen Kongreß eine Mindestsicherung für alle Menschen ohne Erwerbsarbeitsplatz. Als erster prominenter deutscher Wirtschaftswissenschaftler trat 1968 Professor Wolfram Engels mit einer noch weitergehenden Idee an die Öffentlichkeit. Er verlangte ein Bürgergeld von monatlich 280 DM für jede erwachsene Person und einen Teilbetrag pro Kind. Die Gesamtkosten in Höhe von 190 Mrd.DM sollten durch eine höhere steuerliche

Belastung der Unternehmer und der Zinseinkommen finanziert werden. Engels erhoffte sich von dieser durchgreifenden „Sozialreform" die Abschaffung aller Sozialleistungen und der Sozialbürokratie. Gleichzeitig wäre für sozial Schwache gesorgt.

Diese Vorschläge zeigen nicht nur, daß die Idee eines garantierten Grundeinkommens keineswegs neu ist, sondern auch, daß nicht alle, die ein Grundeinkommen verlangen, damit auch das gleiche Ziel verfolgen. Der Teufel steckt im Detail der Vorschläge. Im Prinzip kann man heutzutage zwei Denkansätze unterscheiden. Die radikal-liberale Denkrichtung verbindet die Forderung nach einem garantierten Grundeinkommen mit einer „Sanierung" des Systems der sozialen Sicherung. Nach dieser Logik soll das Grundeinkommen alle grundlegenden Risiken der Bürger abdecken und gleichzeitig die Sozialbürokratie ersetzen. Alle anderen Risiken könnten dann zumindest zu einem gewissen Teil privatisiert werden. Damit wird das Grundeinkommen zu einem Vehikel für die weitere Privatisierung sozialer Risiken und damit nicht zuletzt zu einem Vehikel für den Sozialabbau.

Dagegen stehen Modelle, die mehr im grün-alternativen Lager diskutiert werden. Sie sehen ein monatliches Grundeinkommen von 1000 bis 1500 DM für alle Bürger vor, unabhängig von ihrer persönlichen Situation, das durch eine verschärfte Steuerprogression zu finanzieren wäre. Diese Denkrichtung erhofft sich davon die Beseitigung jeder Form von Armut und eine gewisse Unabhängigkeit der Bürger von dem „ökologisch selbstzerstörerischen" Erwerbssystem.

Da alle Bürger ein relativ hohes monatliches Grundeinkommen erhalten sollen, liegt das Grundproblem dieses Vorschlages auf der Hand. Sogar bei riesigen Einsparungen im Sozialbereich belaufen sich die Kosten auf mehrere Hundert Milliarden DM pro Jahr, die auch bei größtmöglicher Umverteilung nur schwer mobilisierbar erscheinen. Dazu kommt die „ethische" Frage, ob Bürger mit hohem Einkommen wirklich ein Grundeinkommen benötigen – nur um die Sache technisch und unbürokratisch abwickeln zu können.

Bei diesen offenkundigen Mängeln der „extremen Vorschläge" für ein garantiertes Grundeinkommen stellt sich die Frage nach einer Kompromißlösung, die gleichzeitig finanzierbar ist, die Armut beseitigt und den Menschen ein Stück Unabhängigkeit von Erwerbsarbeit einräumt. Diese Kompromißlösung heißt „negative Einkommensteuer".

Das Modell der „negativen" Einkommensteuer

Hinter dem abschreckend komplizierten Ausdruck „negative" Einkommensteuer verbirgt sich ein einfacher Gedankengang: Er setzt bei einer Lücke an, die unser Steuersystem hinterläßt, denn es gibt nur Leute, die Steuern an das Finanzamt abführen, also „positive" Einkommensteuer zahlen. Sieht man von einem einmaligen Lohnsteuerjahresausgleich ab, dann bekommt niemand ein regelmäßiges Einkommen vom Finanzamt. Ein vom Finanzamt regelmäßig gezahltes Einkommen wäre eine „negative" Einkommensteuer. Da es diese Zahlung nicht gibt, ist eine Lücke in unserem Steuersystem mit tiefgreifenden sozialen Konsequenzen. Zwar werden Bezieher niedriger Einkommen derzeit durch Grundfreibeträge steuerlich entlastet. Doch unser Steuersystem hält nichts für jene bereit, die über kein Arbeitseinkommen verfügen. Sie werden auf das Sozialhilfesystem verwiesen.

Genau an diesem Punkt setzt das Modell einer „negativen" Einkommensteuer an. Es fordert eine Ergänzung des Steuersystems nach folgendem Muster: Wer ein Erwerbseinkommen bezieht, bezahlt nach wie vor „positive" Einkommensteuer. Wer kein Erwerbseinkommen erzielt, erhält vom Finanzamt ein Grundeinkommen in Form einer „negativen" Einkommensteuer, zum Beispiel in Höhe von 800 DM für jede erwachsene Person und 200 DM pro Kind. Arbeitet die gleiche Person im Erwerbssektor, wird ihre „positive" Einkommensteuer mit der „negativen" Einkommensteuer verrechnet. Auf diese Weise schützt diese Art von Steuerreform jene Menschen, die kein Erwerbseinkommen haben oder wenig verdienen. Einige Beispiele sollen dies verdeutlichen, die alle von den gleichen Grundannahmen ausgehen: Das Grundeinkommen in Form einer „negativen" Einkommensteuer beläuft sich auf 800 DM pro erwachsene Person und 200 DM monatlich pro Kind. Außerdem gibt es – im Beispiel – einen einzigen „positiven" Steuersatz in Höhe von 50 Prozent. Dann ließen sich folgende Konstellationen denken:

■ Eine alleinerziehende Frau mit kleinem Kind kann nicht arbeiten und würde deshalb von der „negativen" Einkommensteuer in Höhe von 1000 DM für sich und ihr Kind leben. Dazu käme das Wohngeld. Das wäre eine deutliche Verbesserung gegenüber heute.

■ Ein alleinerziehender Vater nimmt eine Teilzeitarbeit an, weil seine Tochter zur Schule geht. Diese Teilzeitarbeit bringt ihm 1500 DM brutto ein. Bei einem Steuersatz von 50 Prozent würde er davon 750 DM an „positiver" Einkommensteuer abführen, die aber mit seinem Anspruch auf eine „negative" Einkommensteuer (800 DM Erwachsene plus 200 DM für Kinder) verrechnet würden. Die Folge : Er würde 250 DM vom Finanzamt zurückbekommen und damit über ein Einkommen von 1750 DM verfügen, weil er die Differenz zwischen dem negativen und positiven Einkommensteuersatz erstattet bekommt (800 plus 200 DM).

■ Eine kinderlose Managerin erzielt ein Einkommen von 6000 DM monatlich. Sie müßte davon 50 Prozent – also 3000 DM – an „positiver" Einkommensteuer abführen, die ebenfalls gegen die 800 DM an „negativer" Einkommensteuer verrechnet würden. Das Ergebnis: Sie hätte eine Steuerlast von 2200 DM.

Diese Beispiele verdeutlichen die Vorteile einer „negativen" Einkommensteuer: Sie schafft mehr soziale Gerechtigkeit, da sie umso stärker durchschlägt je weniger jemand verdient. Gleichzeitig enthält sie immer noch Anreize, sich am Erwerbssektor zu beteiligen, denn jemand, der Erwerbsarbeit leistet, verdient auch nach diesem Modell immer mehr als jemand, der keine Erwerbsarbeit leistet. Da „nur" Personen mit Null-Erwerbseinkommen in ihren vollen Genuß kommen, wäre dieses Modell eines Grundeinkommens viel leichter finanzierbar als etwa ein monatliches Grundeinkommen von 1000 bis 1500 DM für alle Bürger. Nach Berechnungen von Experten (Vgl. Klaus-Uwe Gerhardt und Arnd Weber in: Thomas Schmid (Hg.), Befreiung von falscher Arbeit, Thesen zum garantierten Grundeinkommen, Berlin 1984) würde die „negative" Einkommensteuer bei einer Höhe von 800 DM pro erwachsener Person und 200 DM pro Kind etwa 60 Mrd. DM pro Jahr verschlingen. Ruft man sich zum Vergleich in Erinnerung, daß die drei Stufen der Steuerreform von 1986, 1988 und 1990 rund 45 Mrd. DM verschlangen und die beiden Großkonzerne Daimler-Benz und Siemens Ersparnisse von zusammen 20 Milliarden DM besitzen, dann erscheint diese Summe keineswegs mehr astronomisch hoch. Ja, das Modell einer „negativen" Einkommensteuer wäre sogar eine sehr originelle Grundlage für eine neue Steuerreform.

Das Ziel : Mehr Unabhängigkeit vom Erwerbssektor

Ein garantiertes Grundeinkommen nach dem Modell der „negativen" Einkommensteuer wäre weit mehr als eine Reform der Sozialhilfe. Es würde allen Wirtschaftsteilnehmern auf einen Schlag eine gewisse finanzielle Autonomie gegenüber der rastlos vorwärtsdrängenden, alles aufsaugenden Wachstumsmaschinerie einräumen. Gleichzeitig würde die Einführung eines garantierten Grundeinkommens keineswegs „nur" den einzelnen nützen, sondern der gesamten Gesellschaft – die Chancen, gleich mehrere Fliegen mit einer Klappe zu schlagen, wären groß:

■ Ein garantiertes Grundeinkommen würde das Problem der Armut in jedem Lebensalter zumindest lindern, weil es ohne Erniedrigung vor der Bürokratie eine materielle Grundsicherheit gewährleistet. Dadurch würde das Grundeinkommen einen bedeutenden Beitrag zur Verhinderung einer weiteren sozialen Spaltung der Gesellschaft leisten. Es würde jenes Maß an sozialer Gerechtigkeit garantieren, das für andere Reformen wie zum Beispiel die Einführung von Ökosteuern notwendig ist.

■ Ein Grundeinkommen wäre ein Ansatz zur Bezahlung von Tätigkeiten, die im gegenwärtigen Erwerbssystem nicht bezahlt und zumeist von Frauen unentgeltlich geleistet werden: Hausarbeit, Kindererziehung, Nachbarschaftshilfe, häusliche Pflege. Ein Vergleich zwischen dem gegenwärtigen Ist-Zustand nach der Geburt eines Kindes und dem Zustand nach Einführung des Grundeinkommens verdeutlicht auf einen Blick, wie sehr ein Grundeinkommen die Rahmenbedingungen für die partnerschaftliche Kindererziehung verbessern würde:

■ Der Ist-Zustand: Ein bisher voll erwerbstätiges Paar bekommt ein Kind. Unter den gegenwärtigen Bedingungen hat das Paar zwei Möglichkeiten: Ein Partner übernimmt die Kinderbetreuung und scheidet aus dem Erwerbssektor aus. Oder: Beide Partner arbeiten Teilzeit und teilen sich die Kinderbetreuung. In beiden Fällen halbiert sich in etwa das Einkommen bei steigenden Ausgaben. Beide Partner werden unter diesen Bedingungen versuchen, so schnell wie möglich wieder voll in den Erwerbssektor zurückzukehren, weil die Tätigkeit der Kindererziehung eben nicht bezahlt wird.

■ Der Zustand mit Grundeinkommen: Scheidet nun ein Partner aus dem Erwerbsleben, würde er oder sie ein Grundeinkommen, eben die „negative" Einkommensteuer, beziehen. Damit wäre die Tätigkeit der Kinderbetreuung zwar nicht gut, aber immerhin ansatzweise bezahlt. Gleichzeitig erleichtert dieses Modell auch die dauerhafte Teilung der Kinderbetreuung durch die beiden Lebenspartner. Denn durch die „negative" Einkommensteuer sind die Nettoverluste geringer als heute, wenn beide Partner auf Teilzeitarbeit gehen. Außerdem wäre die Kinderbetreuung auch im hohen Alter keine Last wie heute: Während Menschen im Rentenalter für alle Nicht-Erwerbsjahre durch eine geringere Rente bestraft werden, gilt die Regelung der „negativen" Einkommensteuer auch im Alter.

■ Ein Grundeinkommen würde also die heute so undurchdringliche Mauer zwischen Erwerbsarbeit und Nicht-Erwerbsarbeit durchlässiger machen. Entsprechend wäre die Vollerwerbsbiographie nicht mehr das A und O des Lebens. Man könnte in verschiedenen Lebensphasen – je nach der individuellen Situation – mehr Erwerbsarbeit, weniger Erwerbsarbeit oder Nicht-Erwerbsarbeit leisten. Der Weg wäre frei für Tätigkeiten, die heute wichtig sind, aber nicht bezahlt und deshalb oft vernachlässigt werden: Hausarbeit, häusliche Pflege, Nachbarschaftshilfe; Engagement in Selbsthilfegruppen, Vereinsarbeit, politisches Engagement und nicht zuletzt für Weiterbildung.

■ Außerdem verbessert ein Grundeinkommen auch die Möglichkeit zu durchgreifenden Arbeitszeitverkürzungen, die heute an der Frage der Finanzierung scheitern: Bei vollem Lohnausgleich sperren sich die Arbeitgeber, vor allem kleinere Betriebe; ohne Lohnausgleich sperren sich die Arbeitnehmer. Ein Grundeinkommen, das Geringverdiener entlastet, würde die Nettoverluste beim Verzicht auf mehrere Arbeitsstunden oder beim Übergang zu einer der verschiedenen Formen von Teilzeitarbeit verringern. Die Folge: Die „negative" Einkommensteuer stellt eine Art Lohnausgleich für Einkommensverluste dar und macht Arbeitszeitverkürzungen auch bei Bruttolohnkürzungen attraktiver. Dann wäre der Weg frei für ein breites und tiefes Gelingen von Arbeitszeitverkürzungen, auf das die Gewerkschaften heute vergeblich warten. Es wären endlich auch bessere Voraussetzungen für eine vermehrte Teilzeitarbeit von Männern geschaffen, die partnerschaftliche Lebenstile zwischen Frauen und Männern erleichtern könnten.

■ Ein Grundeinkommen stärkt die Position der Beschäftigten im Betrieb, die heute immer schwächer zu werden droht. Da die Arbeitnehmer aufgrund der hohen Arbeitslosigkeit auf ihre Arbeitsstelle angewiesen sind, wehren sie sich kaum gegen unzumutbare Arbeitsbedingungen, Flexibilisierungsstrategien, Sonntagsarbeit oder andere Formen der Kostensenkung, Arbeitsverdichtung oder gegen jede Art von geschlechtsspezifischer Diskriminierung. Das gleiche gilt für ethisch problematische Produktionsziele wie die Rüstungsproduktion oder die Herstellung umweltschädlicher Produkte. Die Arbeitnehmer schlucken die Kröte und leben ihren Frust in der Freizeit aus. Ein Grundeinkommen würde ihre Position stärken, da sie nun nicht mehr auf Gedeih und Verderb auf ihren Arbeitgeber angewiesen wären. Bei einer Kündigung fallen sie nicht mehr in ein so tiefes Loch. Insofern könnten sie mehr Druck auf ihre Unternehmen ausüben als heute.

■ Auf diese Weise bietet die Einführung eines Grundeinkommen auch eine Chance, dem ökologisch selbstzerstörerischen Wachstumszwang ansatzweise zu entrinnen. Je größer die Unabhängigkeit vom Erwerbssektor ist, desto weniger konzentrieren sich die Menschen auf das Wachstum der Produktion als wichtigstes wirtschaftliches Ziel.

■ Gleichzeitig würde ein Grundeinkommen eine Reihe von kreativen Tätigkeiten fördern, die heute nicht zustandekommen, weil es an Geld mangelt. Viele soziale, wirtschaftliche und kulturelle Initiativen erlahmen einfach, weil die Teilnehmer durch die Arbeitsbelastung des Erwerbssektors keine Zeit für ein langfristig angelegtes Engagement haben. Ein Grundeinkommen würde die Grundbedingungen für ein derartiges Engagement entscheidend verbessern. Dies gilt für die Arbeit von Selbsthilfegruppen ebenso wie für private Kindergruppen oder künstlerische und sportliche Aktivitäten.

Insofern bietet ein Grundeinkommen eine Reihe von Chancen für eine langsame Abkehr von der Wachstumswirtschaft – hin zu einer postmateriellen Kultur, in der die Menschen einen Teil ihrer Kraft auch außerhalb des Erwerbssektors einsetzen können. Trotz dieser Chancen ist der Vorschlag eines garantierten Grundeinkommens nach wie vor nicht politikfähig. Zu tief sitzt die protestantische Arbeitsethik, zu groß sind die Ängste vor einem möglichen Mißbrauch.

Ängste verhindern den Blick nach vorn

In unsicheren Phasen der Geschichte – dazu zählt die gegenwärtige Zeit – dominiert zumeist der Blick zurück, während neue Konzepte auf Ängste stoßen. Genau dies gilt auch für die Diskussion über ein garantiertes Grundeinkommen. Obwohl es viele Einkommensformen ohne Erwerbsarbeit gibt – Sozialhilfe, Erziehungsgeld, Stipendien, um nur einige zu nennen – löst der Gedanke eines Grundeinkommens überall eine Mischung von Wut und ungläubigem Staunen aus. Ganz im Sinne dieser Ängste verweisen viele Kritiker auf einen möglichen Mißbrauch des Grundeinkommens durch Menschen, die weder arbeiten noch irgendeiner anderen Tätigkeit nachgehen, sondern schlicht nur das Grundeinkommen kassieren wollen. Sicherlich wird es solche Menschen geben – es gibt sie auch heute. Sie beuten eben das Sozialsystem aus, weil sie die bürokratischen Hürden längst trickreich zu überwinden gelernt haben. Da die meisten Menschen jedoch mehr verdienen wollen, als dies das Grundeinkommen erlaubt, werden sie sich nach wie vor am Erwerbsleben beteiligen –

vielleicht mit weniger Wochenstunden. Der Mißbrauch dürfte nicht erheblich sein. Außerdem denkt niemand im Ernst daran, etwa die Verkehrsampeln abzuschaffen, weil bestimmte Autofahrer auch bei rot durchfahren. Der allgemeine Nutzen der Verkehrsampeln wiegt den Mißbrauch bei weitem auf. Dies gilt auch für den Vorwurf einer steigenden Kriminalität durch „untätige" Menschen. Dem muß man klar entgegenhalten, daß die Kriminalität gerade in Ländern wie in den USA besonders hoch ist, die nur eine sehr dürftige soziale Sicherung kennen – den Ausgleich dafür schafft die Kriminalität. Sicherlich liegen die Ursachen der Kriminalität weit tiefer als „nur" in sozialer Not, doch ist sie sicherlich eine der Ursachen. Genau hier setzt das Grundeinkommen an.

Neben diesen Ängsten gibt es auch rationale Vorbehalte gegen ein Grundeinkommen. Sie stammen in erster Linie aus den Gewerkschaften. Das verwundert insofern nicht, als diese Bewegung in besonders enger Verbindung zum Erwerbssektor steht, den das Grundeinkommen in seiner Bedeutung abwerten will. Viele Gewerkschafter und Sozialdemokraten befürchten im Falle eines Grundeinkommens eine noch schärfere Spaltung der Gesellschaft: In privilegierte Arbeitsplatzbesitzer und Bedürftige, um die sich jetzt niemand mehr kümmert, da sie ja durch ein Grundeinkommen abgesichert wären. Aus ihrer Sicht seien Staat und Gesellschaft von jeder Verpflichtung zu einer Vollbeschäftigungspolitik enthoben.

Diese Befürchtung unterschätzt die Eigendynamik, die ein Grundeinkommen zweifelsohne auslösen würde. Aufgrund des allgemeinen Wertewandels sind die Menschen viel flexibler, als dies in dieser Kritik der Gewerkschaften unterstellt wird. Ein Grundeinkommen würde auch zu Verhaltensänderungen bei Beschäftigten führen, die Vollbeschäftigung eher ermöglichen würde, als dies über jede andere Art der Vollbeschäftigungspolitik möglich erscheint. Es würde nämlich ein Trend zu Arbeitszeitverkürzungen eingeleitet, der viele Arbeitsstunden für jene freimachen würde, die heute arbeitslos sind. Die gegenwärtigen Arbeitnehmer sind eben nicht mehr vergleichbar mit den 40-Stunden-Werkern der Vergangenheit. Für sie ist die Erwerbsarbeit nur ein Teil des Lebens, dessen Bedeutung umso größer ist, je abhängiger sie von diesem Teil sind. Wächst ihre Unabhängigkeit – zum Beispiel durch ein Grundeinkommen – dann nimmt ihr zeitliches Engagement für den Erwerbssektor ab – und Arbeitsstunden werden frei.

Insofern hält das Grundeinkommen für die Zukunft unserer Gesellschaft viel mehr Chancen bereit, als dies heute viele glauben. Sie befindet sich in einer Krise, weil die wirtschaftliche Entwicklung den alten ausgetretenen Pfaden folgt und dabei immer mehr Probleme schafft als sie löst. Gleichzeitig haben sich die Bedürfnisse der Menschen in den gesättigten Wohlstandsländern verändert. Immer größere Minderheiten bewerten die ökologischen und menschlichen Kosten unserer Wohlstandsgesellschaft viel höher als die Aussicht, den Wohlstand weiter steigern zu können. Sicher handelt es sich dabei um Minderheiten, doch sie schwellen an. Und ihre Bereitschaft, sich für ökologische oder soziale Belange zu engagieren, wächst – das belegen viele Umfragen. Allerdings steht diese Bereitschaft in einem tiefen Widerspruch zu den Erfordernissen unserer Wachstumswirtschaft, die immer mehr Arbeit in dichteren Zeitabschnitten und immer mehr Mobilität und Flexibilität verlangt. Ein totaler Ausstieg aus der Wachstumswirtschaft ist kurzfristig nicht möglich und solange nicht wünschenswert, wie soziale und ökologische Grundbedürfnisse der Gesellschaft national wie international noch nicht befriedigt sind. Was bleibt, ist die Chance einer Relativierung der Erwerbswirtschaft im Sinne einer Verminderung der Abhängigkeit aller Menschen von Erwerbsarbeit. Dies kann ein Grundeinkommen leisten, und dies ist sehr viel. Gleichzeitig würde ein Grundeinkommen ein Stück jener Kraft und Dynamik mobilisieren, die unsere Wirtschaft und Gesellschaft einzig und allein auf einen neuen Pfad führen kann: Die Kraft und Dynamik der Menschen.

4.4. Die Eigentumsverhältnisse „unblutig" revolutionieren

Die Kraft und Phantasie der Arbeitnehmer für humanere Arbeitsbedingungen in ihren Betrieben oder gar für die „moralisch" begründete Veränderung des Produktangebotes zu mobilisieren, gleicht einer Sisyphus-Arbeit. Dies mußten in den vergangenen Jahren die zahlreichen Arbeitskreise in großen Betrieben erfahren. Mit Unterstützung der Gewerkschaften arbeiteten sie Produkt-Alternativen für ihre Betriebe aus – zumeist mit zwei Zielvorstellungen:

■ Einmal handelt es sich um Mitarbeiter von Betrieben, die zu einem großen Teil für die Rüstung produzieren. Dieser Produktions-Schwerpunkt verursacht bei vielen Beschäftigten Gewissenskonflikte, so daß sie sich aus diesem Grund an der Entwicklung von Produktalternativen beteiligten.

■ Vielfach suchten Arbeitskreise nach neuen Produkten, um eine drohende oder bereits bestehende Absatzkrise abzuwenden und die Arbeitsplätze zu retten.

In allen Fällen orientierten sich die Arbeitskreise bei ihren Vorschlägen für eine „alternative" Produktion an klaren ethischen Kriterien: Es mußte sich um sozial oder ökologisch sinnvolle Produkte handeln. Insofern zeigten die Belegschaften einiger Betriebe ein berechtigtes Interesse an jener wirtschaftlichen Umrüstung, die eigentlich für die gesamte Wirtschaft wünschenswert wäre: Von Rüstungs- und Ökologie-zerstörerischer Produktion zu sozial und ökologisch sinnvollen Produkten.

Gleichzeitig stießen all diese Belegschaftsinitiativen für eine „alternative" Produktion an die Grenzen der gegenwärtigen wirtschaftlichen Eigentumsverhältnisse. Die Arbeitgeber blockten sie bis auf wenige Ausnahmen ab, mit der Begründung, die Produktideen ließen sich nicht vermarkten. Bei all diesen Vorschlägen wurde deutlich, daß die betrieblichen Mitbestimmungsrechte für die Arbeitnehmer sehr defensiv angelegt sind und die Durchsetzung eigener Ideen im Betrieb gegen den Widerstand der Arbeitgeber nicht möglich machen.

Zwar mühen sich einige Unternehmen durchaus um Verbesserungs- und Produktvorschläge aus der Belegschaft. Sie richten sogenannte Qualitätszirkel ein, in denen die Mitarbeiter ihre Ideen diskutieren und über die Koordinatoren dieser Zirkel auch an die Geschäftsleitung weiterleiten können. Gleichzeitig beschneiden die Machtverhältnisse in den Betrieben auch die Kompetenzen dieser Qualitätszirkel. Die Mitarbeiter sind bei ihren Vorschlägen auf den guten Willen der Geschäftsleitung angewiesen – verbriefte Rechte genießen diese Qualitätszirkel nicht.

„Mitbestimmung ist gut" – mehr Mitbestimmung ist besser

Im allgemeinen loben die Arbeitgeber die bundesdeutschen Mitbestimmungsregelungen. „Die Mitbestimmung ist gut", sagen sie, und dieses Lob kommt nicht von ungefähr. Denn das Mitbestimmungsgesetz und das Betriebsverfassungsgesetz gewähren den Arbeitnehmern einige Rechte – in den meisten Fällen mehr als in anderen Ländern. Doch während die Rechte der Arbeitnehmer abnehmen, je näher sie unternehmerischen Entscheidungen sind, bleiben die Beschäftigten über diese Gesetze voll in den betrieblichen Ablauf eingebunden. Sie können zwar die Arbeitsbedingungen überprüfen, Überstunden ablehnen, aber die kaufmännischen Entscheidungen der Unternehmen nicht beeinflussen. Sogar die ohnehin durchweg nicht gleichberechtigten Mitbestimmungsmöglichkeiten der Arbeitnehmer-Seite in den Aufsichtsräten – bei Stimmengleichheit entscheidet der Vorsitzende von Unternehmerseite – werden laufend weiter ausgehöhlt. Schließlich können die Arbeitgeber über die Satzung des Unternehmens die Kompetenzen der Aufsichtsräte beschneiden und mehr Macht von diesem Kontrollorgan auf die Leitungsorgane verlagern.

Die Diskussion über den Einsatz neuer Technologien und über die Entwicklung von „alternativen" Produkten in den Betrieben hat in den vergangenen Jahren gezeigt, daß eine Verbesserung der Mitbestimmungsgesetze dringend geboten ist. Wenn die „Mitbestimmung schon gut ist", warum soll dann mehr Mitbestimmung der Arbeitnehmer nicht noch besser sein. Im Kern geht es dabei um drei Veränderungen:

■ Die Betriebsräte benötigen beim Einsatz neuer Technologien ein qualifiziertes Mitbestimmungsrecht. Denn wer sonst kann die sozialverträgliche Einführung neuer Technologien im Betrieb garantieren, wenn nicht die Betriebsräte?

■ Der Gesetzgeber müßte der stetigen Aushöhlung der Kompetenzen von Aufsichtsräten durch die Eigentümer einen Riegel vorschieben.

■ Das Ziel einer neuen Mitbestimmungsoffensive müßte mindestens die gleichberechtigte Beteiligung der Arbeitnehmer-Vertretungen nicht nur in den Kontroll-, sondern auch in den Leitungsgremien eines Unternehmens sein – und dies nicht nur in wenigen ganz großen Kapitalgesellschaften. Nur auf diese Weise läßt sich langfristig eine Mitbestimmung der Beschäftigten bei der Entwicklung und Vermarktung neuer Produkte, bei der Geschäftspolitik insgesamt, erreichen.

Angesichts der gegenwärtigen wirtschaftlichen Machtverhältnisse sind diese Ziele eher utopisch. Wie groß die Durchsetzungsprobleme der Gewerkschaften derzeit sind, zeigen alleine die Auseinandersetzungen um die Arbeitszeitverkürzungen und ihre Ergebnisse. Dazu kommt, daß es mit erweiterten Mitbestimmungsrechten noch längst nicht getan wäre. Eine wirklich durchgreifende Beteiligung der Arbeitnehmer an den Entscheidungen der Wirtschaft erfordert auch eine weitgehende Änderung der Eigentumsverhältnisse. Alle staatlichen Versuche dazu sind in den vergangenen Jahrzehnten gescheitert. Eine Chance zu einer unblutigen Revolution der Eigentumsverhältnisse wurde allerdings noch gar nicht ins Auge gefaßt: Verbesserte Rahmenbedingungen für Belegschaftsunternehmen und für den Kauf von Betrieben durch ihre Belegschaften.

Neue Eigentumsverhältnisse durch Belegschaftsunternehmen

Die Bedeutung von Belegschaftsunternehmen ist in der Bundesrepublik nicht sehr groß. Es gibt zwar einige selbstverwaltete Betriebe, doch eignen sich die meisten von ihnen im Augenblick noch nicht als zugkräftiges Modell für eine mögliche Reform der Eigentumsverhältnisse. Zumeist sind sie durch Neugründung entstanden. Im Falle von Neugründungen fällt die Entscheidung für die Neutralisierung des Kapitals, das heißt, Kapital ohne Bestimmungsrechte, leichter. Zum anderen hat der größte Teil der selbstverwalteten Betriebe große ökonomische Probleme: Die Löhne liegen unter den Mindesttarifen, die Arbeitszeiten sind oft länger, die Betriebe leiden unter einem Mangel an Grund- und Investitionskapital. Diese Probleme schmälern nicht das große Engagement vieler Mitarbeiter von selbstverwalteten Betrieben bei der Suche nach demokratischen Entscheidungsformen und bei der Entwicklung ethischer Kriterien für das Geschäftsziel ihres Betriebes. Gerade aus diesem Grund müssen die Rahmenbedingungen für selbstverwaltete Betriebe verbessert werden. Ein Instrument zur gerechteren, breiten Verteilung des Produktivvermögens sind neugegründete selbstverwaltete Betriebe dennoch nicht.

Zur gerechteren Verteilung des Produktivvermögens bietet sich eine andere Chance, die bisher sträflich, aber wahrscheinlich absichtlich, vernachlässigt wurde: Der Kauf von Unternehmen durch ihre Belegschaften. Immerhin wechseln jährlich Tausende von Unternehmen ihren Besitz, weil die Eigentümer keine Nachfolger haben, weil sie das Unternehmen einfach verkaufen wollen oder weil es vor Problemen steht. Über diesen Mechanismus mehren die großen Finanziers dieses Landes ihren Besitz. Sie stellen einen geringen Teil des Eigenkapitals bereit und bezahlen den übrigen Teil des Kaufpreises mit einem Bankkredit. Der Kredit wird dann über die Gewinne des Unternehmens abgezahlt. Auf diese Weise fällt immer mehr Produktivvermögen in die Hände weniger Finanziers und Großaktionäre.

Die entscheidende Frage ist, warum die Belegschaften der entsprechenden Betriebe nicht ihr wirtschaftliches Schicksal in die eigene Hand nehmen und die Betriebe kaufen – und zwar auf die gleiche Art und Weise, wie dies die Finanziers auch tun. Sie stellen gemeinsam einen bestimmten Teil des Eigenkapitals und bezahlen den verbleibenden Teil des Kaufpreises über einen Bankkredit. Bedenkt man, daß der Kaufpreis auch größerer Unternehmen für den einzelnen Beschäftigten zumeist keinen höheren Anteil als 3000 bis 6000 DM bedeutet, so fragt man sich, warum die Arbeitnehmer nicht für einen Einsatz von 2000 DM pro Person – das wäre der Eigenanteil – ihre Unternehmen kaufen und den Bankkredit aus den Gewinnen abzahlen – wie dies die Kapitalisten auch tun.

Eine Ursache dafür ist sicherlich die mangelnde Risikobereitschaft europäischer Arbeitnehmer. Der entscheidende Grund liegt jedoch in den fehlenden wirtschaftlichen und politischen Rahmenbedingungen. In den USA sind Firmenkäufe durch die Belegschaften bestens geregelt, praktisch alle Beteiligten profitieren von Steuervorteilen. Ein Verkäufer spart Steuern, wenn er sein Unternehmen der eigenen Belegschaft verkauft. Die Banken zahlen für Zinsen an Belegschaftsunternehmen nur den halben Steuersatz. Da die Belegschaftsunternehmen außerdem mit ihrem eigenen Arbeitsplatz für den Kredit haften, gelten sie als besonders kreditwürdig. Aus diesen Gründen reißen sich die Banken in den USA geradezu um die Finanzierung von Unternehmenskäufen durch Belegschaften.

Das Ergebnis ist eine schleichende Revolution im Symbolstaat des Kapitalismus. Es gibt etwa 1000 Belegschaftsunternehmen mit knapp zwei Millionen Belegschaftseigentümern. Der „Papst" dieser Entwicklung, der einflußreiche Jurist Louis Kelso aus San Francisco, sieht bereits ein Viertel aller Arbeitsplätze in Arbeitnehmerhand als Ergebnis einer „unblutigen, friedlichen Revolution des Besitzes".

In die Bundesrepublik ist der Funke dieser Revolution bisher nicht übergesprungen – so wie dies auch für frühere Revolutionen gilt. Viele Unternehmen unternahmen zwar den Versuch, ihre Arbeitnehmer am Kapital oder zumindest am Gewinn zu beteiligen. Allerdings zielen diese Versuche nicht auf eine Veränderung der Eigentumsverhältnisse, sondern schlichtweg auf die Mobilisierung von Geldern der Beschäftigten für den Betrieb – zumeist sind diese Beteiligungsformen nicht einmal mit verbesserten Mitspracherechten der Beschäftigten verbunden. In den vergangenen Jahren gab es denn auch nur 30 bis 40 Fälle von Unternehmenskäufen durch Belegschaften – die Rahmenbedingungen sind einfach zu schlecht.

Belegschaftsunternehmen fördern

Die Probleme, die bei selbstverwalteten Betrieben und beim Kauf von Betrieben durch die Belegschaft auftreten, sind seit langem bekannt: Die Banken verweigern die Kreditvergabe, die Betriebe sind oft unterkapitalisiert, Belegschaftsunternehmer tragen zu ihrem Arbeitsplatzrisiko noch das Risiko des Kapitalverlustes. Bei diesen Grundproblemen müßte denn auch die staatliche Unterstützung ansetzen. Dabei wären strukturelle Veränderungen weit wichtiger als direkte finanzielle Zuwendungen in Form von Subventionen – drei Initiativen ließen sich denken:

■ Das Konkursrecht müßte so verändert werden, daß Belegschaften ein Vorkaufsrecht eingeräumt würde. Ein Ausverkauf zugunsten der Gläubiger sollte erst dann möglich sein, wenn die Belegschaft kein Interesse an „ihrem" Unternehmen zeigt. Bei Unternehmensverkäufen, die nicht durch schlechte geschäftliche Verhältnisse bedingt sind, sollten die Verkäufer bei Veräußerung des Unternehmens an die Belegschaft Steuervorteile erhalten.

■ Da die Beschäftigten in Belegschaftsunternehmen das Arbeitsplatz- und das Kapitalrisiko tragen, ist eine besondere Vorsorge notwendig. Der Gesetzgeber könnte solchen Unternehmen entsprechend den Risikorückstellungen die steuerfreie Rückstellung von Arbeitsplatzrücklagen erlauben, so daß die Belegschaft im Falle des Konkurses wenigstens kurzfristig abgesichert wäre.

■ Die Landesregierungen sollten auf Länderebene Bürgschaftsbanken nach dem Muster der Haftungsassoziation in West-Berlin aufbauen – mit zwei Aufgaben: Sie sollten Belegschaftsunternehmen beraten und umstrittene Kredite an solche Unternehmen mit einer Bürgschaft absichern. Auf dieser Basis könnten dann Direktkreditvermittlungs-Initiativen nach dem Muster der Berliner Stattwerke eG (siehe oben) zinsgünstige Direktkredite von Sparern für Belegschaftsunternehmen mobilisieren. Die breite staatliche Absicherung der Kredite würde den Sparern jede Unsicherheit nehmen. Dadurch könnte ein „alternatives" wirtschaftliches Netzwerk entstehen: Sparer investieren ihre Ersparnisse direkt in Belegschaftsunternehmen. Auch die Bedingungen für die Kreditvergabe könnten sich an der gegenwärtigen Praxis der Stattwerke eG orientieren: keine Kredite an Unternehmen ohne demokratische Strukturen und an Betriebe, die umweltfeindlich oder für die Rüstung produzieren oder Beziehungen zu menschenrechtsverletzenden Regierungen unterhalten.

Unter diesen Rahmenbedingungen würde zwar in der Bundesrepublik nicht gleich die „unblutige Revolution des Besitzes" ausbrechen. Auf längere Sicht würden viele Arbeitnehmer jedoch auf die neuen Möglichkeiten reagieren und sich vermehrt nach Möglichkeiten umsehen, in ein Belegschaftsunternehmen einzusteigen oder – bei entsprechender Gelegenheit – im eigenen Unternehmen eine Belegschaftsinitiative einzuleiten.

Belegschaftsunternehmen – eine Herausforderung für die Gewerkschaften

Im Gegensatz zu ihren amerikanischen Kollegen stehen die bundesdeutschen Gewerkschaften der Idee von Belegschaftsunternehmen ebenso skeptisch gegenüber wie der gesamten Selbstverwaltungsidee – mit durchaus ernstzunehmenden Argumenten. Sie fürchten in erster Linie einen wachsenden Betriebsegoismus in Belegschaftsunternehmen und einen verstärkten Trend zur Entsolidarisierung. Statt in Wachstumsperioden zusätzliche Arbeitskräfte einzustellen, würden die Arbeitnehmer-Unternehmer, so unterstellen viele Gewerkschafter, lieber selbst mehr und länger arbeiten, um ihren eigenen Gewinn zu maximieren. Schließlich beanspruchen doch Neulinge auch ein Stück vom gemeinsamen Kuchen und verkleinern die Stücke der anderen. Außerdem verweisen die Gewerkschaften auf das höhere Risiko in Belegschaftsunternehmen. Zu dem üblichen Arbeitsplatzrisiko käme nun noch das Risiko, im Falle einer Pleite den eigenen Arbeitsplatz zu verlieren. Auch in den USA gehe es deshalb nicht allen Belegschaftsunternehmen gut.

Doch so schwerwiegend diese Einwände auch sein mögen, die Gewerkschaften drohen sich dabei selbst zu blockieren. Denn mit ihren traditionellen Zielsetzungen – bessere Arbeitsbedingungen, höhere Löhne, kürzere Arbeitszeiten – befinden sie sich hierzulande längst in der Defensive. Sie stoßen auf das Desinteresse eines neuen Arbeitnehmer-Typs, der die traditionelle Gewerkschaftsklientel ablöst: Er ist sehr qualifiziert, wenig autoritätsgläubig, individualistisch und auf ein selbständiges Arbeiten bedacht. Diesen Arbeitnehmertyp schrecken bürokratische Mammutorganisationen wie Gewerkschaften geradezu ab.

Um so größer wären die Chancen für die Gewerkschaften, diesem Arbeitnehmer-Typ eine Strategie anzubieten, die ihm Anteile am Produktiv-Vermögen und weitgehende Mitbestimmungsmöglichkeiten eröffnen – bis hin zum Kauf eines Unternehmens, zusammen mit den anderen Beschäftigten. Die führenden Gewerkschafter sollten sich fragen, ob der augenblickliche Trend zu einem neuen, eigenwilligen Arbeitnehmertyp, der sich nur widerwillig für fremdbestimmte Ziele organisieren läßt, überhaupt aufzuhalten ist. Es nützt den Gewerkschaften wenig, über die um sich greifende „Entsolidarisierung" zu lamentieren, die Woge rollt. Vielmehr sollten die Gewerkschaften diese Entwicklung erkennen und neue Chancen nutzen. Sie bestehen darin, den neuen Arbeitnehmertyp deutlich erkennbar in einer Weise zu fördern, daß eine Verbindung von Selbstbestimmung und Mitbestimmung entstehen kann – im Bewußtsein einer neuen Solidarität. In dieser Hinsicht stellen die Belegschaftsunternehmen für die Gewerkschaften eine große Herausforderung dar.

Daß die Gewerkschaften nicht überflüssig werden, wenn Arbeitnehmer zu Unternehmern mutieren, zeigen Beispiele in den USA. Im Gegenteil: Die Belegschaftsinitiativen eröffnen den Gewerkschaften zusätzliche Arbeitsfelder. So wäre es zum Beispiel ihre Aufgabe, den befürchteten Betriebsegoismus durch eine branchenübergreifende solidarische Organisation der selbstverwalteten Firmen zu verhindern. Dazu käme eine wichtige Beratungsfunktion: Denn die Regelungen bei Unternehmensverkäufen können das Risiko der Belegschaft erhöhen oder senken, sie können belegschaftsfreundlich oder bankenfreundlich sein. Es wäre die Aufgabe der Gewerkschaften, Belegschaften zu beraten, die ihr eigenes Unternehmen kaufen wollen. Wenn dies in ferner Zukunft gelingt, könnten die Gewerkschaften zwei Fliegen mit einer Klappe schlagen: nämlich neue Arbeitnehmer-Gruppen gewinnen und durch die gerechtere Verteilung des riesigen Produktivvermögens zur Demokratisierung der Wirtschaft beitragen.

Belegschaftsunternehmen – ein Schritt gegen die wachsende Vermachtung der Wirtschaft

Es wäre zwar vermessen, anzunehmen, über eine wachsende Zahl von Belegschaftsunternehmen wären die wirtschaftlichen Probleme – Arbeitslosigkeit, Umweltzerstörung, technologische Entwicklung – bereits gelöst. Der Kauf von Unternehmen durch ihre Belegschaft ersetzt weder eine engagierte staatliche Wirtschaftspolitik noch eine aktive Umweltpolitik. Einer puren Marktwirtschaft mit selbstverwalteten Betrieben soll hier nicht das Wort geredet werden. Der Staat als Regulativ wird mehr denn je notwendig sein.

Dennoch liegen die Vorteile für die Arbeitnehmer der jeweiligen Betriebe auf der Hand. Ihr wirtschaftliches Risiko wäre zwar höher als heute. Dafür wachsen jedoch auch ihre Möglichkeiten, die Geschicke des Unternehmens mit ihren eigenen Bedürfnissen in Einklang zu bringen. Sie brauchen sich nicht mehr mit der Schein-Mitbestimmung von heute abzufinden, die in guten Zeiten funktioniert und in schlechten Zeiten gegen die Beschäftigten ausgespielt wird. Sie bräuchten nicht mehr in die innere Kündigung oder – aus Frust über die Verhältnisse im Betrieb – in einen wachsenden Frustkonsum am Wochenende zu flüchten. Als Eigentümer hätten die Beschäftigten im Betrieb letztlich das Sagen – und niemand sonst. Selbstverständlich müssen sich diese Betriebe auf den Märkten behaupten. Doch die Marktverhältnisse lassen den Unternehmen genügend Spielraum, ihre Produktpalette langsam umzubauen und neue Marktnischen zu besetzen, wenn die Belegschaften dies wünschen.

Gesamtwirtschaftlich wäre eine Entwicklung hin zu einer wachsenden Zahl von Belegschaftsunternehmen ein erster Schritt zu einer Neuverteilung, zu einer Demokratisierung des Produktivvermögens, die bisher immer gescheitert ist. Es wäre ein erster, aber bedeutender Versuch, die Eigentumsverhältnisse „unblutig" zu revolutionieren, die heute immer mehr Macht auf immer weniger Köpfe konzentrieren. Es wäre ein Versuch, den Arbeitnehmern ein Stück jenes riesigen Produktionsapparates zurückzugeben, der sie immer stärker zu bloßen Rädchen in einem Getriebe degradiert, dessen Lauf sie bald nicht mehr beeinflussen können.

„Warum kaufen die Arbeitnehmer nicht ihre Betriebe?"

Interview mit dem Sekretär
des Schweizerischen Gewerkschaftsbundes (SGB), Beat Kappeler.

Frage: Sie fordern die Arbeitnehmer auf, ihre Betriebe zu kaufen. Warum sollten sie ihre bescheidenen Spargroschen gerade so anlegen?

Antwort: Der Kauf des eigenen Unternehmens ist nicht einfach eine Anlage unter vielen. Vielmehr steht der besondere Wunsch dahinter, sein wirtschaftliches Geschick selbst in die Hand zu nehmen. Dafür lohnt sich der Einsatz eines Teils des Ersparten. Gemessen an anderen Ausgaben, wie jenen für das Auto oder für Ferien, nehmen sich die erforderlichen Summen oft bescheiden aus. Gelegenheiten gibt es dabei genug, denn allein durch Generationenwechsel kommen jährlich Zehntausende von Unternehmen in andere Hände, viele davon über den Markt. Weitere Kaufgelegenheiten ergeben sich bei Uneinigkeit von Aktionären oder schlimmstenfalls bei Sanierungen.

Frage: Wo sollen die Arbeitnehmer eigentlich so viel Geld hernehmen?

Antwort: Es braucht pro Kopf eigentlich gar nicht viel Geld. Die Summen, zu welchen Unternehmungen verkauft werden, mögen hoch erscheinen, doch aufgeteilt auf den einzelnen Arbeitsplatz macht dies manchmal einige tausend Mark aus. Der Wert der Firma mag natürlich viel höher sein, aber so wie die Finanzleute, die bei Übernahmen gewisse Finanztechniken mit einer Hebelwirkung anwenden, kann auch eine Belegschaft handeln. Firmen sind zu einem Teil ihres Wertes fremdfinanziert – also muß man schon mal diesen Teil nicht bezahlen. Dann kann man für einen Teil des restlichen Übernahmepreises Kredite aufnehmen. In den USA mischen bekannte Banken der Wallstreet für Belegschaften solche Finanzierungen zusammen.

Dann können Finanzfirmen, Holdinggesellschaften zwischengeschaltet werden. Die von der Belegschaft geschaffene Institution, die zur Übernahme eingerichtet wird, kann einen Teil ihrer eigenen Aktien wieder im Publikum oder bei Aktionären, die kein Stimmrecht erhalten, plazieren, so daß wieder ein Teil des Kaufpreises mitfinanziert wird. Je nach nationalem Aktienrecht sind auch Aktien mit vielfachem Stimmrecht möglich. Die Belegschaft kann damit durch weit weniger als die Hälfte des Kapitals die Stimmenmehrheit erwerben.

Das Beispiel der Büroartikelfirma Kardex in der Schweiz zeigte kürzlich, daß die Firma durch geschickt geschachtelte Kredite, Stimmrechtsaktien und Zwischenfirmenkonstruktionen zum Preis von etwa 1.800 Schweizer Franken (etwa 2.100 DM, d.V.) pro Arbeitsplatz übernommen werden konnte. Ich habe im Falle der großen Maschinenbaufirma Sulzer ausgerechnet, daß das von einem großen Schweizer Finanzier zusammengekaufte Paket von 40 Prozent des Kapitals mit entsprechenden Finanzierungen durch die Belegschaft zu vielleicht 2.000 Schweizer Franken (rund 2.300 DM, d.V.) pro Kopf finanzierbar gewesen wäre. Kurz – es geht zwar um viel Geld, aber nicht pro Kopf und nicht bar.

Frage: Inwiefern könnte die Wirtschaft durch Belegschaftsunternehmen humaner werden?

Antwort: Bloße Beteiligungsumschichtungen verändern die Arbeits- und Wirtschaftswelt noch nicht. Man kann sich vorstellen, und vorschnelle Kritiken von Links gehen dahin, daß von der Belegschaft übernommene Betriebe ein Klima kennen, das unangenehm sein kann. Möglichst wenig Neueinstellungen, Druck auf Leistung bei jedermann, damit der Kuchen pro Kopf größer wird, sind denkbar. Auch drohen hier – wie überall – die großen Wortführer aufzutreten, Meinungen zu machen und Widerstände zu überrollen.

Aber alles andere ist auch möglich, und wahrscheinlicher: Die Umgangsformen werden offener, weniger hierarchisch, echte Kooperation und spontane Ausfüllung von Lücken im Pflichtenheft treten auf. Dadurch wird die Autonomie und der Einsatzbereich jedes einzelnen größer, und gleichzeitig verbessert sich das Ergebnis – aber eben ohne äußeren Druck, durch inneren Schwung. Dies ist nicht falsch, denn entfremdete Eigentumsverhältnisse haben doch erst die ständige Hemmung der Arbeitenden geschaffen, nicht von sich aus sich spontan bei der Arbeit zu engagieren, sondern mehr oder weniger nur das zu tun, was man ihnen sagt. Von dieser Karikatur des tätigen Menschen führt das Selbsteigentum weg und löst Bereitschaft zum Einsatz aus, die zum ursprünglichen Wunsch jedes einzelnen gehört. Durch demokratische Entscheidungsprozesse wird auch die allgemeine Information besser, die Betriebsentwicklung wird längerfristig planbar und damit auch weniger mit Umschwüngen belastet.

Frage: Fühlen Sie sich nicht als Verräter an der Arbeiterschaft, wenn Sie Lohnabhängige zu Kapitalisten machen?

Antwort: Es besteht ein großer Unterschied zwischen dem manchmal von Unternehmern geförderten individuellen Aktienkauf durch Belegschaftsmitglieder und dem durch eine ganze Belegschaft mit gemeinschaftlichen Institutionen (Trägerverein, Stiftung, Holding) übernommenen Betrieb. Jeder, der in einen solchen Betrieb eintritt, ist voll dabei. Wer austritt, verliert das Verfügungsrecht, die finanziellen Abfindungen werden je nach Einzelfall geregelt. Damit ist der Gesichtspunkt ein anderer als nur der, angelegtes Kapital durch Kurssteigerungen kurzfristig zu maximieren.

Aber viel grundsätzlicher: die Gewerkschaften und andere soziale Bewegungen wie die Sozialdemokraten sind ja nur eine behelfsmäßige Antwort auf den weitgehenden Verlust der wirtschaftlichen Selbständigkeit fast aller Leute. Man versucht, ihr Los als Lohnabhängige, Mieter etc. zu lindern. Sinnvoller wäre der Versuch, diese Lage ganz grundsätzlich umzukehren, sie also wieder zu Eigentümern zu machen. Es müßte an sich eine Freude sein, wenn die Gewerkschaften sagen könnten, wir haben uns selbst überflüssig gemacht: In den USA, wo bald ein Zehntel aller Beschäftigten in irgendwie selbstbeteiligten Betrieben arbeitet, helfen die Gewerkschaften beim Auskauf und beraten die Belegschaften auch weiterhin, etwa in Fragen der Humanisierung der Arbeitsbedingungen. Ihre Rolle ist mit Belegschaftsunternehmen deshalb gar nicht beendet, sie ändert sich nur.

4.5. Eine gezielte Arbeitsmarktpolitik für Problemgruppen

Ein staatliches Investitionsprogramm zur Beseitigung von Umweltschäden, Arbeitszeitverkürzungen und die Einführung eines Grundeinkommens würden – wie oben beschrieben – das Problem der Arbeitslosigkeit sicherlich entscheidend lindern. Gelöst wäre das Problem auch durch so weitreichende Maßnahmen noch nicht – dafür hat die jahrzehntelange Dauer der hohen Arbeitslosigkeit bei einem Teil der Betroffenen bereits zu viele „psychische Narben" hinterlassen.

Ein Blick auf die Statistik zeigt das Problem. Danach steigt der Prozentsatz der Langzeitarbeitslosen – Arbeitslose, die seit mehr als einem Jahr arbeitslos sind – ständig an. Ein beträchtlicher Teil der über 100.000 arbeitslosen Jugendlichen sind Langzeitarbeitslose. Am anderen Ende der Alterspyramide gilt das gleiche: Unter den Arbeitslosen im Alter von über 45 Jahren steigt der Anteil der Langzeitarbeitslosen ständig. Ein erheblicher Teil der Langzeitarbeitslosen ist durch die lange Periode der Arbeitslosigkeit psychisch schwer gezeichnet, so daß sie nicht mehr über Qualifizierungsmaßnahmen in den Arbeitsprozeß integrierbar sind. Ihnen fehlt Selbstbewußtsein, Arbeitsdisziplin – viele Langzeitarbeitslose empfinden ihre Lage als hoffnungslos. Zu diesen psychischen Problemen kommen bei einem Teil der Betroffenen noch körperliche Schäden: Die lange Zeit der Arbeitslosigkeit hat sie krank gemacht. Viele sind alkohol- oder medikamentenabhängig, unter den Jugendliche gibt es viele Drogenabhängige und solche, die es waren.

Die Arbeitsmarktpolitik läuft an den „Problemgruppen" vorbei

Unter den gegenwärtigen wirtschaftlichen Bedingungen läuft sowohl die Wirtschafts- wie auch die Arbeitsmarktpolitik an dieser „Problemgruppe" von Arbeitslosen vorbei. Eine wachsende Wirtschaft nützt ihnen auch dann nichts, wenn sie wirklich zusätzliche Arbeitsplätze schafft. Sie haben keine Chance auf einen Stammplatz in den „olympiareifen Mannschaften", die sich die Betriebe wünschen – nicht einmal die Position eines ungeschützten, jederzeit auswechsel- und einsetzbaren Ersatzspielers steht ihnen offen. Die auf Konkurrenzfähigkeit und Flexibilität getrimmte moderne Wirtschaft hat die Problemgruppen des Arbeitsmarktes längst ausgespuckt und hält für sie auch in Zukunft keine Arbeitsplätze bereit.

Obwohl die Bundesregierung und die Bundesanstalt für Arbeit einen Katalog von Maßnahmen für diese „Problemgruppen" bereithalten, laufen auch sie zumeist an ihnen vorbei. Dies gilt zum Beispiel für Lohnkostenzuschüsse, die Unternehmen zur Einstellung von Langzeitarbeitslosen ermutigen sollen. Diese Hilfsmaßnahme ignoriert, daß viele Langzeitarbeitslose gar nicht in der Lage sind, sich ohne persönliche Hilfe in die Arbeitswelt zu integrieren. Ein niedriger Einstiegspreis für den Arbeitgeber gibt ihnen vielleicht in manchen Betrieben eine Chance, die sie aber nicht nutzen können. Das Ergebnis kann bitter sein: Die Betriebe entlassen sie mit dem Hinweis auf ihre „Arbeitsunfähigkeit" – und verschärfen dadurch ihre psychischen Probleme.

Ähnliches gilt für konventionelle Qualifizierungsmaßnahmen, die die Bundesanstalt für Arbeit finanziert. Sie können Arbeitnehmern helfen, die noch nicht zu lange vom Erwerbsleben ausgeschlossen sind und diesen Umstellungsprozeß ohne größere Schwierigkeiten bewältigen können. An den Langzeitarbeitslosen laufen diese Maßnahmen jedoch vorbei, da sie bei der beruflichen Qualifikation und nicht bei dem Grundproblem vieler Langzeitarbeitsloser ansetzen: bei ihrer zu großen psychischen Distanz vom Erwerbsleben.

Soziale Betreuung von „Problemgruppen"

Einen Teil der Langzeitarbeitslosen als „gegenwärtig arbeitsunfähig" einzustufen, diffamiert diese nicht. Sozialarbeiter, die im Umfeld der Kirchen in Projekten mit Langzeitarbeitslosen tätig sind, bestätigen dieses Urteil. Im Gegensatz zu vielen Wirtschaftsexperten und Politikern darf man diese Gruppe von Menschen aber gerade deshalb nicht „abschreiben", sondern muß ihr mit arbeitsmarktpolitischen Instrumenten helfen. Dafür gibt es verschiedene Möglichkeiten: Manche Gemeinden haben einen „Zweiten Arbeitsmarkt" aufgebaut, der Langzeitarbeitslose im Rahmen sozialer, ökologischer oder handwerklicher Projekte beschäftigt, bezahlt und gleichzeitig sozial betreut. Die Grundbedingungen für den Erfolg eines „Zweiten Arbeitsmarktes" liegen in der freiwilligen Teilnahme der Betroffenen, einer geeigneten sozialen Betreuung und einem Beschäftigungsziel, das die Teilnehmer nicht den harten Anforderungen der Konkurrenz- und Leistungsgesellschaft aussetzt. Nur so kann ihre langsame und schrittweise Wiedereingliederung in das Erwerbsleben gelingen.

Ähnliche Unterstützungsprojekte für „Problemgruppen" des Arbeitsmarktes betreiben auch viele kirchlichen Verbände, Organisationen und Gemeinden. Sie betrachten dies als Teil ihrer Sozialarbeit und versuchen, die Betroffenen über kleine, überschaubare Arbeitsprojekte wieder an ein gemeinsames Arbeiten mit anderen Menschen zu gewöhnen, wobei die betont handwerklich ausgerichteten Projekte einen direkten Bezug der Mitarbeiter zu ihrem Produktionsergebnis sicherstellen sollen.

Die wenigen Versuche von Kommunen, einen „Zweiten Arbeitsmarkt" aufzubauen und die Vielzahl der kirchlichen Projekte zeigen, daß sich die staatlichen Stellen, allen voran die Bundesanstalt für Arbeit, im Umgang mit den „Problemgruppen" des Arbeitsmarktes mehr als schwertun. Sie neigen dazu, diese Personengruppe selbst für ihr Schicksal, für ihren Ausschluß aus dem Erwerbsleben, verantwortlich zu machen. Statt dessen wäre es notwendiger denn je, dieses Problem flächendeckend anzugehen. Eine Vielzahl sozialpädagogisch betreuter Projekte ist dabei eine grundlegende Voraussetzung für die Wiedereingliederung von Langzeitarbeitslosen in das Erwerbsleben. Sie reicht jedoch alleine nicht aus. Die Arbeit dieser Projekte bleibt vergeblich, wenn die Wirtschaft sich auch weiterhin weigert, Langzeitarbeitslose aus diesen Projekten über einen längeren Zeitraum und bei geringeren Leistungsanforderungen langsam in ihren betrieblichen Ablauf zu integrieren. Um diese Bereitschaft und die dazu notwendigen finanziellen Mittel zu mobilisieren, könnte die Wirtschaftspolitik auf eine Quotenregelung wie im Falle schwerbehinderter Arbeitnehmer setzen: Größere Unternehmen stellen einen bestimmten Prozentsatz ihrer Arbeitsplätze Langzeitarbeitslosen zur Verfügung – oder sie bezahlen einen bestimmten Betrag. Im Umlageverfahren könnte dieses Geld an Unternehmen fließen, die Langzeitarbeitslosen angemessene Arbeitsplätze zur Verfügung stellen.

Vor diesem Hintergrund stellt der Umgang mit dem Problem der Langzeitarbeitslosigkeit eine große Herausforderung an eine Wirtschaftsordnung dar, die sich als „sozial" versteht. Eine Wirtschaftsordnung und ihre Träger können nur dann Humanität für sich beanspruchen, wenn sie beträchtliche personelle und finanzielle Mittel mobilisieren, um den schwächsten Gliedern der Gesellschaft zu helfen. Insofern zeigt der Umgang mit dem Problem der Langzeitarbeitslosigkeit in den nächsten Jahren die Bereitschaft der Gesellschaft zur Solidarität mit den Benachteiligten. Ist diese Bereitschaft vorhanden, wird dieses Problem zu lösen sein.

Fehlt diese Bereitschaft zu einem solidarischen Umgang mit jenen, die – aus welchen Gründen auch immer – nicht so leistungsfähig sind, dann entlarven sich Wirtschaft und Gesellschaft selbst als inhuman. Sie beweisen damit, daß sie eine Gruppe von Menschen – im Falle von Jugendlichen sogar einen Teil einer ganzen Generation – zu opfern bereit sind, um im harten wirtschaftlichen Konkurrenzkampf den eigenen Kopf aus der Schlinge zu ziehen. Im Augenblick weist die Entwicklung in diese Richtung. Jede andere, an Humanität orientierte Wirtschaftspolitik wird sich an dieser Herausforderung messen lassen, das heißt, eine grundsätzlich andere Richtung einschlagen müssen.

„In Schweden hat Vollbeschäftigung absoluten politischen Vorrang"

Interview mit Franz Pauli, Referent beim Bund der Katholischen Jugend und zuständig für Arbeitslosenprojekte, nach einer Studienreise durch Schweden.

Frage: Über Schweden gehen die Meinungen auseinander. Für die einen ist es ein bürokratisches Hoch-Steuer-Land, für die anderen eine Insel der Vollbeschäftigung. Was war Ihr Eindruck?

Antwort: Oberflächlich betrachtet stimmt beides, aber mit diesen einfachen Klischees wird man der Realität in Schweden nicht gerecht. Es ist so, daß gut 60 Prozent des Bruttosozialprodukts durch den Staatssäckel fließen – in der BRD sind dies knapp 50 Prozent. Nun heißt dies aber nicht, daß alle gleich hoch zur Kasse gebeten werden, vielmehr ist der Steuersatz sozial gestaffelt und liegt zwischen 30 und 75 Prozent.

Außerdem muß man berücksichtigen, daß ungefähr 20 Prozent des Steueraufkommens gesellschaftlich umverteilt werden – also jene, die weniger haben, mehr bekommen. Trotzdem scheint dies der wirtschaftlichen Leistungsfähigkeit und -bereitschaft keinen Abbruch zu tun.

Die schwedische Wirtschaft ist wegen ihres hohen qualitativen Produktionsstandards und Technisierungsgrades international voll konkurrenzfähig – und dies trotz des breit ausgebauten Dienstleistungssektors und der vielfältigen wohlfahrtsstaatlichen Leistungen. Gerade hierdurch konnten viele gesellschaftlich sinnvolle Arbeitsplätze geschaffen und die Arbeitslosigkeit auf 2 bis 3 Prozent gedrückt werden. Das bedeutet nicht nur in der BRD statistisch Vollbeschäftigung.

Und die Bürokratie? Sie tendiert ja überall zur Ausweitung, zum Erlaß einer Regelung für die Regelung einer Regelung. Gelegentlich war in Schweden von bürokratischen Übergriffen die Rede, die ich aber aus eigener Anschauung weder bestätigen noch verneinen kann.

Frage: Wie sieht die schwedische Arbeitsmarktpolitik aus?

Antwort: Voraussetzung für die Entwicklung der aktiven Arbeitsmarktpolitik war und ist ein breiter Konsens darüber, daß Vollbeschäftigung absoluten politischen Vorrang hat. Ähnlich wie in der BRD ist die Entwicklung der Teilarbeitsmärkte recht unterschiedlich. Ebenso steigen die Einstellungsvoraussetzungen für Arbeitskräfte ständig an. Sie stimmen nicht mehr mit der Qualifikationsstruktur eines Teils der Arbeitssuchenden überein. So wurde 1980 für 50 Prozent der offenen Stellen eine qualifizierte Ausbildung gefordert, 1986 bereits für 75 Prozent. Vor diesem Hintergrund zielt die schwedische Arbeitsmarktpolitik auf
1. die Entwicklung von Beschäftigungsmaßnahmen, die bewußt in die Felder der Regional- und Industriepolitik hineinreichen,
2. die Erhöhung des Ausbildungs- und Qualifikationsstandards,
3. eine landesweite Verbesserung der Vermittlungsleistungen.

Da sich die Arbeitsmarktpolitik als Teil der Beschäftigungspolitik versteht, strebt sie eine quantitative und qualitative Ausweitung des Arbeitsmarktes an. Hierbei verdient sie in der Tat das Prädikat „aktiv", da 70 Prozent der Ausgaben für den Arbeitsmarkt in aktive Maßnahmen gehen und nur 30 Prozent für Unterstützungsleistungen aufgewendet werden (müssen). In der BRD ist das Verhältnis genau umgekehrt.

Frage: Gibt es eigentlich spezielle Maßnahmen gegen Jugendarbeitslosigkeit?

Antwort: Natürlich. Die wichtigste Maßnahme gegen Jugendarbeitslosigkeit besteht darin, daß jeder, der eine Ausbildung machen will, dies auch kann. In Schweden ist der Staat zuständig für die Ausbildung. Auch den Weiterqualifizierungs- und Umschulungsmöglichkeiten kommt eine große Bedeutung zu. Darüber hinaus gibt es für Jugendliche unter 20 Jahren eine Beschäftigungsgarantie für fünf Tage je vier Stunden pro Woche. Umgesetzt wird diese in sogenannten Jugendteams, die meist auf kommunaler Ebene gebildet werden und häufig im sozialen Bereich angesiedelt sind. Dieses Recht hat Zwangscharakter, d.h. wenn Jugendliche die Arbeit in einem

Team ablehnen, wird ihnen die Unterstützung gestrichen. Nach einer sehr positiven Auslegung dieser Verpflichtung soll hierdurch verhindert werden, daß sich „Jugendliche an den Zustand der Arbeitslosigkeit gewöhnen müssen".

Darüber hinaus können Jugendliche über 20 Jahre, die die Ausbildung nachholen, an einer Umschulung teilnehmen oder in einer Arbeitsbeschaffungsmaßnahme tätig werden, eine Existenzgründungshilfe beziehen. Körperlich oder geistig Behinderte finden einen Arbeitsplatz im „geschützten Arbeitsbereich".

Frage: Wie gehen die Schweden mit notleidenden Unternehmen in Problem-Branchen um?

Antwort: Darüber waren wir zuerst irritiert und überrascht. Denn in Schweden wird der Auf- und Ausbau von rentablen und sich selbst tragenden Produktionszweigen unterstützt, nicht aber der Unterhalt chancenloser Problembetriebe. Gerade im Textil-, Stahl-, Kohle- und Werftbereich wurden viele Betriebe geschlossen. Es gelang jedoch zum Teil, parallel zum Abbau von Arbeitsplätzen neue Arbeitsplätze aufzubauen, wie zum Beispiel in Malmö, wo in einer Werft heute Autos von Saab gebaut werden.

In einzelnen Regionen schafften solche Beschäftigungseinbrüche große Probleme. Dies, obwohl durch die Struktur-, Regional- und aktive Arbeitsmarktpolitik versucht wurde, diese Strukturumbrüche sozial verträglich zu gestalten, d.h. also, Arbeitslosigkeit möglichst zu verhindern. Die Gewerkschaften stehen dieser Politik der „notwendigen wirtschaftlichen Umstrukturierungsprozesse" positiv gegenüber, da nur eine produktive und international wettbewerbsfähige Wirtschaft die Grundlage für ein breites Netz von Dienstleistungen sowie öffentlichen Wohlstand garantiert. Ihre „solidarische Lohnpolitik" leistet sogar einen Beitrag zur Beschleunigung dieser Umstrukturierung.

Frage: Was heißt eigentlich „solidarische Lohnpolitik", und was bezweckt sie?

Antwort: Die solidarische Lohnpolitik versucht, die Schere zwischen den hohen und den niedrigen Einkommensgruppen etwas mehr zu schließen. Hierbei orientiert sich die Lohnstruktur nicht an den Gewinnlagen der einzelnen

Branchen und Unternehmen, sondern an der Art der Arbeitsaufgaben. Branchen- und betriebsübergreifend soll gleiche Arbeit gleich bezahlt werden. Weiterhin soll es aber für unterschiedliche Arbeit eine differenzierte Entlohnung innerhalb eines gewissen Rahmens geben.

Tarifpolitisch war die Umsetzung der „solidarischen Lohnpolitik" nur aufgrund des starken gewerkschaftlichen Organisationsgrades (er liegt bei den Arbeitern um 90 Prozent) möglich: organisatorisch dadurch, daß die Tarifverhandlungen zentralistisch organisiert sind. Die Dachverbände der Gewerkschaften und Arbeitgeber erarbeiten in einer ersten Verhandlungsrunde Rahmenempfehlungen, innerhalb derer die branchenbezogenen Abschlüsse vereinbart werden. Diese Lohnpolitik führte natürlich dazu, daß ertragsschwache Betriebe sehr stark belastet, während in gewinnträchtigeren Unternehmen die Verteilungsspielräume nicht voll ausgeschöpft wurden. Strukturschwache Branchen wurden deshalb belastet, strukturstarke Branchen entlastet. Dies hat den Strukturwandel verschärft.

Frage: Was könnte unsere Bundesregierung von Schweden lernen?

Antwort: Eine ganze Menge. Zuerst sollte sie sich von dem Glauben verabschieden, daß der Markt schon wieder alles in Ordnung bringt, wenn nur lange genug eine angebotsorientierte Politik gefahren wird. Sie könnte auch lernen, daß es gute und machbare Alternativen zu ihrer „Leistung muß sich wieder lohnen"-Politik gibt: die Schaffung von sinnvollen Arbeitsplätzen im öffentlichen Bereich, die Ermöglichung einer qualifizierten Ausbildung für alle, eine kreative und beschäftigungswirksame Arbeitsmarktpolitik. Natürlich können die schwedischen Ansätze nicht einfach übernommen werden, da die Ausgangsbedingungen nicht vergleichbar sind. Es gibt auch gute Gründe, skeptisch gegenüber schwedischen Modellen zu sein. Natürlich gibt es immer irgendwelche gewichtigen Gründe gegen das Ansinnen auf Veränderung – aber angesichts des erdrückenden Problems der Arbeitslosigkeit wünsche ich auch der Bundesregierung die schwedische Erkenntnis, daß sich Lernen wieder lohnt.

4.6. Sozialökologische Weltwirtschaftspolitik statt Entwicklungshilfe

Der Streit um die „Dritte-Welt-Politik" der Bundesregierung konzentriert sich fast immer auf die Auseinandersetzung um die Entwicklungshilfe. Zwar ist die Kritik an der bundesdeutschen Entwicklungshilfe-Politik gleich mehrfach berechtigt. Einmal machen die Entwicklungshilfeleistungen nur 0,43 Prozent des bundesdeutschen Bruttosozialprodukts (BSP) aus. Damit verfehlt die Bundesregierung die UNO-Forderung an alle Industrieländer nach einem BSP-Anteil der Entwicklungshilfe von 0,7 Prozent bei weitem. Außerdem orientiert sich ein großer Teil der Entwicklungshilfe an den Interessen der bundesdeutschen Wirtschaft. Sie wird nur gewährt, wenn die begünstigten Projekte in Entwicklungsländern später Aufträge an bundesdeutsche Unternehmen erteilen.

Es ist völlig unstrittig, daß diese Art von Entwicklungshilfe keinen Beitrag zu einer gerechteren Weltwirtschaft leistet. Dennoch sollte sich eine Kritik an der Dritte-Welt-Politik der Bundesregierung nicht auf die Entwicklungshilfe konzentrieren. Denn auch die beste Entwicklungspolitik wird die Ungleichgewichte der Weltwirtschaft nie korrigieren können. Sie vermag allenfalls ihre gröbsten Auswirkungen punktuell zu reparieren. Insofern korrigiert Entwicklungspolitik immer nur die Symptome der weltwirtschaftlichen Entwicklung, ohne an den Ursachen anzusetzen. Genau dies muß jedoch tun, wer die unglaublich ungleiche Verteilung des weltwirtschaftlichen Wohlstandes auch nur annähernd korrigieren will: Immerhin schwirren im Norden der Welt überschüssige 500 Milliarden US-Dollar durch die verschiedenen Anlageformen – auf der Suche nach schnellerer Vermehrung. Gleichzeitig weisen die Länder der Dritten Welt eine Auslandsschuldenlast von 1.300 Mrd. US-Dollar auf, die die Umverteilungswirkung von arm nach reich noch verschärft: Über den Schuldendienst fließt mehr Kapital von den Entwicklungsländern in die Industrieländer als in die umgekehrte Richtung.

Diese Ungleichgewichte zwischen Industrie- und Entwicklungsländern können nur abgebaut werden, wenn die Länder dieser Welt zu einer Weltwirtschaftspolitik im Dienst der Verantwortung für die ganze Welt kommen. Diese Verantwortung schließt in erster Linie zwei Ziele ein: Die sozial gerechtere Verteilung des Wohlstandes der Welt und eine weltweite Versöhnung von Ökologie und Ökonomie.

Der Schlüssel für eine neue Weltwirtschaftspolitik liegt bei den Industrieländern, deren Reichtum auch auf den billigen Rohstoffen und Arbeitskräften der Entwicklungsländer beruht. Sie vereinigen die wirtschaftliche Macht dieser Welt und werden der sozialen und ökologischen Verantwortung, die sich aus dieser Machtstellung ergibt, bisher in keiner Weise gerecht. Ihre Almosen gleichen nicht annähernd den Schaden aus, den sie wirtschaftlich in der Dritten Welt anrichten. Auf allen internationalen Konferenzen lehnten sie Forderungen der Entwicklungsländer nach einer neuen Weltwirtschaftsordnung rigoros ab. Dabei würden auch die Industrieländer langfristig von größerer sozialer Gerechtigkeit und einer weltweit umweltschonenden Wirtschaftsweise profitieren. Denn: Soziale Ungerechtigkeiten verschärfen das kriegerische Konfliktpotential auf der ganzen Welt, und die Umweltzerstörung macht vor Landesgrenzen längst nicht mehr halt. In diesem Sinne können die Regierungen der Industrieländer wie die Bundesregierung ihrer weltpolitischen Verantwortung nur gerecht werden, wenn sie eine sozialökologische Weltwirtschaftspolitik einleiten, die die Bedürfnisse der Dritten Welt berücksichtigt.

Die vier Säulen einer sozialökologischen Weltwirtschaftsordnung

Als Regierung eines der reichsten Industrieländer der Welt müßte sich die Bundesregierung vehement für eine sozialökologische Weltwirtschaftsordnung einsetzen. Davon ist sie bisher sehr weit entfernt. Dabei hätte sie entscheidenden Einfluß zur Gestaltung der vier Grundpfeiler einer sozialökologisch orientierten Weltwirtschaftspolitik:

■ Als eine der einflußreichsten Regierungen in der Europäischen Gemeinschaft müßte sie auf die Streichung der Exportsubventionen für die EG-Landwirtschaft drängen. Sie beliefen sich 1987 auf rund 13 Milliarden DM – das ist mehr als doppelt so viel wie die bundesdeutsche Entwicklungshilfe. Dabei wäre der Nutzen einer Abschaffung dieser Exportsubventionen für viele Länder der Dritten Welt größer als der Nutzen einer effektiven Entwicklungshilfe je sein könnte. Denn die unter die Weltmarktpreise subventionierten und in die Dritte Welt exportierten Nahrungsmittel richten dort einen doppelten Schaden an: Sie kommen nur mittelständischen Bevölkerungsschichten in den Städten zugute, beeinflussen jedoch die Ernährungsideale der Menschen in diesen Ländern nach europäischem Muster, so daß einheimische Nahrungsmittel immer weniger nachgefragt werden. Gleichzeitig können die einheimischen Nahrungsmittel-Produzenten mit der Billigpreis-Politik der EG nicht mithalten.

Sie werden dann die Produktion für den lokalen Markt einschränken und ihre Felder für den Anbau lukrativer Exportprodukte nutzen. Dadurch verschärft sich die Nahrungsmittelknappheit in den Entwicklungsländern weiter. Eine Streichung der Exportsubventionen für landwirtschaftliche Produkte durch die EG wäre deshalb im Rahmen einer sozialökologischen Weltwirtschaftspolitik viel nützlicher als jede Art von Entwicklungspolitik der EG, die doch nur einen kleinen Teil der Subventionsschäden in der Dritten Welt bereinigen kann. Die Logik, daß die Industrieländer den Entwicklungsländern durch den Verzicht auf wirtschaftliche Aktivitäten mehr helfen als durch mehr Entwicklungshilfe, gilt nicht nur für die Agrarpolitik der EG. Sie gilt für Rüstungs- und Giftmüllexporte ebenso wie für die Verlagerung gefährlicher oder arbeitsintensiver Produktionsvorgänge in die Dritte Welt, nur um die laschen Umweltgesetze und die niedrigen Arbeitslöhne dieser Länder betriebswirtschaftlich zu nutzen.

■ Mittlerweile räumen auch führende Bankenvertreter ein, daß die Schuldenkrise ohne einen großzügigen Schuldenerlaß nicht zu lösen sein wird. Bisher haben die Schuldnerländer praktisch alle Anpassungslasten übernommen. Ihre Bevölkerungen mußten sich die Rückzahlung der Auslandsschulden vom Munde absparen, die Schuldnerländer intensivierten den Export auf Kosten ihrer eigenen Märkte, nur um Devisen für die Rückzahlung der Schulden zu erwirtschaften. Doch sieben Jahren nach Ausbruch der Schuldenkrise ist sie noch nicht annähernd gelöst, während die lateinamerikanischen Großschuldner regelrecht „ausgepowert" sind und dem politischen Chaos immer näherrücken.

Gleichzeitig nutzten die Gläubigerbanken die Zeit, um sich gegen Kreditausfälle durch (steuerfreie) Rückstellungen abzusichern, oder sie nahmen bereits Wertberichtigungen in ihren Bilanzen vor. Vor diesem Hintergrund wäre es nun an der Zeit, daß die Regierungen der westlichen Industrieländer Druck ausüben, um „ihren" Banken einen großzügigen Schuldenerlaß abzuverlangen. Nur unter dieser Voraussetzung können die Regierungen der Schuldnerländer überhaupt jene wirtschaftlichen Reformen einleiten, die ihre Länder vor dem Marsch in das wirtschaftliche und damit auch in das soziale und politische Chaos bewahren können. Solange sie aber in erster Linie Devisen für ihren Schuldendienst erwirtschaften müssen, wird ein Sparprogramm dem nächsten folgen und eine soziale Katastrophe die nächste ablösen. In dieser Frage haben die westlichen Gläubiger bisher jede weltpolitische Verantwortung vermissen lassen.

■ Seit der UNO-Konferenz für Welthandel und Entwicklung (UNCTAD) 1976 in Nairobi kämpfen die Entwicklungsländer um weltweite Regelungen zur Stabilisierung der Rohstoffpreise. Obwohl einige Länder der Dritten Welt in den vergangenen Jahrzehnten zu Schwellenländern mit ausgeprägten Industriestrukturen geworden sind, erwirtschaften die Entwicklungsländer insgesamt noch immer mehr als 50 Prozent ihrer Exporterlöse aus dem Verkauf von Rohstoffen. Da sich die Industrieländer seit 1976 stetig und vehement gegen die Stabilisierung der Rohstoffpreise gewehrt haben, ist der Kaufkraftwert der Rohstofferlöse seither stark gesunken – dies ist eine bedeutende Ursache der hohen Auslandsverschuldung der Dritten Welt.

Allein Abkommen über Rohstoffpreise und Exportmengen können dieses Problem lösen. Die Industrieländer sehen darin „planwirtschaftliche, bürokratische Instrumente", die dem Spiel der Marktkräfte widersprechen. Freilich halten sie sich selbst auch nie an das freie Spiel der Marktkräfte, wenn die Interessen ihrer jeweiligen Volkswirtschaften bedroht sind. Dann greifen auch sie zu marktwidrigen Einfuhrbeschränkungen oder Subventionen. Ihre marktideologische Päpstlichkeit gegenüber den Entwicklungsländern soll denn auch nur verdecken, daß sie die Stabilisierung und Erhöhung der Rohstoffpreise allein aus betriebswirtschaftlichen Gründen ablehnen: Sie wollen weiterhin von niedrigen Rohstoffpreisen profitieren – und dies, obwohl die Rohstoffkosten nur minimal auf die gesamten Produktionskosten in den Industrieländern durchschlagen.

Höhere Rohstoffpreise lägen dagegen im Interesse der gesamten Welt: Einmal würden sie die finanzielle Situation vieler Entwicklungsländer entscheidend verbessern und Kapital vom reichen Teil der Welt in den armen Teil transferieren. Zum anderen wären die hohen Rohstoffpreise ein Anreiz für die ganze Weltwirtschaft, nicht erneuerbare Rohstoffe langfristig einzusparen und auf diese Weise die Ressourcen für zukünftige Generationen zu schonen. Höhere Rohstoffpreise wären gleichermaßen ein Beitrag gegen die Armut der Dritten Welt und zu einem sparsamen Umgang mit Ressourcen. Vor diesem Hintergrund wären die bürokratischen Eingriffe in das freie Spiel der Marktkräfte zur Stabilisierung der Rohstoffpreise das geringste Übel.

■ Ein gerechterer Welthandel erfordert zunächst fairere Preise für die Rohstoffe aus der Dritten Welt. Gleichzeitig muß ein wachsender Welthandel zwischen Industrie- und Entwicklungsländern generell strengeren sozialen und ökologischen Rahmenbedingungen unterliegen. Ein freier Welthandel ohne jede Art von Einfuhrbeschränkungen, wie er von vielen auch im Rahmen einer neuen

Weltwirtschaftsordnung gefordert wird, leistet keinen Beitrag zur Verbesserung der ökologischen und sozialen Rahmenbedingungen in der Dritten Welt. Im Gegenteil. Im harten Konkurrenzkampf um die attraktiven Märkte in den Industrieländern suchen sich die Produzenten in der Dritten Welt aus Kostengründen die Regionen mit schlechtesten ökologischen und sozialen Rahmenbedingungen aus. An Beispielen für diesen unrühmlichen Konkurrenzkampf fehlt es nicht.

In dieser Diskussion rechtfertigen die Regierungen der Industrieländer ihre Untätigkeit mit dem Prinzip der Nichteinmischung. Sie könnten die sozialen und ökologischen Verhältnisse in den Entwicklungsländern nicht beeinflussen. Dieses ist schlicht falsch. Schon die oben beschriebene Aktion einiger Entwicklungs- und Verbraucheraktionen der Schweiz zur Verbesserung der sozialen Verhältnisse auf den Ananas-Plantagen der Philippinen beweist, was eigentlich möglich wäre. Die Regierungen könnten diese Aktion institutionalisieren. Sie müßten nur die Einfuhr von Produkten aus der Dritten Welt an soziale und ökologische Mindestbedingungen knüpfen. Danach dürften nur Produzenten aus den Entwicklungsländern, ob einheimische Unternehmen oder multinationale Unternehmen, ihre Waren in die Bundesrepublik oder, besser noch, in die EG liefern, die diese Mindestbedingungen einhalten. Im Sinne einer sozialökologischen Weltwirtschaftspolitik könnte man mit dieser Maßnahme zwei Fliegen mit einer Klappe schlagen: Einmal würden sich die sozialen und ökologischen Bedingungen in der Dritten Welt über diesen Außendruck verbessern – das Beispiel von DelMonte auf den Philippinen spricht Bände. Zum anderen würde diese Regelung dem weltweiten Konkurrenzkampf um die schlechtesten ökologischen und sozialen Bedingungen einen Riegel vorschieben, von dem nicht zuletzt auch die Produzenten in den Industrieländern profitieren würden.

Natürlich werden viele Politiker der Industrieländer bei diesem Vorschlag auf die dazu notwendige Bürokratie verweisen. Sie unterschlagen dabei allerdings, daß die EG die Einfuhren aus der Dritten Welt schon heute völlig ungleich behandelt – dies jedoch nicht aus sozialen und ökologischen, sondern rein aus betriebswirtschaftlichen Gründen: Jene Produkte, die die Industrieländer der EG dringend aus der Dritten Welt benötigen – in erster Linie Rohstoffe – können zollfrei oder zu ganz geringem Zoll importiert werden. Verarbeitete Produkte aus den Entwicklungsländern unterliegen dagegen einem hohen Importzoll, um die Produzenten der EG vor Konkurrenz zu schützen.

Im Sinne einer fairen Weltwirtschaftspolitik wirkt sich diese differenzierte Politik der Einfuhrbeschränkungen für die Dritte Welt katastrophal aus. Sie verfestigt rohstofforientierte Monostrukturen und bietet gerade keinen Anreiz zum dringend notwendigen Aufbau einer verarbeitenden Industrie in der Dritten Welt. Die Einfuhren dagegen an Sozial- und Ökoklauseln zu binden, würde die wirtschaftliche Entwicklung der Dritten Welt mit sozialen und ökologischen Grundbedingungen verbinden. Damit wären Sozial- und Ökoklauseln als Teil des Welthandels ein erster und wirksamer Schritt zu einer sozialökologischen Weltwirtschaftspolitik.

Die ökologische Krise als Vehikel
für eine sozialökologische Weltwirtschaftspolitik

Lange Zeit schien die Forderung nach einer neuen, einer gerechteren Weltwirtschaftsordnung für die Länder der Dritten Welt an den Industrieländern wirkungslos abzuprallen. Sie nutzten ihre weltwirtschaftliche Machtposition, um die wirtschaftlichen Bedingungen für ihre Produzenten so günstig wie möglich zu halten. Genau mit diesem Ziel gestalteten sie die Weltwirtschaftsordnung. Doch mittlerweile haben sich die Verhältnisse geändert. Konnten die Menschen in den Industrieländern die Hungersnöte in der Dritten Welt – zynisch genug – lange Zeit verdrängen, weil sie selbst davon nicht direkt betroffen waren und sind, so ist diese Verdrängungskunst bei der Klimakatastrophe an ihre Grenze gelangt. Die Erwärmung der Erde mit ihren drohenden katastrophalen Folgen hat zwar ihre Hauptursachen in den Industrieländern. Gleichzeitig wird sie durch die Abholzung der Regenwälder in der Dritten Welt entscheidend verschärft. Insofern führt die drohende Klimakatastrophe auch und gerade den Menschen in den reichen Industrieländern vor Augen, daß es eben keine Erste, Zweite oder Dritte, sondern nur „Eine" Welt gibt.

Schon heute rufen deshalb immer mehr Politiker der Industrieländer die Dritte Welt zur Kooperation in Sachen Welt-Umweltschutz auf. Darin liegt eine Chance für die Dritte Welt. Ihre Vertreter könnten die kooperative Stimmung im Bereich des Umweltschutzes zu sozialen und ökonomischen Forderungen nutzen, ohne die die Entwicklungsländer ohnehin keinen ökologischen Fortschritt erzielen können. Denn die Menschen in den Entwicklungsländern holzen die Regenwälder nicht aus Spaß an der Freude ab, sondern weil sie Lebensraum und vor allem Energie für ihr tägliches Leben benötigen. Wer die Abholzung der Regenwälder dauerhaft und ohne den ständigen Einsatz von Polizei oder Militär verhindern will, der muß die sozialen Bedingungen der dort ansässigen Bevölkerung verbessern helfen. Die Beiträge der Dritten Welt zum Weltumweltschutz hängen aus diesem Grund von den Beiträgen der Industrieländer zu sozialen und ökonomischen Verbesserungen in der Dritten Welt ab. Das sollte eigentlich eine solide Basis für eine sozialökologische Weltwirtschaftspolitik sein.

4.7. Die Finanzpolitik der Zukunft: Umverteilung für eine sozialökologische Wirtschaftsdemokratie

Wer wirtschaftliche Veränderungen fordert, die mit zusätzlichen staatlichen Ausgaben verbunden sind, wird stets mit derselben Gretchenfrage konfrontiert: Wer soll das alles bezahlen? Es mag provokativ klingen, doch diese so selbstverständliche Frage geht häufig an der Wirklichkeit vorbei. Denn sie unterstellt eine Knappheit staatlicher Mittel, die in dieser Form nicht besteht. Zwar besteht kein Zweifel, daß nicht alles finanzierbar ist, was wünschenswert wäre.

Andererseits zeigt die Politik der Bundesregierung, die sich ständig ihrer Sparsamkeit rühmt, welch große finanzielle Spielräume der Politik zur Verfügung stehen. Innerhalb von vier Jahren verplante die Bundesregierung Steuererleichterungen in Höhe von über 40 Milliarden DM, die sie nur zu einem geringen Teil wieder durch Kürzungen oder Steuererhöhungen ausgleicht. Gleichzeitig plant sie in den kommenden Jahren weit über 30 Milliarden DM für ein Jagdflugzeug namens „Jäger 90" ein. Eine Regierung, die Ausgaben in dieser Größenordnung tätigt, kann – unabhängig von der Zielsetzung dieser Ausgaben – nicht ständig auf die Knappheit öffentlicher Mittel verweisen. Tatsächlich sind die finanziellen Spielräume des Staates viel größer, als viele Bürger glauben. Regierungen verstehen es lediglich sehr gut, finanzpolitische Sachzwänge als unabdingbare Sachzwänge zu verkaufen, um die Diskussion über Sinn und Unsinn bestimmter Ausgaben in Grenzen zu halten.

Noch größer als beim Staat sind die finanziellen Spielräume in Wirtschaft und Gesellschaft. Die wachsende finanzielle Unterversorgung eines Teils der Bürger und eines Teils der Wirtschaft bezeugt zwar auf den ersten Blick das Gegenteil. Ein zweiter Blick macht jedoch die wirkliche Ursache der Finanzknappheit in bestimmten Teilen von Wirtschaft und Gesellschaft deutlich: die ungleiche Verteilung des wirtschaftlichen Reichtums.

Tatsächlich verbucht ein Teil der Unternehmen im modernen, konkurrenzfähigen Sektor der Wirtschaft jährlich riesige Produktvitätsgewinne. Sie sind in vielen Unternehmen der ganzen westlichen Welt so hoch, daß sie nicht einmal profitabel investiert werden können. Die überschüssigen Gelder schwirren als „vagabundierende US-Dollars" durch die Börsen. In Form von Anlagen erbringen sie Zinsen, die wiederum die Umverteilung des Geldes von arm nach reich verstärken – nach dem Muster, wer hat, dem wird gegeben. Ähnliche Entwicklungen kennzeichnen den Konsumbereich. Eine Minderheit privilegierter Käufer steckt ihr Geld in immer erlesenere Konsumwaren, der Luxuskonsum treibt ständig neue Blüten. Nach dem Motto „nach mir die Sintflut" wird gepraßt. Psychologen werten dies bereits als erstes Anzeichen für eine beginnende Endzeitstimmung.

Zur gleichen Zeit sind viele kleinere Unternehmen unterkapitalisiert, verfügen bestimmte Bevölkerungsgruppen nicht einmal über genügend Geld für den täglichen Lebensunterhalt. Insofern sind die Spaltungsprozesse in Wirtschaft und Gesellschaft kein Beweis für einen allgemeinen Kapitalmangel, sondern für eine höchst ungleiche Verteilung des wirtschaftlichen Reichtums.

Umverteilung – eine unbeliebte Forderung

Die natürliche Antwort auf eine äußerst ungleiche Verteilung des wirtschaftlichen Reichtums – die Forderung nach einer Umverteilung des Reichtums – ist derzeit sehr unpopulär. Viele brandmarken sie einfach als „Neid-Diskussion". Andere sehen darin eine Gefahr für die Wirtschaft, die auf Umverteilungsmaßnahmen mit der Investitionsbremse reagieren könnte. Tatsächlich lenken diese Einwände vom wirklichen Problem ab: Es geht nicht um Neid auf jene, die mehr verdienen, sondern schlicht darum, eine gefährliche gesellschaftliche Fehlentwicklung in Form einer immer tieferen sozialen Spaltung zu verhindern. Der Versuch, mehr soziale Gerechtigkeit zwischen den gesellschaftlichen Gruppen herzustellen, hat nichts mit Neid zu tun. Die Investitionstätigkeit der Wirtschaft würde durch Umverteilungsmaßnahmen kaum berührt, da der kapitalintensive Teil der Großindustrie über genügend Investitionskapital verfügt, während der kleinbetriebliche Teil der Wirtschaft durch Umverteilungsmaßnahmen wie Einführung eines Grundeinkommens eher gestärkt würde.

Insgesamt geht es deshalb darum, in der finanzpolitischen Diskussion neue Maßstäbe zu setzen. Während heute die Anschaffung neuer, extrem teurer Waffensysteme und eine Senkung des Spitzensteuersatzes fast mit Leichtigkeit beschlossen wird, entfacht die Forderung des Krankenhauspersonals nach mehr Lohn riesige Grundsatzdiskussionen. Im ganzen Sozialbereich herrscht eine rigide Sparpolitik, die im völligen Widerspruch zu der eher spendablen Steuerreform zwischen 1986 und 1990 steht. Eine grundlegende Veränderung zu einer sozialökologischen Wirtschaftsdemokratie mit dem Ziel, Ökonomie und Ökologie zu versöhnen, mehr soziale Gerechtigkeit und langfristig demokratischere wirtschaftliche Eigentumsverhältnisse herzustellen, kommt deshalb an neuen Maßstäben für die Finanzpolitik nicht vorbei. Sie stehen auf drei Fundamenten: Überschüssiges Kapital aus Produktivitätsgewinnen und Zinseinkommen sowie Ausgaben für Luxuswaren müssen für gesellschaftliche Aufgaben umverteilt werden.

Ein Grundeinkommen ist finanzierbar

Während sich die notwendigen Umweltschutzinvestitionen über zusätzliche Einnahmen aus einer ökologisch orientierten Steuerreform finanzieren, stellt das Grundeinkommen die Regierung vor Finanzprobleme. Allerdings sind diese bei weitem nicht so groß, wie dies auf den ersten Blick erscheint. Denn ein Grundeinkommen nach dem Muster der oben beschriebenen „negativen Einkommenssteuer" spart zunächst viel Geld ein: Bis auf das Wohngeld werden praktisch alle Sozialleistungen (von Sozialhilfe über Kindergeld bis hin zu Erziehungsgeld, Bafög oder Sporthilfe) durch das Grundeinkommen ersetzt – die Sozialbürokratie kann sich auf das Nötigste beschränken und verschlingt viel weniger Geld.

Nach Abzug dieser Einsparungen bleiben bei einem Grundeinkommen von 800 DM pro Monat für eine erwachsene Person und 200 DM pro Person unter 18 Jahren Kosten von rund 60 bis 70 Milliarden DM jährlich. Diese müßten durch Umverteilungsmaßnahmen aus den Produktivitätsgewinnen der Unternehmen, aus Zinseinnahmen und über den Luxuskonsum finanziert werden – etwa nach folgendem Muster:

■ Alle Unternehmen bezahlen ab einer bestimmten Größe eine Wertschöpfungsabgabe. Als Bemessungsgrundlage dient die Summe aus Löhnen, Zins- und Mietaufwand, Abschreibungen und wirtschaftlichen Gewinnen. Eine solche Abgabe stellt sicher, daß wenigstens ein Teil der wirtschaftlichen Wertschöpfung der gesamten Gesellschaft zugute kommt, so daß diese nicht nur auf die in der Bilanz ausgeschriebenen Gewinne dieser Unternehmen als Besteueruⱨgsgrundlage angewiesen ist. Mithilfe dieser Abgabe wird die Wertschöpfung der Arbeitnehmer ebenso berücksichtigt wie jene der Maschinen. Auf diese Weise fließt ein Teil der in Zukunft wachsenden Wertschöpfung durch die Maschinen in die Sektoren von Wirtschaft und Gesellschaft, die von den riesigen Produktivitätssteigerungen direkt nicht profitieren.

■ Unter Berücksichtigung eines hohen Steuerbetrages für Kleinsparer müssen Zinseinkommen effektiv besteuert werden. Dafür gibt es die Möglichkeit einer Quellensteuer, wie sie die Schweiz kennt, oder die Form von Zinsmitteilungen der Banken an das Finanzamt. Unabhängig von der Technik der Zinsbesteuerung muß das jeweilige System sicherstellen, daß die Bezieher von Zinseinkommen nicht – wie heute – gegenüber den Beziehern von Lohneinkommen bevorteilt werden. Dieser Vorteil führt zur ständigen Umverteilung von Kapital hin zu den Besitzern von Geldvermögen.

■ Bisher kennt die Bundesrepublik – im Gegensatz zum Beispiel zu Frankreich – keinen besonderen Mehrwertsteuersatz für Luxuswaren. Dies gilt es zu ändern. Ein doppelter Mehrwertsteuersatz für Luxusgüter in Höhe von 28 Prozent böte die Möglichkeit, die Ausgaben für Luxusgüter als Einnahmequelle zur Finanzierung des Grundeinkommens zu nutzen und dabei eine sozial motivierte Umverteilung zwischen einer privilegierten, extrem konsumstarken Minderheit und jener Bevölkerungsminderheit herzustellen, die nicht einmal ihre täglichen Grundbedürfnisse befriedigen kann.

Diese drei Instrumentarien zur Finanzierung einer sozialen, ökologischen und demokratischen Umsteuerung der Wirtschaft entsprechen der Grundidee dieses Konzeptes: Sie zielen darauf, einen Teil der riesigen Gewinne derer, die auf der Siegerseite des wirtschaftlichen und gesellschaftlichen Konkurrenzkampfes stehen, für die Lösung der sozialen Probleme zu mobilisieren, die dieser Konkurrenzkampf hinterläßt. Ohne diese Umverteilung wird die Kompetenz der politisch und wirtschaftlich Verantwortlichen zur Lösung der wachsenden Problemlasten ständig abnehmen, während die Problemlast ständig weiter wächst.

Die Antwort auf die Gretchenfrage heißt Mut

Auf die finanziellen Spielräume angesprochen, verweisen die Politiker nur allzu gerne auf die Sachzwänge angeblich unvermeidbarer Tatbestände. Die Sachzwänge sind es dann plötzlich, die die Rüstungsetats Jahr für Jahr steigen lassen, sie müssen als Begründung herhalten, um die hohen Forschungsmilliarden für die Sparte Wehrtechnik im Gegensatz zu den geringen Fördermilliarden für alternative Energiequellen zu begründen. Obwohl es in der Politik sicherlich Sachzwänge gibt, wird der bedeutendste Sachzwang, der die meisten Politiker plagt, nur selten offen angesprochen: Es ist der fehlende Mut, sich als gewählte Vertreter der Bevölkerung gegen mächtige Einzelinteressen durchzusetzen. Sie dominieren die Politik, da dieser Mut fehlt.

Dieser Zustand wird sich erst ändern, wenn die kritischen Anfragen von unten, von der Bevölkerung, wachsen. In diesem Sinne dokumentiert schon die beliebte Gretchenfrage an Wirtschaftsreformer, „wer soll das bezahlen", die Anpassung der Fragesteller an angebliche technokratische Sachzwänge. Nur wer das Bestehende für unabänderlich hält, wird die technokratischen Sachzwänge als Grund für enge finanzielle Spielräume akzeptieren.

Erst wenn unter Wirtschaftsreformern Einigkeit darüber besteht, daß hinter fast allen Ausgaben der Regierung Entscheidungen stehen, die auch anders hätten ausfallen können und daß weitere wirtschaftliche Finanzpotentiale durchaus mobilisierbar sind, kann man die Logik der Sachzwänge ins Wanken bringen. Dies erfordert Mut von allen – seitens der Wirtschaftskritiker wie der Politiker. Doch ohne diesen Mut, auch angeblich unantastbare Sachzwänge zu hinterfragen, wird man die ausgetretenen Pfade der Wirtschaftspolitik nicht verlassen können.

KAPITEL 5:
DIE ZUKÜNFTIGE WAHL: BRUTALE KONKURRENZ-
GESELLSCHAFT ODER AUFBRUCH ZU NEUEN UFERN

5.1. Die große Gefahr: Ein Kampf aller gegen alle
um knappe Mittel und Chancen

Die Erfolgsmeldungen der Wirtschaft, die neue Wachstumseuphorie, können die Wirklichkeit der bundesdeutschen Gesellschaft längst nicht mehr verdrängen. Obwohl oberflächlich alles seinen Gang geht, mehren sich unter der
Oberfläche die Risse. Den breitesten Riß verursacht die ständig zunehmende Bedrohung der Umwelt. Sie stellt eine Herausforderung an unseren gesamten Wirt-
schafts- und Lebensstil dar. Als so tiefgreifendes Problem überlagert sie die anderen Risse in unserer Gesellschaft: die Verarmung eines Teils der Bevölkerung
oder die zunehmenden Zweifel am Sinn der eigenen Arbeit bei gleichzeitig wachsender Arbeitsbelastung. Beides dringt nur selten an die Öffentlichkeit.

Diese Risse in der bundesdeutschen Gesellschaft sind Anzeichen dafür,
daß wir uns in einer Übergangsgesellschaft befinden. Nach über vierzigjähri-
ger Aufbauzeit ist das Grundziel der rastlosen wirtschaftlichen Aktivitäten erreicht: ein hohes Maß an Wohlstand. Mit dem Ziel einer weiteren Wohlstands-
steigerung identifizieren sich immer weniger Bürger. Statt dessen treten die Folgekosten des Wohlstandes immer deutlicher zutage. Sie kennzeichnen den Aus-
klang eines bestimmten Zeitabschnitts, der auch dem Gefühl vieler Menschen
entspricht. Sie spüren, daß sie in einer Übergangsgesellschaft leben.

Allerdings erfolgt dieser Übergang zu einer wirtschaftlichen und sozialen
Entwicklung mit anderen Zielvorstellungen nicht automatisch. Er erfordert
ein aktives Umsteuern der Menschen und der politisch Verantwortlichen. Dieses Umsteuern ist derzeit weniger denn je in Sicht. Statt einen Aufbruch zu neu-
en Ufern einzuleiten, flüchtet sich die politisch und wirtschaftlich Verantwortlichen in die Ideale einer erfolgreichen, aber mittlerweile abklingenden Epo-
che. Als gebe es keinerlei Zweifel feiern sie hohe Wachstumsraten als Erfolg ihrer Wirtschaftspolitik – obwohl die ökologischen Reparaturkosten sich ständig vergrößern. Sie suchen Wachstumsspielräume in allen Bereichen, so als
herrschte noch eine breite Unterversorgung. Diesem Ziel ordnen sie die gesamte Gesellschaft unter. Statt den Zug auf ein neues Gleis zu lenken, beschleuni-

gen sie seine Fahrt, obwohl die steigende Geschwindigkeit immer höhere soziale und ökologische Opfer fordert.

Aggressiver Verdrängungswettbewerb statt Problemlösung

Statt die grundsätzlichen Probleme unserer Gesellschaft offensiv anzugehen, erstarren überall die Fronten. Es droht ein verstärkter Kampf aller gegen alle um scheinbar knappere Lebenschancen. Die Risse dieses Kampfes laufen quer durch die gesamte Gesellschaft: Junge gegen Alte, Frauen gegen Männer, Arbeitsplatzbesitzer gegen Arbeitslose, Arbeitnehmer gegen Umweltschützer, Einheimische gegen Zuwanderer.

Diese Kampf aller gegen alle droht sich derzeit zu einer Art von aggressiver Konterrevolution auszuweiten. Diese Entwicklung ist – historisch betrachtet – durchaus typisch für Zeiten des Wandels. Bevor man sich zu grundlegenden Veränderungen vorwagt, setzt eine Zeit der Unsicherheit ein, die die notwendige Umgestaltung durch restauratives Verhalten hinauszuzögern versucht. Auf alle Tendenzen zu Veränderungen reagieren die Verantwortlichen mit konservativer Selbstgerechtigkeit, die – aller Probleme zum Trotz – erst recht auf die alten Werte und jene politischen Strategien setzt, die auf diesen alten Werten beruhen. Diese Strategien sind gefährlich, da sie die Probleme verschärfen, die ja gerade das mißliche Ergebnis dieser Strategien sind. Resignation und Mutlosigkeit verbinden sich dann mit einer aggressiven Selbstsucht und einem Abwehrverhalten gegen alle und alles, die die altgewohnte Lebens- und Wirtschaftsweise in Frage stellen. Genau diese Entwicklung bedroht die Bundesrepublik. Das wirtschaftliche Getriebe produziert immer höhere soziale und ökologische Folgekosten. Eine politische Lage droht sich zu entwickeln, in der nach alter deutscher Tradition schnell der Ruf nach dem starken Staat erschallen könnte, der die „Wolfsmenschen" und die „Parasiten" maßregelt. Schon heute werden die Betroffenen sozialer Probleme in vielen Diskussionen auf eine Weise für ihre Notlage verantwortlich gemacht, die in nicht allzu ferner Zukunft auch Zwangsmaßnahmen rechtfertigen könnte. Schon heute schwebt das Damoklesschwert der „Ökodiktatur" bereits über vielen hilflosen Debatten über die Bewältigung der Umweltkrise. Der Strick, an dem dieses Schwert hängt, könnte in nicht allzu ferner Zeit reißen, wenn sich die politische und wirtschaftliche Entwicklung nicht grundsätzlich ändert.

5.2. Die große Chance: Aufbruch zu einer sozialökologischen Wirtschaftsdemokratie

Die Lage wäre deprimierend, gebe es nicht engagierte Minderheiten in allen Bevölkerungsgruppen, die längst zu neuen Ufern aufgebrochen sind. Sie orientieren ihr wirtschaftliches Verhalten an neuen Zielvorstellungen, hinterfragen Produktion, Konsum und Geldanlage nach dem „wofür", nach dem „für wen" und suchen dann nach Möglichkeiten, die wirtschaftliche Produktion, ihren Konsum und ihr Geldanlageverhalten an den ethischen Maßstäben einer neuen wirtschaftlichen Zukunft auszurichten. Nicht alle aktiven Menschen sind bei ihrem Engagement gleich konsequent – dies ist menschlich. Sie leisten größere oder kleinere Beiträge, orientieren sich radikaler um oder neigen zu Kompromissen. Doch bei allem unterschiedlichen Engagement sind sie der lebendige Beweis dafür, daß ein Aufbruch zu neuen Ufern bereits im Gange ist.

Das Engagement, das diese Minderheiten oft unter persönlichen Opfern für eine neue wirtschaftliche und soziale Zukunft bringen, macht deutlich, welch konstruktives Potential, welche Kraft in den Menschen steckt. Insofern läßt dieses Engagement von Minderheiten nur erahnen, welche Kraft neue wirtschaftspolitische Rahmenbedingungen mobilisieren könnten, die wirklich auf diese Kraft setzen. Stattdessen verhindert eine traditionelle und phantasielose Wirtschaftspolitik diesen Aufbruch. Als ob sich nichts geändert hätte, zielt sie nach wie vor auf möglichst viel Wirtschaftswachstum, möglichst viel technischen Fortschritt, möglichst viel Wohlstand und möglichst viel Konsum, auf Quantität vor Qualität.

Wer sich dieser Entwicklung durch eigenes Engagement entzieht, muß dafür bezahlen: Ein qualitativ hochwertiger, umwelt- und gesundheitsschonender Konsum ist teuer. Wer nicht sein ganzes Leben lang erwerbstätig ist, weil er oder sie Kinder erzogen oder sich anderweitig ehrenamtlich für die Gesellschaft engagiert hat, wird im Alter dafür durch eine geringe Rente bestraft. Gleichzeitig lassen die materiellen Sachzwänge Alternativen oft nicht zu: Die Abhängigkeit von einem Erwerbseinkommen unterdrückt eine grundsätzliche Kritik am eigenen Unternehmen und verhindert den Wechsel des eigenen Arbeitsplatzes aus Mangel an gleichwertigen Alternativen. Statt dessen verdeckt ein wachsender Konsum die mangelnde Identifikation mit der eigenen Arbeit. Mangels Alternative werden die Probleme verdrängt.

Neue Rahmenbedingungen für eine friedliche Revolution der Wirtschaft

Nun kann man den Menschen, die sich diesen Sachzwängen einfach fügen, Mutlosigkeit vorwerfen. Unter den herrschenden wirtschaftspolitischen Rahmenbedingungen wäre dies jedoch sehr selbstgerecht. Statt dessen gilt es, den gesellschaftlichen Druck auf die Verbände, die Parteien und die Regierung für eine wirtschaftspolitische Neuorientierung zu verstärken. Eine Wirtschaft, die allen Menschen (der ganzen Welt) dient, ohne dafür der Natur zu schaden, muß drei Idealen folgen:

■ Sie muß der größtmöglichen sozialen Gerechtigkeit verpflichtet sein und deshalb Mechanismen enthalten, die die sozialen Grundbedürfnisse der Menschen befriedigt. Nur so wird auch Solidarität mit den Schwächsten der Gesellschaft – hierzulande und auf der ganzen Welt – möglich, denn nur wenn sich die Menschen selbst sozial gerecht behandelt fühlen, ist die Voraussetzung dafür geschaffen, zur sozial gerechten Behandlung anderer, zur Solidarität mit anderen Menschen bereit zu sein.

■ Sie muß Produzenten und Konsumenten durch die Einführung „wahrer" Preise, d.h. von Preisen, die die wirklichen gesellschaftlichen und ökologischen Kosten von Produkten widerpiegeln, zu einem umweltschonenden Wirtschafts- und Lebensstil motivieren, so daß viele ökologische Belastungen erst gar nicht entstehen.

■ Sie muß die Wirtschaft aus den Fängen einer kleinen, in sich eng verflochtenen Gruppe von Privateigentümern befreien und den Menschen zurückgeben, damit sie ihre wirtschaftliche Zukunft verantwortlich mitgestalten können.

Nur so wird die Wirtschaft den Menschen dienen. Heute ist es zum größten Teil umgekehrt.

Diese grundlegende Reform bündelt die vielen Einzelinitiativen zu einer Gesamtstrategie, die derzeit auf der Mikroebene vor Ort, im Betriebe, im eigenen Haushalt den Aufbruch zu neuen wirtschaftlichen Ufern proben. Sie zielt auf ein neues Gleichgewicht zwischen Individualismus und kollektiver Solidarität, zwischen Eigennutz und Gemeinwohl – ein Gleichgewicht, das sich heute immer mehr zugunsten eines Eigennutzes verlagert, dem andere Menschen oder die Natur geopfert werden. Die sozialökologische Wirtschaftsdemokratie setzt nicht in erster Linie auf staatliche Zwangsmaßnahmen. Sie setzt vielmehr darauf, daß die Menschen unter Rahmenbedingungen, die ein sozial und ökologisch verantwortliches Wirtschaftshandeln fördern, auch ihre täglichen wirtschaftlichen Entscheidungen im Betrieb, im eigenen Haushalt, beim Konsum oder bei der Geldanlage sozialen und ökologischen Kriterien unterwerfen.

Zugegeben, der Aufbruch zu neuen wirtschaftlichen Ufern verlangt von den politisch Verantwortlichen viel politischen Mut und viel Durchsetzungskraft gegenüber traditionellen Denkweisen und Machtverhältnissen. Andererseits haben die führenden Köpfe in den Parteien, Verbänden und auch in der Wirtschaft letztlich keine andere Wahl als auf die Initiative der Menschen zu setzen. Zu groß ist bereits heute das Mißtrauen vieler Bürger in Politik und Wirtschaft. Parteien, Gewerkschaften oder Kirchen laufen die Mitglieder weg, weil die Initiativkraft dieser Organisationen vielfach zu konsequenzlosen Ritualen verkommen ist. Zur Wirtschaft haben die meisten Menschen ohnehin kein Vertrauen, im Unterschied zu Parteien, Gewerkschaften oder Kirchen können die Arbeitnehmer der Wirtschaft nicht entfliehen, weil sie von ihr zu stark abhängig sind.

Insofern geht es derzeit um mehr als „nur" um eine neue, eine andere Wirtschaftspolitik. Es geht um eine neue Qualität der Art, wie Politik und in diesem Fall Wirtschaftspolitik gestaltet wird. Setzt man die Mehrheit der Menschen weiterhin dem Druck eines rastlosen Kapitalimus und seinen Sachzwängen aus, Sachzwängen, die die Menschen weder kontrollieren noch verändern können, oder müht sich die Politik, die Wirtschaft sozial, ökologisch und demokratisch weiterzuentwickeln und sie auf diese Weise den Menschen zurückzugeben? Dies ist die entscheidende Frage für die Zukunft unserer Wirtschaft. Es bleibt nur zu hoffen, daß diese Frage in aller Offenheit diskutiert und positiv beantwortet wird, bevor der ungebändigte Weltkapitalismus immer tiefere soziale und ökologische Spuren hinterläßt, Spuren, die schließlich nicht mehr beseitigt werden können.

ANMERKUNGEN

(1) Burkhard Strümpel, Michael von Klipstein; Gewandelte Werte – Erstarrte Strukturen – Wie die Bürger Wirtschaft und Arbeit erleben; Bonn, 1985; S. 2/3

(2) ebda., S. 2

(3) ebda., S. 1

(4) ebda., S. 26-42

(5) ebda., S. 263

(6) in : Wirtschaftswoche; Nr. 47, 1988; S. 100 ff.

(7) in: Stefan Welzk; Boom ohne Arbeitsplätze; Köln, 1986, S. 80 ff.

(8) vgl. Rudolf Strahm; Warum sie so arm sind; Wuppertal 1985, S. 124.

(9) vgl. Christian Leipert; Folgekosten des Wirtschaftsprozesses und volkswirtschaftliche Gesamtrechnung; Projektbericht für das Wissenschaftszentrum Berlin; Dieser Bericht erschien 1989 in überarbeiteter Fassung als Buch: „Die heimlichen Kosten des Wirtschaftswachstums", Fischer-Verlag;

(10) vgl. Jürgen P. Rinderspacher; Am Ende der Woche. Die soziale und kulturelle Bedeutung der Wochenendes; Bonn, 1987; S. 16.

(11) ebda., S. 9.

(12) zit. nach Dritte Welt Information 11/75; 1987; epd-Entwicklungspolitik; S. 4.